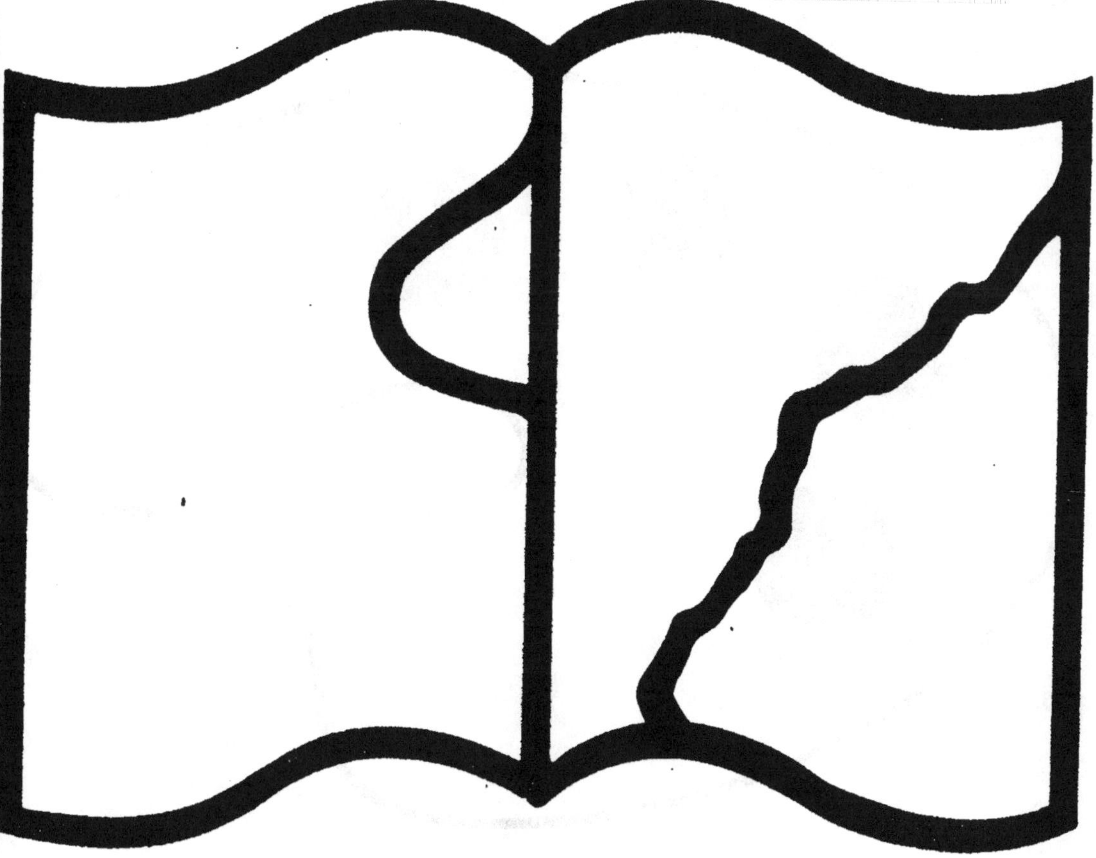

Texte détérioré — reliure défectueuse

NF Z 43-120-11

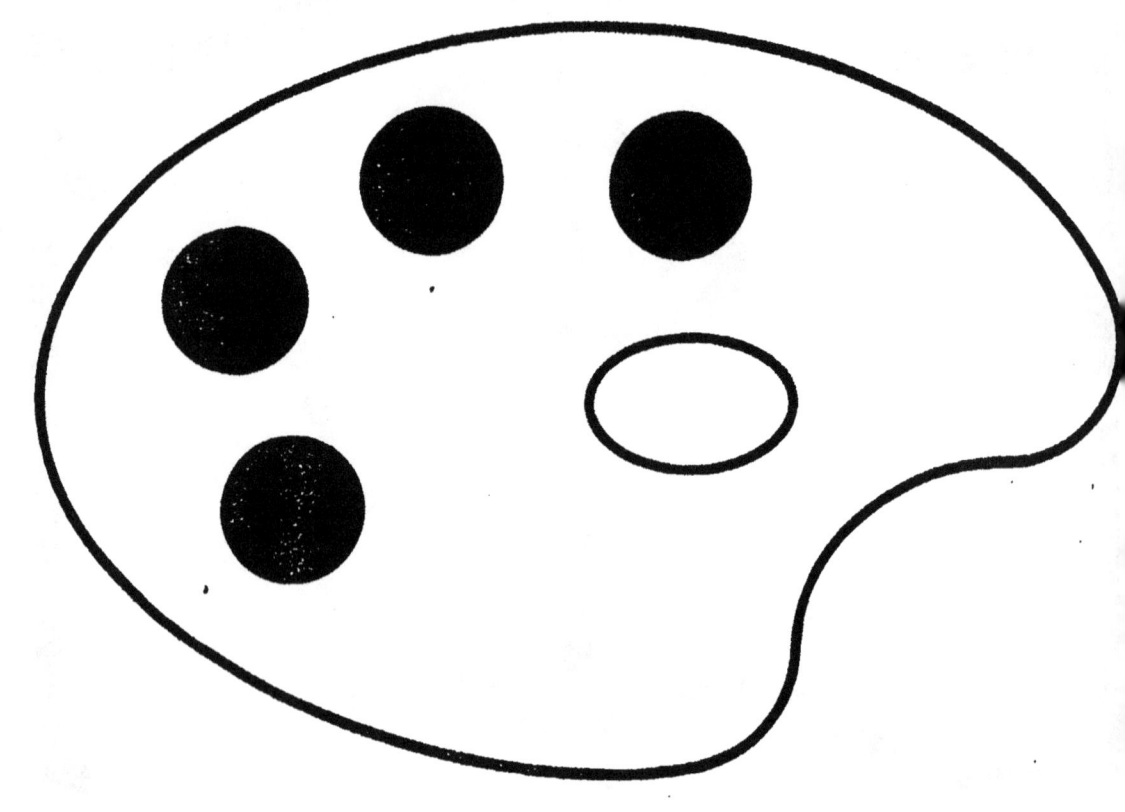

Original en couleur
NF Z 43-120-8

A. DE PRÉVILLE

LES
SOCIÉTÉS AFRICAINES

LEUR ORIGINE

LEUR ÉVOLUTION — LEUR AVENIR

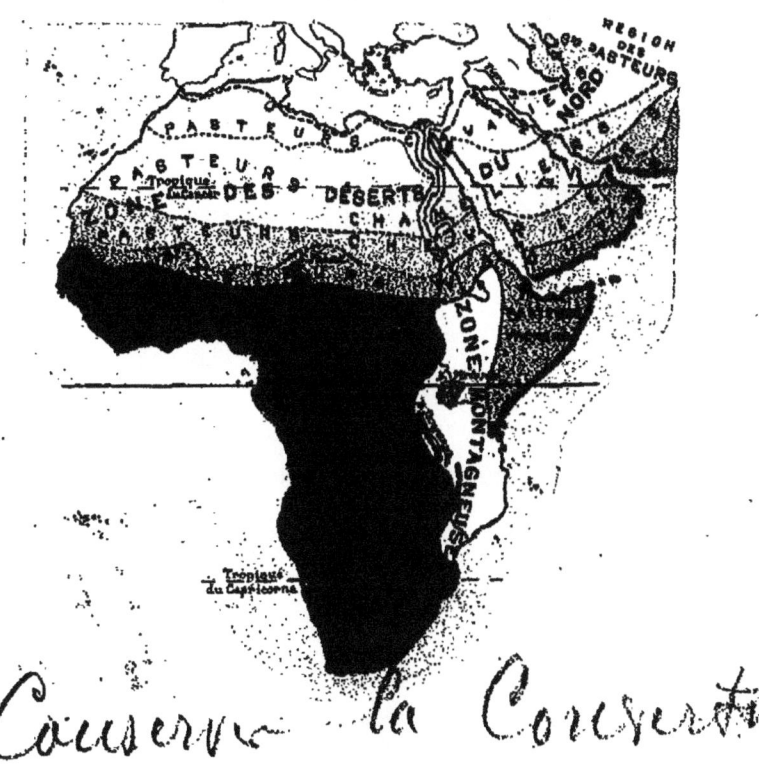

PARIS
LIBRAIRIE DE FIRMIN-DIDOT ET Cie
IMPRIMEURS DE L'INSTITUT, RUE JACOB, 56

LES
SOCIÉTÉS AFRICAINES

*Droits de reproduction et de traduction réservés
pour tous les pays,
y compris la Suède et la Norvège.*

TYPOGRAPHIE FIRMIN-DIDOT ET Cie. — MESNIL (EURE).

A. DE PRÉVILLE

LES SOCIÉTÉS AFRICAINES

LEUR ORIGINE
LEUR ÉVOLUTION — LEUR AVENIR

PARIS
LIBRAIRIE DE FIRMIN-DIDOT ET Cⁱᵉ
IMPRIMEURS DE L'INSTITUT, RUE JACOB, 56

1894

TABLE ANALYTIQUE

DES MATIÈRES.

	Pages.
Indications des sources...	XVII

Préliminaire. — But de l'ouvrage : la méthode d'observation appliquée à l'étude des sociétés africaines. — Possibilité de connaître l'ensemble de l'Afrique sans déplacement. — Forme générale du continent, conditions climatériques. — Division de l'Afrique en quatre zones sociales... 1 à 9.

Chapitre Premier : La zone des déserts du Nord. — Ce que sont les Déserts, qui traversent tout l'Ancien Continent. — Régime social patriarcal inhérent aux Déserts. — Division des Déserts en diverses régions, d'après la composition des troupeaux........................... 10 à 14

I. *Région des Pasteurs Cavaliers.* — Les tribus à bœufs, et la culture. — Les tribus à moutons, et l'exploitation des sédentaires. — Les tribus à chameaux, et l'industrie des transports. — Le cheval, son importance pour l'exercice de l'art pastoral dans cette région. — La « Caravane permanente »...................... 14 à 26

II. *Région des Pasteurs Chameliers.* — Le désert de sable. — Sa flore pauvre. — Rareté des points d'eau. — Le chameau et le dromadaire. — Les longues caravanes, leurs profits; les transports, le commerce, le pillage. — Influence sociale de ces travaux. — Les petits douars. — La richesse mobilière. — La forme spéciale de la famille. — La société hiérarchisée. — Rôle de la femme du Grand-Désert. — Expansion de la race des Chameliers............................. 26 à 36

III. *Les Oasis*. — Sols cultivables artificiels ou naturels. — Leur utilité pour le commerce. — Les Confréries religieuses. — Activité et expansion de la race formée dans les Oasis.................................... 36 à 41

IV. *Région des Pasteurs Chevriers*. — Climat. — La chèvre, l'industrie du poil de chèvre. — La cueillette de la gomme; ses effets sociaux...................... 41 à 45

V. *Région des Pasteurs Vachers*. — Les avant-déserts, leur humidité. — Le bœuf porteur. — Les Vachers d'Arabie et la pêche des perles. — La culture par les esclaves noirs. — La marine chez les Kouschites. — Les Vachers d'Afrique, l'ivoire, l'exploitation et la traite des nègres. — Les métis. — Domination des Vachers sur les Noirs. — Origine des nomades qui peuplent les quatre régions des Déserts .... 46 à 55

CHAPITRE II : LA ZONE MONTAGNEUSE DE L'EST. — Configuration du sol; altitudes. — L'Abyssinie et la région des grands Lacs; pourquoi nous observerons de préférence cette dernière contrée. — Climats et sols variés dans les montagnes. — Les noirs au pied de la zone montagneuse.. 57 à 65

I. *Les petits plateaux herbus*. — Les Massaï, les Galla. — Courant d'invasions. — Les Pasteurs des petits plateaux. — Le pâturage transhumant : ses effets sur la constitution de la famille, divisée en trois ateliers. — L'atelier du père : la prévoyance. — L'atelier de pâture : mélange des jeunes gens des deux sexes. — L'atelier militaire : la guerre, les razzias; les lois de Lycurgue en Afrique. — Le droit d'aînesse sur les petits plateaux herbus : limitation du nombre des ménages. — La mort du chef de famille et la succession. — Le sort des cadets : leur émigration, les établissements qu'ils fondent. — *Mandara*, émigrant des petits plateaux.... 65 à 88

II. *Les Terres basses voisines des petits plateaux herbus*. — *La forêt :* les chasseurs. — Polygamie en ménages dispersés. — Migrations des chasseurs. — *La cueillette :* La banane. — Régime social qu'elle enfante. — Les dynasties fondées par les émigrants des petits plateaux herbus. — L'Ou-Ganda, son roi, ses fonctionnaires, son armée. — Constitution en clans. — Décadence de l'Ou-Ganda; les Anglais en ce pays. — *Les Pâturages artificiels et la culture :* L'irrigation. — La culture du sol. — Suppression du régime militaire.

— Le commerce de grains et de cuirs. — Auvergnats et Limousins. — L'Ou-Nyamouézi, les compagnies de porteurs. — Résumé : point de départ du mouvement des populations africaines et de leurs chefs .... 88 à 105

CHAPITRE III. : LA ZONE DES DÉSERTS DU SUD. — Elle est limitée au nord par la mouche tzétzé, qui détruit le bétail. — Climats de l'Afrique australe, courbes des pluies et isonèphes. — Division des Déserts du sud en trois régions... 107 à 112

I. *Les Savanes.* — Description des pâtures cafres. — Les Cafres; leur origine, leur longue retraite à travers les montagnes. — Pourquoi ils n'ont pu adopter ni le régime transhumant ni le régime nomade. — La culture et la femme chez les Cafres. — Les enfants et le capitaine. — Les Zoulou. — Migrations des capitaines cafres. — Les Matébélé. — Le troupeau du capitaine forme la base de l'unité sociale chez les Cafres. — Tactique des Cafres. — Sort des vaincus. — Expansion des Cafres vers le nord.. 112 à 127

II. *Les Steppes pauvres.* — Les Hottentots, leurs bœufs porteurs, leurs moutons et leurs huttes mobiles. — Rareté des eaux, régime nomade et constitution en clans patriarcaux. — Mission conciliatrice des vieillards. — Le lien du sang. — L'origine des Hottentots, qui sont des Jaunes et non des Noirs. — Leurs déplacements vers l'ouest... 127 à 133

III. *Les Territoires de chasse.* — Comparaison avec le grand désert des Chameliers. — Absence du chameau. — Les Bushmen; leurs ressources, la cueillette des courges et la chasse. — Mobilité imposée par ce genre de travail. — Campements des Bushmen en ménages réduits et isolés. — L'égalité dans la misère. — Les Bushmen sont voués à l'oppression et à la servitude. — Extinction des anciennes races des Déserts du sud......... 133 à 140

CHAPITRE IV : LES BOERS DE L'AFRIQUE AUSTRALE. — Arrivée des immigrants blancs au cap de Bonne-Espérance. — Première installation des Hollandais. — Les pâturages en Hollande : leur division coïncide avec l'émigration des Boërs en Afrique. — Les colons pasteurs et les colons cultivateurs........................... 141 à 144

I. *Les Boërs et les Hottentots.* — Prise de possession du pays par les colons hollandais. — Les digues; leur utilité. — La maison du Boër. — La mère de famille. — L'éducation des enfants. — La paroisse et le voisinage. — Le culte privé. — Vastes domaines appropriés. — Comment on se pourvoyait de bétail. — Dépossession des clans hottentots. — Comparaison entre les communautés sédentaires des Boërs et les communautés nomades des Hottentots. — Formation sociale préalable de la race hollandaise : les Ripuaires et les Scandinaves. — Les colons français calvinistes des Cévennes et du Haut-Poitou ; leur fusion avec les Boërs hollandais. — La constitution sociale des Boërs est parfaitement adaptée à la dépossession des nomades des steppes pauvres. .... 144 à 154

II. *Les Boërs et les Cafres.* — Achat de terres par les colons. — Invasion chez les Cafres Zoulou ; massacre de Peter Retief. — L'État d'Orange ; son administration ; les Commando ou expéditions militaires. — Défaite des Cafres ; fondation de l'État de Natal.................. 155 à 160

III. *Les Anglais et les Boërs.* — Les colons anglais refoulent les Boërs hors des terrains de culture soumis au climat du Cap. — Abolition de l'esclavage et vexations britanniques. — Exode des Boërs au nord du fleuve Orange. — La démocratie chez les Boërs ; infériorité de ce régime en face de la constitution anglaise. — Les Anglais à Natal. — Les Boërs se retirent au delà du Vaal et fondent la république du Transvaal. — Sol riche du Transvaal. — Les rigides communautés des Doppers fuient la richesse et la nouveauté. — Le grand Trek, ou l'exode des Doppers. — La colonie d'Upingtownia. — Avenir de la race Boër. — Les Bastaards ou métis ; destruction des Bushmen et colonisation possible du Kalahari. — Résumé : les Boërs ont dépossédé les Hottentots et les Cafres ; ils reculent devant la colonisation anglaise .... 160 à 172

CHAPITRE V : LA ZONE ÉQUATORIALE DU CENTRE.

I. *La Chasse.* — La mouche tzétzé, mortelle au bétail, crée des réserves pour le gros gibier. — Elle vit sur le buffle et l'éléphant. — La chasse détermine la constitution sociale sur le grand plateau équatorial........... 173 à 176

1. *Influence de la chasse sur la famille.* — La chasse à l'éléphant. — Le groupement des chasseurs en bandes. — Les chefs de chasseurs. — Les tambours. — La chasse et la guerre. — L'ivoire ; son commerce ; il est aux mains

des chefs ; puissance qu'il leur confère. — La traite de l'ivoire et celle des esclaves............................ 177 à 184

2. *Les religions chez les nègres.* — Les idoles dans les forêts. — Influence des conditions du lieu et du travail sur les religions de création humaine, qui sont simplement des faits sociaux. — Distinction à faire entre ces religions localisées et la religion révélée............ 185 à 190

II. *La région du Manioc.* — Culture associée à la chasse dans la zone infestée par la tzétzé. — Elle seule peut nourrir des populations denses. — Contrainte nécessaire à l'établissement de la culture ; cette contrainte vient de l'extérieur. — Distinction des régions de cultures dans la zone équatoriale africaine. — Le manioc ; ses deux variétés ; sa consommation à l'aide de condiments ; climat et sols qui lui conviennent. — Les envahisseurs Cafres ou Bantou, se dirigeant au nord, plient les aborigènes à la culture du manioc. — Les chefs de villages, hommes ou femmes. — Les femmes dans la région du manioc ; le lien du sang maternel. — Les rois de race Bantou ; le tribut ; l'oppression et la répression. — Patronage réel exercé par les chefs ; absence de cannibalisme dans la région. — La traite des nègres dans la région du manioc.................................... 190 à 206

III. *La région des forêts et de la banane.* — Arrêt des colonisateurs Bantou devant la grande forêt du Congo. — Humidité intense de la région forestière. — Absence de saison sèche, qui supprime la culture. — Cette région traverse tout le continent africain. — La forêt suit les dépressions du sol, le bananier et l'élaïs se montrent sur les points plus élevés. — Les Pygmées, chasseurs de la grande forêt ; leur comparaison avec les Bushmen. — Un point de séparation de la forêt pure et des bananeraies, aux chutes de Panga. — Les Mombouttou de l'Ouellé ; leur constitution sociale basée sur la cueillette de la banane et de l'élaïs. — La loi des toitures : toits surbaissés et groupements nombreux au foyer ; toits aigus et groupements réduits. — Le cannibalisme des Mombouttou. — Décadence des clans Mombouttou. — Les Mombouttou et le Dahomey. — Invasions des Pahouins ; leur cause ; leur premier moteur dans les montagnes de l'Est........................ 206 à 228

IV. *La région de l'Éleusine.* — Disparition de l'élaïs et du bananier à mesure qu'on remonte au nord. — Les

Niamniam ou « voraces ». — Faune des parties basses de la région; nombreux gibier. — Chasse à l'éléphant. — Pourquoi les cannibales mangent le chien. — Petits groupements des chasseurs Sandeh, cause de leur faiblesse. — Culture de l'éleusine ajoutée à la chasse. — Contrainte en vue de cette culture, exercée par les émigrants sortis des petits plateaux herbus des montagnes. — Les petits rois Sandeh, patrons de la culture, disposent des femmes, qui sont les ouvriers agricoles. — Dynasties des chefs Sandeh. — Persistance du droit d'aînesse chez les émigrants montagnards. — Le cycle de leur action se ferme sur la région de l'éleusine.... 229 à 243

CHAPITRE VI : LA RÉGION DU DOURAH ET LES PASTEURS DU NIL-BLANC.. 245

1. Allongement de la saison sèche, qui permet la culture du dourah. — Description du dourah. — Ce blé à grand rendement entretient des populations denses. — Culture par les hommes réunis aux femmes, par suite de la disparition de la chasse. — Outils en fer servant de monnaies; fabrication et commerce. — Usure rapide des terres, absence de fumure. — Incendie des herbes comme préparation du sol : ses conséquences pour la forme des groupements. — Comparaison entre les villages nègres à dourah et les villages à banlieue morcelée en France. — L'incendie et la vaine pâture. — L'imprévoyance de la masse et la richesse des vieillards prévoyants. — Procédés de gouvernement de ces vieillards comme chefs de villages. — Instabilité de la situation des familles. — Absence de lien national. — Exploitation des nègres vivant du dourah par les Pasteurs Vachers et les négriers..................... 246 à 260

2. *Les Pasteurs et Cultivateurs du Nil-Blanc.* — Les Dinka, possesseurs de grands troupeaux et dénués du lien patriarcal. — Démocratie et défaut de patronage. — Le repas chez les Dinka; il rend compte des rapports entre les convives et de la distribution de la propriété. — L'immensité des troupeaux appropriés supprime, pour les imprévoyants, les productions spontanées du sol. — Classe de prolétaires salariés. — Les Chilouk, cultivateurs et pasteurs; leur agglomération intense et forcée. — Misère des prolétaires chilouk. — Le Bando ou roi. — La race dégénérée des bœufs du Nil-Blanc. — Les Chilouk sont exclus des dé-

… serts par l'absence, chez eux, du lien patriarcal. — Émigration continue des Chilouk. — Exposé des migrations des diverses races nègres en Afrique........ 260 à 270

CHAPITRE VII : L'ORIGINE PREMIÈRE DES RACES AFRICAINES.
I. Qu'est-ce qu'une race au point de vue social ? — Les Blancs et les Noirs. — Classement des métis par leur incorporation à telle ou telle race. — L'essaimage des races patriarcales suivant chaque région ou route de steppe, appropriée à la composition du troupeau. — Les régions les plus pauvres ont été les premières parcourues jusqu'à leur extrémité. — Les Berbères............... 271 à 276

II. La race nègre : ses caractères physiques. — Nulle part le nègre ne s'établit sous le régime patriarcal de la famille. — Quelles circonstances a-t-elle dû traverser, étant donnée cette méconnaissance du lien patriarcal ? — Ce lien n'a pas été brisé chez les Noirs, à l'origine, par la traversée des forêts, ni par la conquête ou le refoulement hors des déserts. — Ils étaient établis en Afrique, comme cultivateurs, dès les premiers âges du monde. — Les nègres ont dû, pour se rendre là, traverser les déserts par des voies exemptes des conditions générales imposées aux déserts. — Deux voies de ce genre conduisent en Afrique ; elles aboutissent à la haute contrée d'où sortent le Nil-Blanc et le Nil-Bleu. — Voie de la Palestine et du Nil. — Voie de l'Euphrate et des rivages arabiques. — Caractères communs à ces deux voies migratoires : on y vit de travaux autres que le pâturage nomade ; culture agglomérée, régime urbain, ses conséquences. — Émigration désorganisée, impuissante à peupler les déserts. — Assimilation historique des ancêtres des Nègres avec les Chamites....... 276 à 289

III. Différence entre les noirs venus en Afrique par ces deux voies : Classement par le séjour dans les sols montagneux, préalable sur la voie du Nil, postérieur sur la voie de l'Euphrate. — Résultat : le type Chilouk et le type Bantou. — Invasion plus récente des seconds Adites ou Éthiopiens : type Galla. — Répartition de ces trois types noirs en Afrique. — La faute de Cham. — Contraste social entre les Noirs et les Blancs......... 289 à 297

CHAPITRE VIII : LES CONDITIONS DE RÉGÉNÉRATION SOCIALE DE LA RACE NOIRE.
I. Rapports primitifs des noirs des trois types entre eux. Pourquoi la tradition n'en a rien conservé............ 299 à 304

II. Rapports entre les Noirs et les Blancs : Action exercée en Afrique par les immigrants blancs adonnés au commerce. — Les traitants d'ivoire et d'esclaves venus par les déserts. — Organisation des expéditions et des zériba. — Le nègre soumis par les gens des déserts à une oppression qui rappelle l'état primitif de la race noire. — Tieba et l'almamy Samory au Soudan. — Il n'y a pas de progrès à espérer de ce contact entre les Noirs et les Blancs issus des déserts. — Les traitants venus par mer : Zanzibar. — Les porteurs et les esclaves armés. — Les métis conducteurs de caravanes : Tippo-tip. — Le nègre converti à l'islamisme. — Les mulâtres portugais et leurs caravanes, dans les pays dominés par les rois issus des Cafres. — Cruautés et désorganisation profonde. — L'État indépendant du Congo : la traite des engagés, le régime du chantier. — Les commerçants de race blanche en Afrique tendent à profiter de l'infériorité du nègre, non à y remédier.......... 304 à 322

III. Les colonies à base agricole en Afrique. — Établissements des Portugais ; les grandes plantations à culture industrielle maintiennent l'esclavage et favorisent la traite. — Les Boërs et les Nègres : les communautés fermées maintiennent le prolétariat et l'esclavage des noirs. — Les Anglais et les Nègres : ce qui fait des Anglais de mauvais patrons pour les Nègres. — Révoltes des Noirs contre les Anglais. — Destruction ou expulsion des Noirs par la colonisation anglo-saxonne. — Ni les commerçants, ni les agriculteurs de race blanche ne sont arrivés, en Afrique, au relèvement social des Noirs.. 323 à 331

IV. La question de l'abolition de la traite est au fond celle du relèvement social des Nègres. — *L'offre* d'esclaves par le continent africain est le fait qu'il faut viser à réduire. — Le but principal des missionnaires est de convertir les individus, non de modifier les sociétés. — Il faudrait trouver une société noire qui ne fût ni esclavagiste, ni sujette à tomber en esclavage. — C'est ainsi que les émigrants Francs, Saxons, Scandinaves, ont fait disparaître l'esclavage en Europe. — Une telle société n'existe pas en Afrique ; on doit la rechercher, ou la créer, hors du milieu africain. — Une masse considérable de Noirs a été jadis isolée de l'Afrique par la traite maritime. — On peut trouver hors d'Afrique des lieux peuplés de Noirs, propre à fournir une émigration ; on peut y pousser les Noirs aux cultures *vivrières* qui permettent l'élévation sociale de l'ouvrier. — La côte Nord d'Haïti. — Les « gens de couleur » aux États-Unis ; opinions de plusieurs publicistes sur leurs progrès. — On peut attendre d'eux un renfort pour le relèvement social de l'Afrique noire, après la complète colonisation du Far-West. — On ne fera pas exécuter au Noir, en cinquante ans, une étape que nous avons mis vingt siècles à franchir. — Mais le problème n'est pas insoluble. — Sachons agir et attendre.................. 331 à 345

TABLE DES CARTES

	Pages.
1. Carte de l'Afrique divisée en zones sociales.	8
2. Zone des Déserts du Nord	14
3. Carte du relief de l'Afrique	59
4. Zone montagneuse de l'Est	65
5. Courbes des pluies et courbes isonèphes dans l'Afrique australe.	109
6. Zone des Déserts du Sud	110
7. Zone du Plateau central africain	193
8. Le pays des rivières	231
9. Les deux itinéraires de la race noire	285
10. Zones et régions sociales en Afrique	297

INDICATION DES SOURCES

GÉOGRAPHIE.

Vivien de Saint-Martin. *Dictionnaire géographique.*
Malte-Brun. *Géographie universelle*, T. II, IV, VII. (Parent Desbarres.)
E. Reclus. *Nouvelle Géographie universelle*, T. IV, IX, X, XI, XII, XIII. (Hachette.)
W. Liebenow. *Karte von Afrika.* (Berlin, 1886. Paris, Le Soudier.)

HISTOIRE ET SCIENCES.

Collection de l'Univers Pittoresque. *Egypte ancienne; Egypte moderne; Afrique australe; Sénégambie, Guinée; Nubie; Afrique ancienne.* (Firmin-Didot.)
La Harpe. *Histoire des voyages*, T. III. (Paris, 1780.)
Leroy-Beaulieu. *De la Colonisation chez les peuples modernes.* (Guillaumin.)
Bon de Hubner. *A travers l'Empire Britannique*; T. Ier. (Hachette.)
Spenser Saint-John. *Haïti, ou la République noire.* (Plon.)
Annales de la Propagation de la Foi. T. IX, n° 356. (à Lyon.)
David Clowes. *Black America.*
J. Bryce. *The American Commonwealth.*

A. DE QUATREFAGES. *Introduction à l'étude des races humaines.* (Hennuyer.)
Dᴿ PAUL BARRET. *L'Afrique occidentale.* (Challamel.)
HOVELACQUE. *Les Nègres de l'Afrique sus-équatoriale.* (Lecrosnier et Rabé.)

VOYAGES.

GOBLET D'ALVIELLA. *Sahara et Laponie.*
W.-A. PALGRAVE. *Une année dans l'Arabie centrale.* (Hachette, 1878.)
A. DE LAMARTINE. *Voyage en Orient*, T. IV : *Récit de Fatallah Sayeghir.* (Firmin-Didot, 1849.)
RAFFRAY. *Abyssinie.* (Plon, 1880.)
RUSSELL. *Voyage en Abyssinie* (Plon, 1886.)
L'abbé P. BOUCHE. *La côte des Esclaves et le Dahomey.* (Plon, 1885.)
Commandant GALLIÉNI. *Voyage au Soudan français.* (Hachette, 1885.)
BURTON. *Voyage aux Grands Lacs.* (Hachette, 1862.)
BAKER PACHA. *Ismaïlia.*
THOMSON. *Au Pays des Massaï.* (Hachette, 1886.)
CHAILLÉ-LONG. *L'Afrique centrale.* (Plon, 1877.)
CH. COURRET. *A l'Est et à l'Ouest sur l'Océan Indien.* (Chevalier-Marescq, 1884.)
Mⁱˢ DE COMPIÈGNE. *L'Afrique équatoriale : Okanda, Banguens, Osyéba.* (Plon, 1875.)
Mⁱˢ DE COMPIÈGNE. *Gabonais, Pahouins et Gallois.* (Plon, 1878.)
PP. DELPECHIN ET CROONENSBERG, S. J. *Trois ans dans l'Afrique australe.* (Bruxelles, 1881.)
LADY BARKER. *Une femme du monde au pays des Zoulous.* (Firmin-Didot, 1886.)
LEVAILLANT. *Premier voyage dans l'intérieur de l'Afrique.* (Delagrave, 1888.)
LEVAILLANT. *Deuxième Voyage.* (Paris, Desray, 1803.)
FARINI. *Huit mois au Kalahori.* (Hachette, 1887.)
E. DE WEBER. *Quatre ans au pays des Boërs.* (Hachette, 1882.)

Dr Livingstone. *Explorations dans l'Afrique australe.* (Hachette, 1859.)

Cowper-Rose. *Quatre années de séjour dans l'Afrique méridionale.* (Cherbuliez, 1881.)

Stanley. *A travers le continent mystérieux.* (Hachette, 1879.)

Stanley. *Dans les ténèbres de l'Afrique.* (Hachette, 1890.)

Dr Schweinfurth. *Au cœur de l'Afrique.* (Hachette, 1875.)

C^t H. L.-Cameron. *A travers l'Afrique, de Zanzibar à Benguela.* (Hachette, 1881.)

Major Serpa-Pinto. *Comment j'ai traversé l'Afrique.* (Hachette, 1881.)

P. du Chaillu. *Voyages et aventures dans l'Afrique équatoriale.* (Michel-Lévy, 1863.)

P. du Chaillu. *L'Afrique sauvage.* (Michel-Lévy, 1868.)

A. Burdo. *Niger et Benué.* (Plon, 1880.)

Capitaine Binger. *Du Niger au golfe de Guinée.* (Hachette, (1892.)

G. Casati. *Dix années en Équatoria.* (Firmin-Didot, 1892.)

LES
SOCIÉTÉS AFRICAINES

LEUR ORIGINE, LEUR ÉVOLUTION, LEUR AVENIR

PRÉLIMINAIRE.

L'ensemble de ce travail, — à part quelques retouches destinées à le mettre au niveau des plus récentes explorations, — a été accueilli déjà par la revue *La Science sociale*, dirigée à Paris par M. E. Demolins. Cette indication suffit à montrer que l'ouvrage n'a pas pour but d'offrir simplement au lecteur une description géographique de la grande presqu'île africaine; je me suis proposé en effet comme objectif spécial d'examiner, dans leur constitution essentielle et dans les modifications qui naissent de leur contact réciproque, les diverses formes de société sous lesquelles se trouvent groupés les habitants du continent africain.

L'étude positive et pratique des sociétés humaines au moyen de la méthode d'observation, si féconde en résultats dans le domaine des sciences naturelles, a été inaugurée par F. Le Play. Le cadre d'analyse dressé par l'illustre chef d'école, très précis sur certains points, peu défini dans d'autres parties, a été élargi et renouvelé par un de ses éminents collaborateurs, M. H. de Tourville, de manière à permettre une exposition plus complète, plus claire et beaucoup moins aride, des résultats acquis par l'observation, la comparaison des faits sociaux. Ainsi dirigées, les études sociales peuvent exciter un grand intérêt, par la certitude et l'importance des solutions qu'elles apportent aux problèmes concernant la marche de l'humanité, ses progrès et ses défaillances. J'ai été conduit à rechercher un terrain nouveau pour l'application de ce nouveau moyen d'investigation scientifique.

Le Play a décrit lui-même, avec une précision et une clarté saisissantes, un certain nombre de types sociaux de l'Orient et de l'Occident; ses élèves, ses continuateurs, ont agrandi le champ des observations sociales en Europe et en Asie, et l'ont étendu jusque dans le Nouveau-Monde. L'Afrique, à ce point de vue, était délaissée; et cependant l'attention générale se porte de plus en plus chaque jour vers cette terre jadis fermée, qui semble maintenant appeler les explorateurs et les colons; vers les races oppressives ou opprimées, inconnues, incomprises, qui remplissent ses déserts, ses montagnes et ses forêts. J'ai cru répondre à cette sollicitude du public, en essayant de projeter un peu de lumière au sein du « *Continent Mystérieux* ».

L'Afrique centrale est moins éloignée de nous que le Nouveau-Monde; elle est cependant beaucoup moins connue et fréquentée par les Européens. L'Amérique attira tout d'abord les aventuriers par l'appât de l'or, qu'elle possédait, mais n'exportait pas; elle vit ensuite se diriger de son côté l'émigration d'une race active et entreprenante, qui rencontra seulement de faibles résistances à son expansion, soit dans les conditions climatériques, soit dans la nature des populations préexistantes.

L'Afrique, au contraire, dès la plus haute antiquité, fournissait bien à une active exportation divers objets précieux, en particulier l'ivoire et les esclaves. Mais le trafic s'en faisait avec l'intérieur par l'intermédiaire des Africains eux-mêmes; il était aux mains des tribus sahariennes, soudanaises, nubiennes, répandues dans les steppes arides qui occupent le nord du continent. Dressés par la vie nomade aux expéditions lointaines, ces trafiquants suffisaient à la demande; et la nature même des lieux qu'ils habitent présentait une barrière capable d'arrêter les concurrents.

L'envahissement progressif de l'Amérique et de l'Océanie par les colons européens, le développement immense du commerce par suite de la facilité actuelle des transports, ont conduit à rechercher de nouvelles terres et de nouveaux débouchés. Alors, des explorateurs hardis, bien équipés, et soutenus par les gouvernements, partant de stations organisées sur la côte ou sur le haut Nil, pénètrent dans plusieurs directions vers le centre du continent noir. Leurs observations, qui malheureusement sont trop souvent dénuées de méthode, donnent cependant assez de lumières pour qu'on puisse essayer l'étude, au point de vue social, de l'Afrique intérieure.

Les voyages en Afrique sont pénibles et meurtriers. Il serait de toute impossibilité qu'un homme suffît à se rendre compte, par lui-même et sur les lieux, de ces contrées aussi impraticables qu'insalubres, et si différentes entre elles. Celui qui veut étudier dans son ensemble, au point de vue social, l'Afrique intérieure, doit donc borner son ambition à suivre dans leurs récits le plus grand nombre des explorateurs, à rapprocher surtout les observations recueillies par les plus attentifs, les plus méthodiques de ces voyageurs. Parmi ceux-ci je citerai en lieu honorable le docteur Livingstone : il note scrupuleusement toutes les circonstances modifiant le lieu, le travail, la constitution des peuplades qu'il rencontre. Cheminant par la pensée avec lui, on se prend d'amitié pour ce guide plein de jugement et de cœur; on regrette de ne l'avoir pas connu personnellement.

Livingstone, recevant, au centre de l'Afrique, d'un savant resté dans son cabinet, la solution d'un problème géographique qu'il cherchait lui-même à résoudre sur les lieux, nous montre bien quels résultats peuvent être obtenus par celui qui, sans voyager lui-même, centralise et compare les renseignements : « Quelle ne fut pas ma surprise, dit-il, en apprenant que mon ami Sir Roderick Murchison avait, du fond de son cabinet, découvert avant moi, qui étais sur les lieux, la véritable forme du continent africain : en voyant que, par l'étude attentive de la carte géologique de M. Bain, jointe à quelques renseignements que nous lui avions envoyés, il poussait l'assurance jusqu'à m'envoyer son opinion comme une chose certaine, où je devais trouver la solution d'un problème qui pouvait m'occuper. Il était impossible de se faire illusion : la chose était écrite, et je l'avais sous les yeux... Tranquillement installé dans son fauteuil, il avait sur moi trois ans de priorité, sur moi qui pendant ce temps me débattais contre la fièvre au milieu des jungles et des marais, caressant la douce illusion que je serais le premier à émettre cette idée, que l'intérieur de l'Afrique est un plateau humide, dont l'élévation est moins grande que celle des montagnes dont ce continent est flanqué.[1] »

---

[1]. Livingstone, *Explorations dans l'Afrique australe*, p. 549.

Cet exemple me semble bon à citer, comme réponse à une fin de non recevoir assez superficielle, que l'on entend souvent formuler.

Je n'ai pas la prétention de posséder le flair scientifique de sir R. Murchison; je vais cependant essayer l'étude sociale du continent africain, en suivant une méthode rigoureuse d'investigation.

L'examen général des conditions géographiques régissant l'Afrique entière et chacune de ses parties est le premier point sur lequel doit porter notre attention. Cet examen nous permettra de déterminer les régions dissemblables dont se compose ce vaste continent; nous observons ensuite séparément et plus en détail, sous divers points de vue, chacune de ces régions.

C'est bien sous la forme d'une *auge gigantesque*, ainsi que l'écrit Livingstone, qu'on doit se représenter l'Afrique. Les bords de ce continent sont relevés de tous les côtés, et le centre forme un plateau d'une certaine altitude, mais plus bas cependant, sur le plus grand nombre de ses points, que les territoires montagneux rapprochés de la mer : au nord, les montagnes Mauritaniennes, l'Atlas et les hauteurs qui le continuent vers l'est; à l'orient et à l'occident, deux chaînes rocheuses, aux parois abruptes, courant parallèlement à la côte, dont elles accompagnent les rares sinuosités, et ouvrant seulement par quelques brèches un passage au trop-plein des eaux accumulées à l'intérieur; ces eaux se déversent par les grands fleuves africains, le Nil, le Zambèze, le Congo, le Niger; au sud enfin, le cadre des hautes terres est fermé par les monts du Cap de Bonne-Espérance, au milieu desquels le navigateur reconnaît sans peine la célèbre montagne de la Table.

La constitution géologique du sol varie peu en Afrique ; c'est un terrain volcanique où le fer abonde, et où nous devons signaler seulement des gisements très rares et très disséminés de sel. Mais les phénomènes du climat, qui sont dans cette partie du monde plus constants, plus marqués que partout ailleurs, produisent par conséquent des effets sociaux plus considérables.

Imaginons deux voyageurs qui partiraient en sens inverse du centre de l'Afrique, de l'Équateur, se dirigeant l'un vers le nord, vers l'Algérie ; l'autre vers le sud, vers la colonie du Cap. Ils auraient à traverser successivement et dans le même ordre des climats analogues. Ils parcourraient d'abord, chacun de son côté, une région de pluies régulières et quotidiennes. Ils atteindraient ensuite une zône de pluies encore assez abondantes, mais irrégulières. A mesure qu'ils avanceraient dans leur route divergente, ils traverseraient des lieux de plus en plus desséchés, et enfin de véritables déserts, jusqu'aux confins des deux colonies côtières que nous lui avons assignées comme but, et où ils retrouveraient également un climat tempéré.

Cette disposition symétrique s'explique facilement.

L'anneau de nuages qui entoure notre globe vers l'Équateur, et dont le déplacement régulier amène les pluies régulières des régions équatoriales, fait sentir son influence entre les latitudes de 13° nord et 17° sud environ. Cette influence se traduit, entre le 10° degré nord et le 15° degré sud, c'est-à-dire dans les régions les plus rapprochées de l'Équateur, par des pluies à peu près régulières et quotidiennes. Sur cette surface, la hauteur d'eau tombée annuellement varie de $1^m,50$ à 2 mètres ; elle dépasse 2 mètres au fond du golfe de Guinée, égalant ainsi la quantité reçue par le bassin de l'Amazone, dans l'Amérique du Sud. En s'éloignant de l'Équateur, entre le 10° et le 13° degré nord, et entre le 13° et le 17° degré sud, les pluies sont encore assez abondantes, mais irrégulières.

La limite des pluies régulières est nettement marquée, au nord et au sud, par les lignes terminales des savanes boisées ou forêts marécageuses; à partir de ces lignes s'étendent deux régions de quelques degrés chacune, arrosées par les pluies irrégulières, qui deviennent de plus en plus rares à mesure que l'on s'éloigne de l'Équateur. Puis le régime des alizés persistants s'établit, la quantité d'eau fournie par les pluies va en diminuant, et descend vers 10 centimètres et *même au-dessous*, dans les déserts du Sahara et de la Lybie au nord, du Kalahari au sud-ouest. L'humidité des climats tempérés reparaît ensuite sur deux bandes étroites de territoire confinant à la Méditerranée d'une part, à l'Océan antarctique de l'autre.

Si le sol africain avait une altitude uniforme, ces phénomènes du climat agiraient avec une régularité presque mathématique; l'Afrique comprendrait une zone sèche au nord, une zone humide au centre, et une autre zone sèche au sud. Mais le massif montagneux de l'est vient déranger cette belle ordonnance.

Les altitudes relevées dans la région des grands lacs, presque sous l'Équateur, atteignent pour les principaux sommets 5 à 6,000 mètres au-dessus du niveau de la mer. Le soulèvement qui a projeté à de pareilles hauteurs les cimes neigeuses du Kénia et du Kilimandjaro, le rempart étincelant du Rouvenzori aperçu par Stanley dans une déchirure du brouillard [1], a dressé vers le ciel bien d'autres sommets et d'immenses plateaux.

La boursoufflure ainsi produite soustrait l'Est africain

---

1. Stanley, *Dans les ténèbres de l'Afrique*, t. I, p. 396; t. II, p. 255 et suiv.

aux conditions climatériques qui s'imposent au reste du continent, elle donne lieu de distinguer une quatrième zone, qui, contrairement aux précédentes, s'allonge du nord au sud.

En somme, les conditions du climat et du sol divisent l'Afrique en *quatre zones sociales* distinctes, dont nous donnons la disposition générale sur la carte ci-contre :

La zone des Déserts du nord, qui est sèche, où la végétation arborescente est presque nulle ou peu considérable ; elle constitue un ensemble de vastes déserts ou steppes plus ou moins pauvres ; elle confine à l'Asie, si nous considérons le peu d'obstacles que l'étroite mer Rouge, réellement et historiquement, apporte à ce voisinage.

La zone du Plateau central, ou aire équatoriale, où les pluies quotidiennes assurent une humidité constante, favorable à la croissance des arbres ; c'est un immense massif de forêts luxuriantes et marécageuses, où abonde le gros gibier.

La zone des Déserts du sud, qui reproduit la sécheresse croissante de celle du nord.

Et enfin *la zone montagneuse*, située à l'est, et formée par un enchevêtrement de vallées forestières ou cultivables et de sommets herbus.

La division de notre étude se trouve ainsi tout indiquée. Mais comme la considération du climat n'est point celle qui nous guide, nous serons amené à intervertir l'ordre dans lequel ces quatre différentes zones africaines viennent de se présenter logiquement à notre esprit. Ce n'est pas seulement la structure géographique du continent africain que nous désirons connaître ; notre but est de distinguer, de classer, d'étudier les races d'hommes, les sociétés diverses qui peuplent ce continent. Par la

CARTE DE L'AFRIQUE DIVISÉE EN ZONES SOCIALES.

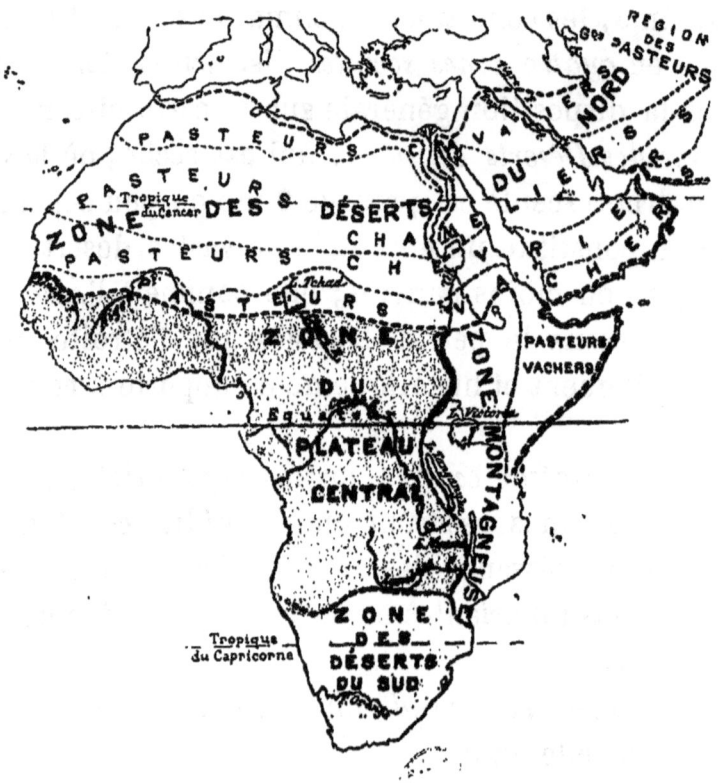

Légende :

Zone des *Déserts du Nord*, dont le climat, excessivement sec vers le tropique du Cancer, retrouve une certaine humidité à mesure qu'on s'éloigne au N. ou au S. du tropique.

Zone du *Plateau Central*, soumise à l'action des pluies régulières équatoriales.

Zone des *Déserts du Sud*, dont la situation par rapport à l'Équateur tend à reproduire en ordre inverse les différents climats des *Déserts du Nord*.

Zone *Montagneuse de l'Est*, dans laquelle l'altitude combat l'influence des phénomènes météorologiques.

connaissance des conditions météorologiques, orographiques, etc., auxquelles l'Afrique est soumise, nous visons à dégager un autre facteur, — prépondérant, celui-là, — dans ce produit si complexe qu'on nomme une société : le *travail* au moyen duquel, dans chaque lieu déterminé, l'homme peut pourvoir à la conservation de son existence.

CHAPITRE PREMIER

LA ZONE DES DÉSERTS DU NORD.

La contrée dont nous nous occuperons en premier lieu, et que nous désignons sous le nom de *zone des déserts du nord*, forme un grand plateau bosselé dont l'inclinaison générale, faible mais régulière, se dirige dans le sens du méridien, du pied des montagnes au nord vers les bassins du Niger, du lac Tchâd et du « Pays des Rivières », au sud.

Tout ce vaste espace est compris sous un nom général : *le désert*. Il continue à travers l'Afrique la large bande de terre connue en Asie sous le même nom, soumise aux mêmes influences météorologiques, partant du grand plateau central, et comprenant les déserts de Perse et du Bélouchistan, de la Chaldée, de la Syrie, et la Péninsule arabique. Les *déserts* se prolongent ainsi du centre de l'Asie jusqu'à la côte africaine de l'ouest sur l'océan Atlantique, sans interruption notable, si ce n'est le passage de l'étroite vallée du Nil. C'est une route indéfinie, que des pasteurs ont pu suivre dans leurs migrations vers l'Occident, sans être contraints d'abandonner leur principal moyen d'existence, l'art pastoral; et par conséquent sans perdre les grands traits de l'organisation sociale inhérente à ce genre de travail : la vie sous la tente, en agglomération très étendue de famille, par conséquent le pouvoir paternel entier et incontesté; le groupement par tribus; l'indépendance presque absolue de tout gouvernement centralisé; en un mot, le *régime patriarcal*.

Il suffit de considérer la carte que nous avons donnée plus haut, pour s'expliquer comment les Arabes, ayant pu arriver facilement jusqu'en face de l'Espagne, ont, à un certain moment, envahi l'Europe occidentale.

Mais, par suite de la pauvreté des pâturages, que la neige ne vient pas chaque année revivifier, ces nomades ne reproduisent pas le type pur et complet des pasteurs de la grande steppe asiatique, ce type que Le Play a mis en lumière, et dont ses travaux ont vulgarisé la connaissance. Les nomades de nos déserts ne peuvent vivre exclusivement de leur bétail comme le font les Mongols. Nous verrons, en examinant de plus près les habitants des déserts, quelles modifications entraîne dans leur état social cette diversité de travaux.

Si cette zone de déserts présente des caractères communs très accusés, elle offre, d'un autre côté, des différences sensibles entre ses diverses parties. En effet, ces immenses territoires se divisent, au point de vue du climat et de la végétation, en plusieurs régions courant de l'est à l'ouest dans toute leur longueur, en Asie comme en Afrique, et se distinguant par une siccité plus ou moins grande, selon leur situation plus au nord ou plus au sud, ou leur rapprochement des côtes et des montagnes. Chacune de ces régions, par ses productions spontanées différentes, convient plus spécialement à une espèce appropriée d'animaux, et impose par suite au pasteur un mode d'existence spécial.

Il ne faut pas, on s'en rend compte, se représenter ces régions comme des divisions géométriques du sol; leurs courbes limitatives sont naturellement influencées par un grand nombre de phénomènes, dus à certains courants atmosphériques, à l'altitude, à l'humidité locale provenant des fleuves ou des nappes d'eau souterraines, enfin aux golfes qui s'avancent profondément dans les terres. Les limites des différentes sortes de sociétés entre elles ne peuvent pas davantage être tracées géométriquement. On ne s'étonnera pas non plus, d'après ce qui est connu précédemment, au sujet de la pauvreté du pâturage en beaucoup de ces lieux, de constater sur certains points la présence de populations sédentaires, groupées partout où la culture est possible et où s'établissent des haltes de commerce. Les produits de culture sont souvent nécessaires aux nomades de nos déserts; d'autre part les cultivateurs et les habitants des villes, placés au milieu d'espaces immenses d'une traversée difficile, ne pourraient, sans le concours des nomades, se procurer par le commerce les objets qui sont, pour leur travail et leur subsistance, de première nécessité.

Les pays que nous étudions sont loin d'avoir été complètement et minutieusement explorés; je crois cependant pouvoir déterminer, d'après les renseignements actuellement connus, le nombre et la position des *régions* distinctes et bien caractérisées entre lesquelles se divise le Désert. Je me propose de les décrire sommairement, en prenant pour base les différents mode de travail et d'existence, faits matériels et bien constatés par la géographie et les voyages.

Ces régions, dont nous donnons les limites générales sur la carte ci-jointe, sont au nombre de quatre : elles se classent ainsi, en allant du nord au sud :

1° *Région des pasteurs Cavaliers;*
2° *Région des pasteurs Chameliers;*
3° *Région des pasteurs Chevriers;*
4° *Région des pasteurs Vachers.*

I.

PREMIÈRE RÉGION : LES BÉDOUINS, OU PASTEURS CAVALIERS ARABES [1].

Débutons par la région la plus rapprochée de nous. Placée dans la partie la plus septentrionale des déserts, elle participe encore un peu aux conditions des climats tempérés. Elle commence sur la frontière sud-occidentale de la Perse, dans la province d'Ispahan; elle comprend le désert de Syrie, celui du Jourdain. Nous la retrouvons en Égypte avec les puissantes tribus qui occupent les deux rives du Nil inférieur. Elle s'étend ensuite au pied des hauteurs Cyrénaïques et de l'Atlas, dans la partie septentrionale de la Libye et du Sahara, à travers la Tripolitaine, la Tunisie, l'Algérie et le Maroc. Située au nord du tropique, accompagnant les montagnes et la mer, traversée par des fleuves, des rivières et de nombreux ouâdis ou torrents, cette bande de terrain jouit d'une humidité suffisante pour nourrir d'assez nombreux troupeaux : durant la saison sèche, près de la

---

1. A consulter pour cette région :
Malte-Brun, t. II, p. 272, etc.; — E. Reclus, t. IX, p. 205; t. X, p. 508; t. XII, p. 309, 369, 563, 627, 807, 861, etc.; — *Univers pittoresque*, t. V, p. 282; — *Égypte ancienne*, 3ᵉ partie, p. 109; — Goblet d'Alviella, *Sahara et Laponie*, p. 74; — Vivien de Saint-Martin, *Dictionnaire géographique*, art. *Algérie;* — Fatallah Soyeghir, p. 56, 62, 63, 68 et suiv., 75; — *La Science sociale*, t. II, p. 405; t. III, p. 33, 62.

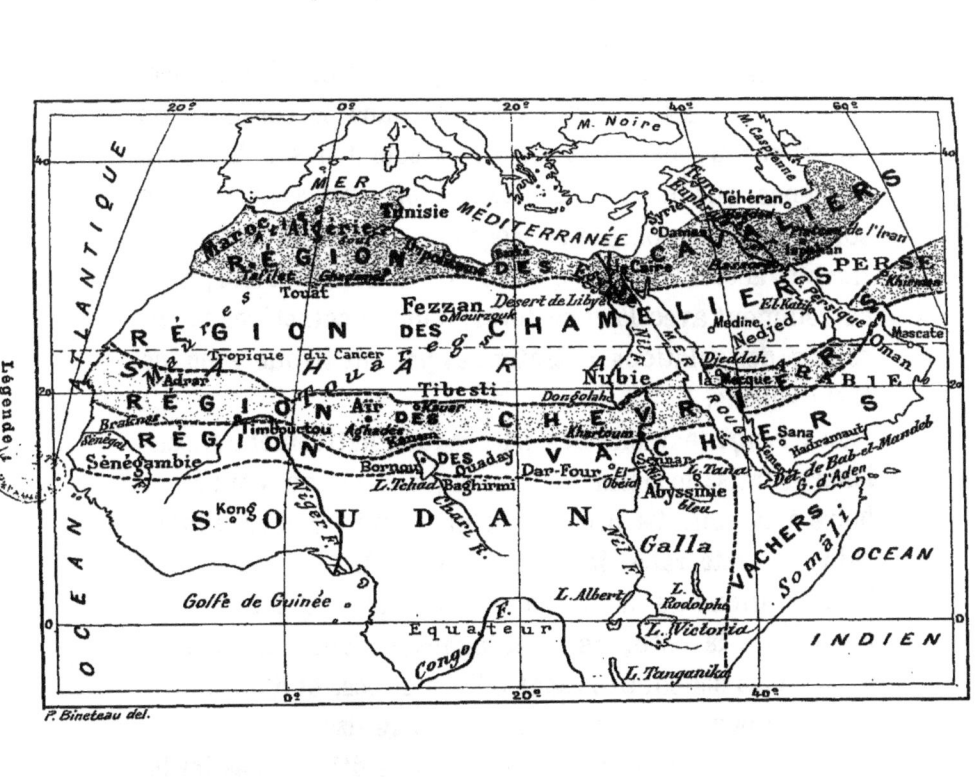

côte ou au revers des monts; pendant la saison humide, sur les sables situés plus au sud, qui se couvrent alors de graminées. Le pasteur nomade y élève bien des *bœufs*, des *moutons*, des *chèvres* de petite taille, des *chameaux* de bât; mais c'est le *cheval* qui est l'objet de sa prédilection, l'animal caractéristique. Cette région est le pays des chevaux de belle race, des magnifiques étalons syriens et des fines juments d'Arabie ou des pays Barbaresques, dont la généalogie fait la joie et l'orgueil du Bédouin.

La présence de ces diverses espèces animales, la prédominance de l'une ou de l'autre dans la composition du troupeau, exercent sur l'état social des tribus une influence que nous allons examiner : nous en verrons sortir à la fois, comme conséquences, soit les différents travaux accessoires auxquels la tribu doit se livrer, concurremment avec l'art pastoral; soit les caractères particuliers des relations entretenues par ces tribus avec les États voisins.

Les *bœufs* exigent des pâturages relativement succulents et frais; le bœuf veut manger à pleine bouche et boire à sa soif. La présence d'un grand nombre d'individus de cette race dans le troupeau limite forcément les migrations de la tribu à de petits parcours très rapprochés de la côte, des montagnes, ou des vallées fertiles, où les sédentaires sont déjà groupés, et d'ordinaire défendus par des pouvoirs publics organisés.

La race bovine, comme nous l'avons dit, n'a pas ici la ressource de pâturages revivifiés par la neige; l'été brûlant de l'Afrique diminue considérablement la quantité de lait produite par le troupeau, il réduit souvent les bêtes à l'état de squelettes ambulants.

Le pasteur ne peut en aucune saison s'éloigner trop

des eaux, la fuite lointaine et rapide ne lui est donc pas possible; le pillage, dès lors, lui est interdit. Lorsque pour une cause quelconque, sécheresse prolongée, épizootie, dissensions amenant des razzias, les ressources tirées du troupeau deviennent insuffisantes, la tribu doit *forcément* imiter les sédentaires ses voisins. Elle plie ses bœufs au joug, ou se procure quelques mules, et laboure, dans les limites de son parcours ordinaire, quelques champs où le bétail aura été préalablement parqué. Il faudra y revenir au moins deux fois par an, pour les semailles et la moisson, et en outre de temps en temps pour vider les silos.

Avec les ressources ainsi produites, la densité de la population peut aller en augmentant; le territoire resté soumis au régime du pâturage deviendra l'accessoire des champs ensemencés et momentanément affectés à telle ou telle famille. On verra nettement apparaître l'*appropriation du sol par la tribu*, d'où le cantonnement viendra tout seul. La tribu passe au rang des demi-nomades. Alors elle tombe sous la main de l'État, et l'on voit s'y développer le pécule individuel, le commerce et l'émigration vers les villes.

Remarquons la différence qui existe entre ce genre de cantonnement et celui auquel, par exemple, les Bachkirs et autres nomades des steppes de l'Oural sont soumis par leur puissant voisin, le Tzar. Il n'y a pas besoin ici, comme sur le bord de la grande steppe asiatique, de fonctionnaires spéciaux, d'édits répressifs fréquemment appuyés d'exécutions sanglantes; un agent naturel et inéluctable suffit : l'étroitresse des pâturages convenant à la composition du troupeau. Peu à peu les tribus se dissolvent, elles ne comptent plus parmi les *Kheych*, les nobles hommes de la tente, et donnent naissance à l'Arabe *byout* ou des maisons, « le vil peuple de l'argile ».

Tel est pour cette région, pour le travail et l'état social, le résultat de la prédominance des bœufs dans le troupeau : résultat facile à constater, aussi bien sur le littoral méditerranéen qu'au revers du Liban.

Les *moutons* forment chez d'autres tribus, soit en Syrie, soit au nord de l'Afrique, la plus grosse part du troupeau. Ces tribus sont aisées : le lait des brebis et des chèvres, la chair des jeunes bêtes, leur permettent le luxe de nombreuses *diffas*. Le mouton nomade vit bien d'une herbe rare qu'il broute brin à brin; il boit peu; il est capable, avec le temps, d'effectuer de longs trajets. Il y a là pour le pasteur, relativement aux conditions qu'impose l'élevage des bœufs, un élément d'indépendance. Le parcours peut s'étendre assez loin, jusque dans les sables qui occupent le milieu de la zone, pendant la saison humide qui comprend l'hiver et le printemps. On vit heureux alors, au sein de l'abondance; on chevauche dans le libre espace; on se vole le bétail de tribu à tribu, acte toujours honoré chez les nomades des steppes pauvres, et duquel naissent, avec les dissensions et les querelles intestines, les récits imagés et les longs poèmes qui charment la veillée sous les tentes.

Quand arrive l'été, l'herbe brûlée disparaît de la surface du désert; la chaleur devient torride, l'eau est rare, la poussière s'élève, promenée par le desséchant siroco. C'est sous l'empire des mêmes circonstances que les moutons transhumants de Provence, abandonnant la Camargue et les plaines du littoral, envahissent au mois de mai les pâturages des Alpes Dauphinoises, dont la neige fondue vient de renouveler la fraîcheur. Dans notre région africaine, les troupeaux n'ont pas la même ressource; resserré dans quelques ouâdis où persiste un peu de verdure, le bétail fatigué ne suffit plus à l'alimentation de la tribu. Il faut recourir pour cette saison à une provision de grains. Comment se la procurer? Évidemment, si c'est possible, par tous les moyens autres que le travail de la culture, dont le nomade est incapable, faute d'expérience et d'énergie, et qui lui semblerait la plus insupportable des contraintes.

Quand la tribu est arrivée en conquérante dans un pays déjà peuplé, — comme les Arabes sur bien des points, et en particulier dans notre Algérie, lors de la grande poussée musulmane, — le problème est facile à résoudre : les nomades réduisent le sédentaire conquis à la condition de colon partiaire ou *khammès*, puis viennent paisiblement, quand le besoin s'en fait sentir, toucher leurs revenus. Mais en beaucoup d'autres lieux, la nature des choses, la force des lois sociales, a seule agi.

Il est facile aux nomades de cacher leurs tentes et leur bétail assez loin des cultures, entre deux de ces innombrables dunes de sable qui couvrent le désert de leurs formes changeantes. Les hardis cavaliers de la tribu, débarrassés des *impedimenta*, s'avancent seuls vers le pays des grains; ils peuvent, la lance à la main, survenant en grand nombre, dépouiller le cultivateur de sa récolte amassée, ou fouler, incendier rapidement les moissons sur pied; puis, par un *red* de vingt lieues, suivi d'une retraite générale et plus lente, se soustraire à toute vengeance, à toute répression. La situation deviendrait intenable pour le sédentaire. Aussi ne verrions-nous pas des laboureurs et des nomades vivre côte à côte, si une transaction dictée par la nécessité n'était intervenue. Cette transaction, c'est le *khouï*, ou « fraternité », tribut en grains payé par le cultivateur au nomade comme prime de garantie contre les ravages, qui pourraient être exercés par lui, ou par d'autres. Ce contrat a été décrit par Le Play dans la monographie des *Paysans du Haouran* [1].

Lorsqu'un État puissant, disposant d'une forte cavalerie, se charge de la protection des sédentaires, son influence s'étend rapidement sur les tribus qui possèdent beaucoup de moutons. Par leur retour annuel et forcé vers les pays de culture, par la marche lente de leur petit bétail, ces tribus ne peuvent échapper aux razzias répressives ordonnées par les autorités. Nos bureaux arabes, comme les *ayas* et les *chokredor* turcs en Syrie, comme jadis les beys égyptiens, sont mis à même d'intervenir dans les affaires des nomades, de profiter de leurs divisions pour les dominer; de les soumettre à leur administration, et enfin à l'impôt.

Les toisons filées par les femmes sous la tente, arrivent souvent à dépasser les besoins de la consommation personnelle dans la tribu; ces laines alimentent un certain commerce et développent la richesse. Dans l'ordre privé comme dans l'ordre des faits publics, le mouton est donc pour les sociétés pastorales un élément de complication.

Les deux races d'animaux que nous venons de présenter tendent, lorsqu'elles comptent en grand nombre dans le troupeau, à fixer le pasteur sur un petit parcours assez limité, non loin de la contrée cultivée en grains. Voici une troisième espèce qui tend, au contraire, à allonger vers le sud la migration des nomades, à les attirer vers le pays des dattes : c'est le *chameau*.

Il ne s'agit pas encore ici du dromadaire ou *méhari*, chameau coureur : cette race est difficile à élever dans

---

1. Voir *Les Ouvriers européens*, t. II, ch. VIII, p. 528.

le nord des déserts. La variété que possèdent en assez grand nombre les pasteurs de notre région, c'est le chameau porteur, soit *bactrien*, soit *arabe*, dont l'introduction au nord de l'Afrique par les pasteurs orientaux, est historiquement connue. Cet animal fort et lourd est employé chez toutes les tribus : c'est un serviteur indispensable pour le nomade. A chaque déplacement, c'est lui qu'on charge de toutes les provisions, des ustensiles ; il porte les femmes, les enfants, tous ceux qui ne peuvent franchir à pied ou à cheval les longues traites du désert. Sobre comme tous ceux de son espèce, le chameau de bât se nourrit des végétaux coriaces et rugueux que les autres quadrupèdes n'osent attaquer ; il boit à de longs intervalles, porte en lui-même une provision d'eau, et se charge des outres nécessaires à tout voyage dans le désert. Il fait environ cinq kilomètres à l'heure, au pas, son allure habituelle, et fournit de longues journées de marche.

Le lait des chamelles, la chair des jeunes bêtes de l'espèce convenablement engraissées, le poil même, jouent dans le midi de la région le rôle rempli dans les parties moins sèches par les produits similaires du bœuf et du mouton. Pour ces diverses raisons, on comprend que toute tribu poussée vers le sud, soit par le trop-plein des populations du littoral, soit pour toute autre cause, doit faire prédominer le chameau parmi son bétail. Réciproquement, nous l'allons voir, toute tribu possédant beaucoup de chameaux, doit étendre ses voyages du côté du midi.

Ne perdons pas de vue la pauvreté des déserts, leur insuffisance pour l'alimentation des nomades : c'est là le point essentiel qui distingue, de la société pastorale *simple* de la grande steppe asiatique, les sociétés à *tra*-

vaux divers que nous étudions. Le souci causé par cette insuffisance, l'éloignement du pasteur pour la culture, voilà les deux termes du problème. Il est résolu par la facilité des transports au moyen du chameau. Pourvue en nombre suffisant de ces précieux auxiliaires, la tribu peut s'avancer à travers les dunes et les plateaux, malgré la rareté des puits, jusqu'aux oasis et aux *ksour* à dattes, épars dans le sud de la région. Elle charge, à destination du nord, leurs fruits précieux et recherchés; elle rapporte en retour les grains et les laines du littoral, utiles aux sédentaires méridionaux. Elle prélève naturellement sur ce double courant le complément de ressources qui lui est nécessaire. Je ne fatiguerai pas le lecteur par l'énumération des innombrables têtes de lignes de ce commerce. Bornons-nous à constater la permanence de la région, de l'est à l'ouest, en citant les lieux célèbres par la qualité de leurs produits : Bassora sur le golfe Persique, Ghadamès en Tripolitaine, le Souf tunisien et algérien, Tafilalet au Maroc.

Soit par la supériorité de ses forces vis-à-vis du sédentaire, soit par les ressources que le commerce permet d'accumuler, le nomade est devenu maître dans presque toutes les oasis à dattes. Dédaignant les minces produits du jardinage, que le labour à la bêche fait prospérer dans ces terres fertiles et fraîches à l'ombre des palmiers, le Bédouin les abandonne au cultivateur, métayer ou esclave, chargé de la garde et de la récolte des fruits. Mais il s'est réservé les arbres, et jusqu'ici sa propriété n'a guère été touchée que de loin en loin par l'administration et par l'impôt : elle est défendue par la distance et par la « mer de sable » contre la main-mise de l'État. Le Bédouin du sud, le Chambâa de l'Algérie, échappe facilement à nos colonnes; celui des déserts de

Bagdad et de Bassorah, suivant son expression typique, « se soucie du sultan et de son visir comme d'un crottin de chameau ».

Nous venons de passer en revue les principaux modes accessoires de travail qui, remédiant à la pauvreté des steppes, concourent avec l'art pastoral à assurer l'existence des nomades : avec les bœufs, la culture directe du grain; avec les moutons, l'exploitation du laboureur sédentaire; avec le chameau, le commerce et les transports du nord au sud de la région. La chasse, et la cueillette des fruits sauvages, sont ici d'un si minime produit que nous pouvons les négliger.

J'ai gardé pour la fin les observations à faire sur le rôle social de la quatrième espèce d'animaux, le *cheval*, qui m'a semblé devoir imposer son nom à la région entière.

Le cheval n'est pas pour l'Arabe un animal à produit direct. Ce n'est pas, avec lui, un travail accessoire, une ressource complémentaire, que nous sommes amenés à étudier; c'est l'art principal du nomade, la conduite des troupeaux dans les steppes pauvres, et les institutions qui en découlent. Tout a été déjà parfaitement dit et décrit, sur la forme patriarcale imposée aux familles et aux tribus par la vie pastorale, nous devons donc nous borner à constater le fait pour notre région[1], et à indiquer autant que possible les différences qui l'éloignent de la société *simple* des pasteurs : j'entends par là, comme on a pu le voir déjà, celle dans laquelle les ressources produites par l'art pastoral, dispensent le nomade de tout autre genre de travail.

Tout le monde connaît le cheval arabe et ses qualités

1. Voir dans la *Géographie universelle* de Reclus, t. XI, p. 627, le tableau de la famille des pasteurs arabes.

éminentes. S'il peut être gagné de vitesse par quelques rares produits du sang anglais, s'il ne présente pas, malgré son tempérament de fer, la résistance à toute épreuve du cheval tartare, le compagnon chéri du Bédouin n'en est point moins, pour la perfection de l'ensemble, le premier des chevaux de selle, à la fois souple et robuste, agile et fort.

D'où vient à cette race le privilège de toutes ces qualités? Sans doute, pour une grande part, du lieu où on l'élève, du sol et des pâturages; mais aussi des soins constants et éclairés qui ont présidé à sa formation, qui président encore à son entretien. Et d'où vient cette sollicitude de l'éleveur? Des grands avantages qu'assure au nomade, dans notre région, la possession d'une monture appropriée aux climats qu'il affronte, infatigable, douce et commode au cavalier.

Au milieu des maigres pâtures des déserts, qu'il faut aller chercher au loin par des marches continuelles, la jument n'est pas laitière comme sa sœur de la grande steppe, parcourant sans se hâter des herbages substantiels. Loin de la traire pour les besoins de la tribu, on doit donner au poulain une part du lait des chamelles. Son poil fin est trop court pour être tissé. En Afrique et en Arabie, le cheval est uniquement consacré à la selle; il faut aller jusqu'au nord-est de la Perse, dans le Khorassan, pour trouver le cheval de bât, employé aux caravanes.

Ce n'est donc pas, comme nous l'avons dit, pour un produit direct que l'Arabe élève le cheval. C'est comme un aide nécessaire à son métier de pasteur, dans les conditions où il est obligé de l'exercer. Le pâtre sédentaire, qui a mangé sa soupe à la ferme, peut, avec l'aide de ses chiens, garder pédestrement un certain nombre de bestiaux dans des prairies limitées; autre chose est la garde et la conduite des troupeaux immenses dont le produit doit nourrir *en grande partie* toute une population. La difficulté redouble lorsqu'on doit très fréquemment changer de lieux, veiller sur la colonne de gens et de bêtes qui s'allonge au loin à travers des espaces illimités, des terrains vagues et sans chemins tracés. Il faut des cavaliers pour remplir cette mission, et surtout lorsque le troupeau se compose *de races animales diverses*, dont la différence d'allures, les exigences particulières, amènent une dispersion plus étendue pendant les haltes et les séjours, une complication plus grande en marche.

S'accommodant sans peine du climat qui convient aux bœufs, aux moutons et aux chèvres, pouvant même suivre assez loin vers le sud le chameau porteur, à l'aide des grains et de l'eau dont ce dernier est chargé, le cheval est l'auxiliaire indiqué du pasteur de steppes pauvres possédant de grands troupeaux composés de ces diverses races. Là où le cheval ne peut plus le seconder, le nomade doit réduire le nombre de ses bêtes, et renoncer à la *variété des espèces* : c'est là que se termine la région des Cavaliers.

Le « bon Mongol » vit en paix avec tout le monde ; son parcours est libre, ses ressources ne sont pas disputées, parce qu'elles sont suffisamment abondantes; il trouve à peu près partout l'herbe nourricière et la sécurité; il peut vivre simplement en grandes communautés de famille dirigées par l'ancêtre commun ou le plus âgé des oncles, sans recourir, dans la pratique, à une autorité placée au-dessus du pouvoir familial. Au contraire, dans les steppes pauvres, il faut trouver en chaque saison, au milieu de vastes étendues stériles et désolées, les emplacements convenables à chaque espèce de bétail; on se bat pour les occuper ou pour en chasser les premiers arrivés. De cet état de lutte incessante naît la coutume de voler le bétail. Il faut donc une monture de guerre : c'est, pour notre région, le cheval; inférieur, il est vrai, au dromadaire quant à la vitesse, il lui est supérieur par la légèreté et la prestesse de ses mouvements, par son exacte obéissance. En outre des razzias à opérer et de la défense contre les assaillants, c'est la possession du cheval qui permet, comme nous l'avons vu, la diversité des races de bétail, l'exploitation du sédentaire par le pillage ou la « fraternité », l'escorte protectrice des convois de chameaux chargés, en un mot toutes les complications qui naissent des *travaux accessoires* imposés aux nomades par la pauvreté des pâturages dans les déserts. De ces complications dérive la nécessité d'un organisme supérieur à la famille, chargé de présider aux mouvements des *douars*, au tracé de leurs itinéraires, au choix de leurs campements, au maintien de la paix entre ces petits groupes toujours errants et souvent affamés. La *tribu*, avec son chef et son conseil, crée entre les douars nomades une association étendue, et leur impose le régime qu'on a dépeint d'un mot : « la caravane permanente [1] ».

Les tribus des Cavaliers peuvent être comptées parmi les plus cohésives et les plus nombreuses dans les déserts; on le comprend fort bien en se rendant compte des nécessités si variées auxquelles ces associations doivent satisfaire, des compétitions qui s'élèvent à chaque instant entre elles et les maintiennent pour ainsi dire toujours sur le pied de guerre. Il est facile d'imaginer dès

---

[1]. E. Demolins, Revue *La Science sociale*, t. X, p. 493.

lors quel soin doit apporter l'Arabe à choisir et à améliorer sa monture de guerre, ce compagnon fidèle auquel est confiée la défense de ses biens et de sa vie même. On s'explique pourquoi les femmes de la tribu occupent leurs loisirs à ramasser les herbes sèches qui augmentent sa vigueur; pourquoi le Bédouin de Syrie fixe sous le feutre qui lui sert de couche la chaîne qui entrave pendant la nuit sa jument de race; pourquoi l'homme de grande tente, le noble scheik d'Algérie, assiste solennellement à la distribution de l'orge; pourquoi enfin, chez les Hammâma de Tunisie, on place le nouveau-né sur le dos du cheval de guerre, en chantant ce refrain :

« La selle et la bride, et la vie sur l'Islam [1]. »

« La vie sur l'Islam », c'est la vie du Bédouin, le vol de bétail et la « caravane permanente », cette formation guerrière qui a conduit les tribus arabes à la conquête du nord de l'Afrique.

II.

DEUXIÈME RÉGION : LES PASTEURS CHAMELIERS [2].

Avançons encore au midi, vers le tropique du Cancer : nous voici au milieu de la « mer de sable », dans le pays de la soif et de la liberté.

---

1. E. Reclus, t. XI, p. 194.
2. A consulter pour cette région :
Malte-Brun, t. II, p. 331, 332, 355 à 360, 367 et suiv.; t. VII; p. 67 et suiv., 104, 140 à 147, 249; — E. Reclus, t. IX, p. 45, 54, 116 à 130, 174 à 180, 205, 609; t. X, p. 367 et suiv., 371 et suiv., 448 à 451, t. XI, p. 182, 184; 755 à 864; 874 à 880; t. XII, p. 589, 593, 629, 694; — Potagos, p. 225 à 230; — Palgrave, p. 60, 61, 77; — Raffray, p. 188; — Méry, *Mission chez les Touareg-Adzjer*, p. 8 à 16; — Bissuel, *Les Touareg de l'Ouest*, p. 19 à 21, 37, 98, 101, 114, 128, 194.

Cette région comprend le désert proprement dit, le type de la steppe absolument pauvre. Elle peut être considérée comme ayant son origine, à l'est, dans le désert limitrophe de la Perse, de l'Afghanistan et du Béloutchistan, l'un des pays les plus secs de l'Asie, situé vers le 30° degré de latitude nord. Accompagnant à peu près le tropique, tantôt un peu au nord, tantôt un peu au sud de cette ligne, elle s'étend dans les déserts de l'Arabie qui entourent le Nedjed; chez les tribus Bedja des Ababdehs et des Bicharin d'Égypte; enfin dans le grand Sahara africain, dont les habitants portent le nom de *Touareg*.

Le caractère de cette région, du moins dans la partie habitée par les seuls nomades, c'est d'être, selon E. Reclus, « sans eau et sans arbres ». Ces solitudes vraiment terribles ne sont point constituées par l'ancien lit d'une mer desséchée : c'est le lit d'un *torrent atmosphérique*, ou plutôt d'un courant d'air froid et entièrement sec, qui traverse l'ancien continent depuis le désert de Gobi en Chine jusqu'au Sénégal. La science météorologique donne des explications très plausibles de ce phénomène, dont les conséquences sont l'extrême sécheresse du climat, et les variations brusques de température, du jour à la nuit, entre une chaleur torride et un froid très vif. On ne doit pas, pour se représenter cette contrée, évoquer l'image d'une vaste étendue plane : le Sahara, en Afrique, et le pays des Touareg en particulier, est sillonné d'une foule d'arêtes rocheuses qui le parcourent du nord au sud : telles sont les sombres montagnes du Tassili, dont l'aspect lugubre est encore attristé par le voisinage des énormes dunes de sable amoncelées par le vent constant du désert [1]. Les solitudes centrales de

---

1. Méry, *Une Mission chez les Touareg-Adzjer*, p. 8 et 10.

l'Arabie offrent le même caractère, avec leurs roches écroulées et leurs *néfouds* de sable fin dirigés de l'est à l'ouest. Les déserts de Reigh-Rawan, de Lour, de Kharan, au commencement de la région à l'est, ont une constitution analogue. L'action du courant atmosphérique, celle du rayonnement nocturne intense succédant à un soleil tropical, désagrègent les roches et les transforment soit en graviers, soit en sables mobiles ou en poussières impalpables que l'alizé terrestre dresse en collines perpétuellement variables de forme et de situation. De l'abondance de ces poussières dans la plus grande partie de la région, vient, pour les habitants, la coutume de se voiler la bouche et une partie du visage, surtout pendant les voyages rapides.

Les tourbillons embrasés soulevant les poussières brûlantes, connus sous le nom de *siroco* en Afrique, de *simoun* ou *semoum* en Arabie et en Perse, sont encore une conséquence de cette disposition du sol et de l'atmosphère; on peut aussi lui attribuer le phénomène du *mirage*.

Si nous considérons la flore, il nous faudra faire une exception pour les lieux humectés, situés d'ordinaire en cette région au pied des chaînes rocheuses élevées qui concentrent et condensent les rares vapeurs de l'air. Dans les vallées des *Igargharen* les plantes fourragères abondent; quelques lacs, quelques cours d'eau sont accompagnés de véritables futaies où viennent percher des vols de palombes. Dans le nord de la région, les *oued* ou lits de rivières souterraines se couvrent de palmiers; on y récolte en abondance la datte qui est le pain du Chamelier, et diverses sortes de grains. Nous examinerons à part ces îlots de la mer de sable : prenons note seulement de leur *nécessité* pour l'alimentation des nomades, et de leur *isolement*. Sur les territoires beaucoup plus étendus, dévolus au parcours des nomades, on ne rencontre qu'une végétation très maigre et très disséminée : des buissons épineux rabougris ; le palmier-nain, dont la racine pivotante va chercher l'humidité sous les sables, qui sert de nourriture aux chameaux, et dont l'homme mange également les pousses nouvelles ; un grain sauvage très petit et de qualité inférieure, nommé *drinn* en Afrique, *sam* en Arabie : trois boisseaux de ce grain valent un boisseau d'orge ; enfin une baie du genre jujube, que l'on mélange au lait : les Sahariens l'appellent *sidra*, les arabes *mésa*. Le tout poussant spontanément et sans culture ; c'est une ressource à peu près insignifiante pour l'alimentation des douars.

Il y a très peu de sources en ces contrées : Palgrave n'en a vu qu'une seule en Arabie. L'eau se tire de puits souvent très profonds, toujours très distants les uns des autres, ou de mares d'égouttement fort peu nombreuses. Dans ces déserts il faut généralement, d'un point d'eau à un autre, un assez grand nombre de journées de voyage. Par suite, au sein des solitudes que nous venons de décrire, le chameau est indispensable à la population nomade comme au voyageur. C'est le seul animal qui puisse supporter assez longtemps la privation d'eau, et vivre à l'aide de la maigre flore qui végète sur les sables : il n'y a donc pas d'autre espèce à considérer dans le troupeau.

Le pasteur Chamelier possède deux variétés de cette race : le chameau *porteur* d'Arabie, et le *dromadaire* ou coureur (méhari). Elles lui sont aussi nécessaires l'une que l'autre. Toutes deux contribuent à procurer aux nomades la base de leur subsistance, le lait ; et leurs aptitudes différentes se complètent, en outre, soit au point de vue de l'art pastoral, travail principal, soit pour l'exécution des travaux accessoires.

Le méhari ou chameau coureur remplit ici les fonctions dévolues au cheval dans la région précédente : c'est la monture indispensable pour la conduite des troupeaux, pour les voyages et pour la guerre. Aussi est-ce lui qui devient l'animal privilégié, « l'ami de la tente », dont la race est perfectionnée à mesure que les nécessités augmentent avec l'aridité et l'ampleur du désert. Le chameau rapide du Béloutchistan peut faire en une journée, comme le dromadaire d'Arabie, 130 kilomètres; le *heirié* du Sahara central fait par jour sept journées d'homme, environ 170 kilomètres; et dans la partie occidentale, la plus désolée, le *tasayé* de race fine arrive à des parcours invraisemblables, jusqu'à 300 kilomètres au dire des voyageurs. On comprend la nécessité de se voiler la bouche et les narines pour de semblables courses à travers les sables; on ne sera pas étonné d'entendre dire qu'avec de tels moyens le Chamelier africain entreprend, jusqu'à plus de cent lieues, des expéditions de guerre ou de commerce.

Nous avons décrit précédemment le rôle du chameau porteur. Il est ici plus indispensable encore, d'abord pour le transfert des campements : la maigreur des pâturages, l'éloignement des puits, rendent les déplacements plus fréquents, plus longs et plus malaisés. En outre, et à raison même de ces conditions de vie plus pénibles, le lait des chamelles devient rare, et ne peut suffire à faire vivre le douar nomade : d'où la nécessité absolue de recourir à d'autres ressources. Celle qui s'offre aux Chameliers, c'est l'industrie du transporteur et du convoyeur de caravanes.

Les contrées situées au nord du Grand-Désert tirent

des régions méridionales des produits nombreux et précieux : la poudre d'or, la gomme, l'ivoire, les esclaves, les plumes d'autruche, le caoutchouc; elles importent au sud, en compensation, des étoffes, des instruments, des métaux, du sel. Les grandes oasis livrent les produits de leurs cultures et de leurs arbres, et reçoivent en échange les marchandises du nord et du midi. Si l'on considère que le prix des objets qui ont traversé le désert subit une hausse de 150 à 500 pour cent, on peut se rendre compte de l'importance que prennent pour le Chamelier l'industrie des transports et les opérations commerciales qu'il fait pour son propre compte, en comparaison des faibles produits de l'art pastoral tel qu'il peut l'exercer.

Or, nous remarquerons l'obligation pour les caravanes de traverser la mer de sable, qu'elles se rendent du Sénégal au Maroc, de Tombouctou à Ghadamès, d'Aghadès au Fezzan ou à Tripoli, du Caire en Abyssinie ou au Darfour, de Damas à La Mecque ou au Nedjed, de Perse en Indoustan. Dans ces voyages pénibles, beaucoup de chameaux succombent : le nomade fournit les bêtes de remplacement, ou même loue entièrement aux négociants tous les animaux de charge qui lui sont nécessaires. Il faut des guides assurés, connaissant la route et la situation des puits, habitués à ces solitudes affreuses, dont le morne aspect suffit à démoraliser l'habitant des régions plus clémentes ; impossible de se passer des services de l'homme du pays. Il faut à ces longs convois pesamment chargés, qui arrivent exténués à la halte, deux choses : la sécurité, et des puits intacts. Le nomade fait payer sa protection, ou pille facilement en cas de refus; il cède, moyennant une large rétribution, son droit de premier occupant aux points d'eau; ou sinon, tarit les citernes en abreuvant largement ses bêtes : la quantité d'eau qu'un chameau peut absorber est extraordinaire. Dans l'habitant du désert, il y a deux hommes : le convoyeur bien payé, probe et fidèle, — c'est son intérêt ; — et le nomade des steppes pauvres, rançonneur et pillard par nécessité. Le Chamelier vit *surtout* par les caravanes : c'est ici l'occupation qui procure le plus de ressources ; mais elle est liée indissolublement à *l'art principal*, l'élevage du chameau et la vie nomade.

Toutes ces circonstances du lieu qu'habite le Chamelier et des différents travaux auxquels il se livre, déterminent un état social particulier qu'il est intéressant de connaître.

Nous sommes bien éloignés des immenses rassemblements de tentes de la grande steppe, même des groupements nombreux usités chez les pasteurs Cavaliers arabes. Dans la région des Chameliers, le fractionnement en petits douars est imposé par une nécessité absolue : on n'y trouve pas d'amas d'eau suffisant pour abreuver rapidement plus de deux cents chameaux. Force est donc de se diviser, et chaque groupe doit aller séparément de station en station, en faisant de longs trajets et de courts arrêts. Par suite, les qualités nécessaires à un chef de nomades, une certaine prévoyance, la connaissance des lieux, l'aptitude à la direction, l'énergie, se développent chez un grand nombre d'individus, comparativement à ce qui a lieu chez les autres races pastorales. Ces qualités se fortifient d'autant plus en chacun des petits chefs de douars, que les déplacements sont plus étendus, plus fréquents, plus périlleux que partout ailleurs. Il y a là une première déformation de la société patriarcale, provenant des conditions mêmes du travail pastoral. Nous allons en présenter d'autres, qui dérivent du *travail accessoire*.

Ce n'est pas en vain que le nom de « mer de sable » a été donné au Grand-Désert : c'est bien une mer, en effet, que traversent le chameau de charge des caravanes et l'admirable coureur du Targui [1]; le premier est le navire marchand, le second le corsaire du désert. Le patron du douar chamelier réunit entre ses mains deux moyens de parvenir à la fortune : le procédé de l'armateur, et celui de l'écumeur de mer. Tous deux lui imposent des absences continuelles et de lointaines expéditions : soit pour rançonner les négociants voyageurs ou combattre à main armée les concurrents; soit pour escorter les caravanes et accompagner les animaux qu'il leur fournit. Il doit de plus entreprendre souvent de longs voyages pour ses affaires personnelles, afin d'entretenir ou d'étendre ses relations commerciales, car le douar errant est, grâce au commerce, un établissement d'avenir, ayant sa vie propre, sa clientèle et même sa « raison sociale ».

La division en très petits groupes et l'éloignement habituel du chef de famille amènent pour la femme, chez les Chameliers, une situation tout à fait en dehors des usages patriarcaux; — et dont on retrouve l'équivalent chez certaines populations maritimes. — Seule chargée de la direction de l'atelier adonné à l'art principal, qui est ici le pâturage et l'élevage du chameau, la femme du Grand-Désert assume une responsabilité, exerce un commandement; elle a par suite des droits et une importance personnelle dont on ne peut la dépouiller. La fille tient un rang au moins égal à celui des enfants mâles.

La richesse mobilière, fruit du commerce, fait naître dans cette société la propriété particulière, le pécule individuel; la fille a le sien comme ses frères. Apportant

---

[1]. *Targui*, au pluriel *Touareg*.

au ménage sa fortune propre dont elle dispose, on ne la cède point à un époux moyennant des cadeaux faits au père : *elle se marie comme elle l'entend.*

Élevés, non par le père absent, mais par la mère, et dans le douar auquel celle-ci appartient (car la fille ne quitte point en se mariant l'établissement commercial dans lequel elle a sa part), ses enfants vivent sous l'autorité *de leurs oncles maternels;* c'est avec leurs oncles maternels que les fils de la sœur se livreront d'abord à l'apprentissage, puis à l'exercice du commerce. Le mari, de son côté, ayant été élevé de même, continue de s'adjoindre pour les expéditions au groupe de ses frères et de ses oncles maternels, *au douar maternel.* C'est par la mère que s'accomplit l'accession au douar.

A la mort de l'un des époux, il y a lieu à liquidation, puisque chacun d'eux possède une fortune en propre. La fortune de la mère, fruit de la gestion du troupeau et de l'art pastoral, reviendra à ses enfants par partage égal entre eux, suivant la coutume des communautés où le pécule est établi. Ce sont les biens dits *de justice.* Au contraire, les biens *d'injustice,* ceux acquis par le père dans ses expéditions de commerce ou de guerre, en commun avec ses frères et avec ses oncles maternels, demeureront la propriété de *son douar maternel à lui.*

Considéré au point de vue commercial, ce douar a besoin d'un chef mâle : c'est le fils aîné de la sœur aînée qui, à la génération suivante, sera ce chef nécessaire. C'est entre ses mains que s'accumuleront, pour l'avantage de tous, les *biens d'injustice* conquis par le travail des oncles ; lui-même passera ensuite le trésor commun, suivant la même loi, à l'aîné de ses neveux en ligne féminine.

Ainsi se constitue, au sein de la race des pasteurs Chameliers, un certain nombre de situations patronales, une classe dirigeante composée des membres des familles dont les opérations commerciales ont réussi. A l'inverse, les membres des douars entraînés à la ruine par le manque d'habileté ou la mauvaise fortune, tombent sous la domination des puissants, et forment une classe de serviteurs appelés *imrad* chez les Touareg. La société se hiérarchise. La noblesse qui forme la tête de cette société se compose de familles établies dans les grandes oasis montagneuses du Sahara; leur dignité, leur richesse et leur influence sont reconnues, des bords de la Méditerranée au cœur de l'Afrique. Le voile noir ou *litzam*, insigne du noble Targui, est porté, par imitation, jusque dans les humides campagnes du Soudan, chez les familles qui prétendent à une haute origine.

Bien différente de sa sœur arabe, la femme du Grand-Désert voit son influence croître avec sa responsabilité. Elle n'a plus à moudre le grain : ses esclaves pilent pour elle les blés tendres importés du sud. Elle emploie ses loisirs à développer son instruction, à cultiver la musique et la grammaire. Compagne et suppléante de l'homme, elle maintient tous ses droits, sans omettre aucun de ses devoirs. Souvent on la voit prendre la lance, et défendre le camp surpris, à la place du mari absent. Maîtresse sous sa tente, elle n'admet ni la seconde épouse, ni la concubine noire. Elle marie entre eux ses jeunes esclaves; ainsi le Targui devient « éleveur de nègres, comme le planteur de Virginie », ou comme l'habitant de Saint-Domingue. La race saharienne est, par suite, généralement pure de tout mélange avec le sang noir, à la différence de beaucoup de tribus d'Afrique ou d'Arabie.

De ces familles monogames, de cette éducation tournée vers les entreprises lointaines, sortent de nombreux rejetons, formés aux affaires et à la direction des hommes, qui alimentent une émigration assez importante, dirigée vers le sud et vers les grandes oasis. On peut attribuer aux émigrants issus de l'aristocratie chamelière la fondation de la plupart des royaumes du Soudan central, que gouvernent des dynasties de « sultans » musulmans, porteurs du voile.

III.

LES OASIS [1].

Après avoir étudié les pasteurs nomades des deux premières régions, il convient de jeter un rapide coup d'œil sur les groupes sédentaires fixés au milieu des déserts que parcourent ces pasteurs.

C'est du relief du sol que dépend ici, en général, l'approvisionnement d'humidité nécessaire à la culture. Cette cause agit de deux manières différentes. Dans la partie septentrionale, les eaux filtrant à travers le sable, et descendues soit des chaînes rapprochées de la mer, soit des plateaux sahariens, s'accumulent dans certaines dépressions du sous-sol argileux, et y forment des nappes de peu d'étendue. Vers le centre ou le midi du pays des chameliers, les hauteurs considérables dont nous avons déjà parlé arrêtent les vapeurs atmosphériques et déterminent, à leurs pieds, des sources qui arrosent les terrains placés plus bas.

Ces deux variétés de sols cultivables situés dans les

1. A consulter pour cette section :
Goblet d'Alviella, *Sahara et Laponie*, p. 91; — Binger, t. I, p. 287 à 355, 388 à 396, etc.; t. II, p. 54 à 65; — Casati, p. 45 à 55, etc.; — *La Science sociale*, t. II, p. 64, 69, 461, 462, t. XV; p. 315 et suiv.

déserts portent le même nom : les *oasis*. Leur étendue est très variable. Elle amène des conséquences diverses. Les petites oasis, ne pouvant contenir qu'un petit nombre de cultivateurs, tombent sous la domination absolue des nomades, soit que les tribus en deviennent propriétaires, soit que les confréries religieuses des déserts y installent leurs stations. Mais les territoires arrosés plus vastes, susceptibles de contenir une nombreuse population sédentaire, se trouvent dans une condition toute différente : cette population peut résister aux tribus presqu'aussi bien que les peuples agglomérés en dehors des rives de la steppe pauvre; elle joint à la puissance du nombre et de la concentration, celle que donnent le commerce et la possession de la richesse.

En effet, les stations arrosées et cultivées attirent forcément les caravanes, qui y trouvent, avec le repos et le rafraîchissement au milieu de leurs pénibles parcours, le renouvellement de leurs provisions en vivres et des débouchés pour leurs marchandises. Dans toute oasis assez considérable, on rencontre une ou plusieurs villes, places de commerce d'une réelle importance. L'aisance pour les habitants en général, de grosses fortunes pour plusieurs, sont le fruit de ce mode de travail. D'ordinaire, une autorité publique, religieuse ou politique, vassale ou indépendante, est appelée à garantir la sécurité indispensable soit aux négociants, soit aux cultivateurs qui les nourrissent. Plusieurs oasis ont été dans le passé ou sont encore de nos jours le siège d'états puissants.

L'histoire à la main, nous pouvons constater des variations singulières dans le sort de ces établissements; l'examen des conditions locales nous en révèlera peut-être les causes.

Certaines stations, — c'est la généralité de celles que l'on rencontre au nord du Grand-Désert, — doivent leurs eaux, bases de la fertilité, à des moyens artificiels. Pour plusieurs, l'emplacement a été déblayé de main d'homme jusqu'à la profondeur suffisante ; pour d'autres, l'irrigation s'effectue au moyen de longs canaux ou de captations d'eau étendues ; dans ces divers cas, des travaux continuels sont nécessaires afin de parer au retour offensif des sables perpétuellement poussés par le vent du désert. Si la richesse des habitants est compromise, soit par un fait de concurrence commerciale, soit par l'insécurité des routes qui conduisent à l'oasis, soit par des désordres intérieurs ou par la guerre, l'entretien de ces ouvrages coûteux sera négligé ou même supprimé ; la culture et la vie se retireront dans la même proportion. C'est ainsi que Palmyre et Bagdad, ces deux « perles du Désert », sont devenues des bourgades, et que la poussière a enfoui jusqu'aux ruines de célèbres capitales des temps antiques, comme Ninive et Babylone.

Mais les massifs montagneux situés au centre ou au sud des déserts de l'Arabie ou du Sahara africain sont placés dans des conditions différentes. Ils recèlent des vallons *naturellement arrosés*, protégés par les hauteurs, par leur étendue même, par l'impulsion que la pente donne aux cours d'eau, contre l'envahissement des sables. Sans le concours de l'ingénieur, ces territoires peuvent produire des récoltes et même entretenir du bétail parqué. Il y a donc là des populations rurales dont l'existence et l'accroissement sont soumis seulement aux conditions climatériques, beaucoup moins variables que les faits humains. Toutes ces oasis n'atteignent pas la splendeur magique, mais éphémère, des riches cités fondées artificiellement par le commerce dans les déserts ; du moins, elles traversent les siècles, sans autre variation sensible que l'oscillation de leurs limites, gagnant ou perdant sur le bord des sables une étroite bande de terrain, suivant les périodes prolongées d'humidité ou de sécheresse. Telles sont les régions du Nedjed et de Sana en Arabie; du Tibesti, d'Aïr et d'Asben en Afrique.

Dans les oasis, et principalement dans celles qui sont assez étendues pour rester indépendantes, le régime patriarcal des familles, — qui sont venues originairement de la steppe, seul chemin permettant de s'y rendre, — subit plusieurs modifications. Le culte, notamment, sort du cercle familial pour se constituer à part, dans de vastes associations religieuses qui se rapprochent du type patriarcal. C'est au sein des oasis, qu'ont pris naissance les puissantes confréries musulmanes maîtresses des routes commerciales dans les déserts de l'Afrique septentrionale, au Nedjed et à La Mecque en Arabie, ainsi que les anciens collèges des prêtres égyptiens, les monastères de la Thébaïde, etc. On peut rapprocher la forme de ces associations de celle des lamaseries nombreuses situées à proximité des steppes tartares et mongoles.

Les plus vastes elles-mêmes parmi les oasis présentent toujours cette particularité, que leur sol cultivable est limité par le territoire intransformable des déserts; elles ne peuvent s'agrandir au delà des bornes que leur assigne la quantité d'eau dont elles disposent pour l'irrigation, nécessaire à la fécondité de la terre sous le régime du vent constant et desséché qui domine dans toutes ces contrées. Cependant, leur population tend à s'accroître par suite des ressources et des emplois que fournit un commerce actif. La concentration des capitaux dans les places commerciales des oasis et l'abondance des bras disponibles suscitent un nouveau mode de travail, la *fabrication*. En dehors des métiers usuels et des ouvriers d'état dont les services sont nécessaires à toute population agglomérée, on voit s'établir dans certaines grandes oasis de véritables manufactures, et principalement des tissages. Au pied du plateau de l'Iran, la ville d'*Yezd*, « assiégée par les sables », est devenu le « Manchester persan ». *Sana* répand dans toute l'Arabie ses étoffes de poil de chèvre. Dongolah, El-Obéïd, en Nubie; Aïr, Tombouctou, et beaucoup d'autres points qui se rapprochent du Soudan central et occidental, contiennent des populations entières adonnées au tissage, auxquelles les caravanes apportent les ballots de laine, de poil, de soie ou de coton.

Resserrée dans les limites inextensibles de l'oasis, la population industrielle s'y trouve bientôt à l'étroit. Son expansion au dehors est provoquée d'abord par l'esprit aventureux que lui communique le passage continuel des caravanes, et facilitée par les relations éloignées qu'entretiennent les patrons négociants et les guides. C'est ainsi que se fondent, jusque dans la région des grands lacs africains, les établissements de tissage et les plantations de coton créés par les Dongolais ou *Danagla;* dans les royaumes musulmans du Soudan, les fabriques de cotonnades de Sokoto, du Bornou, du Baghiami. C'est au sein des grandes oasis sahariennes qu'il faut rechercher l'origine première des colonies musulmanes de négociants et de tisseurs *Mandé-Dioula* qui s'avancent dans la boucle du Niger. Gagnant de proche en proche, sillonnant de leurs caravanes d'esclaves-porteurs toute la contrée qui s'étend du Sahara au golfe de Bénin, emportant avec eux dans leurs voyages leur métier à tisser le coton, pour parer à tout en cas de revers, les industrieux et entreprenants Dioula ont depuis longtemps établi à *Kong*, sous le 8ᵉ degré de latitude nord, une place commerciale des plus importantes, et créé, sur le faîte qui sépare le bassin du *Niger* du versant de *Guinée*, la petite cité marchande de *Boudouckou*[1], isolée à la lisière des forêts équatoriales; ville « saharienne » aux murailles de brique, aux toits en terrasse, dont les maisons massives, ouvertes sur des cours intérieures, sont entourées d'un dédale de ruelles retentissant des cris des vendeuses et du bruit des métiers.

IV.

TROISIÈME RÉGION : LES PASTEURS CHEVRIERS [2].

Après avoir traversé le pays de l'extrême sécheresse, nous nous trouvons maintenant sous une latitude un peu plus rapprochée de l'équateur. Les pluies irrégulières fréquentes, la situation de la contrée vers le bas de la pente du plateau septentrional, conservent la fraîcheur sous les sables à une moindre profondeur : les eaux de pluie alimentent les *foûls* ou mares que le Dʳ Potagos a rencontrées en Nubie comme en Asie. Nous sommes, sous le rapport du climat, dans une situation qui rappelle le sud de la région des Cavaliers. Le troupeau comprend une partie des mêmes espèces animales : le chameau, la chèvre et le mouton; mais la principale ressource est ici la chèvre. Son association au chameau, en quantité

---

1. Voir journal *Le Temps*, 18 août 1892, t. V (*Mission Binger*) et 24 mai 1893 (*Mission Maistre*).
2. A consulter pour cette région :
Malte-Brun, t. II, p. 271, 274, 331, 332; t. VII; p. 140, 143, 180; — E. Reclus, t. IX, p. 78, 117, 273, 305, 371; t. X, p. 190, 401, 408 à 414, 608; t. XI, p. 677, 820; — Fatallah-Sayeghir, p. 170; — *Univers pittoresque*, *Sénégambie*, p. 5, 80; — L'abbé Bouche, p. 11; — Potagos, p. 262.

importante, constitue la différence, la limite entre cette région et la précédente.

En effet, le territoire où nous sommes parvenus est éminemment propre à la croissance des arbres et arbustes épineux recherchés par la chèvre; mais l'équilibre entre l'humidité et la chaleur solaire est ici de telle nature, que les graminées sont rares. Le bœuf et le cheval ne peuvent prospérer dans cette région. Une herbe appelée *Faleslez* y croît en abondance; elle engraisse la chèvre et le chameau, mais sur les hauteurs elle devient vénéneuse pour le cheval et même pour l'âne. Aussi les tribus dont le parcours comprend des territoires élevés ne fournissent-elles que des forces d'infanterie; celles au contraire qui ne visitent que des plaines possèdent en assez grand nombre l'âne d'Arabie, animal vigoureux et assez rapide qui fait en une demi-heure 1,750 pas doubles de ceux de l'homme. Je puis citer la tribu El-Hadidi, habitant au pied du Nedjed; au commencement de ce siècle, le voyageur syrien Fatallah-Sayeghir la vit apparaître le matin d'un combat, forte de quatre mille cavaliers armés de fusils et montés sur des ânes.

Le lecteur connaît déjà le rôle du chameau chez les nomades, il est inutile d'y revenir. Les tribus dont nous avons à nous occuper peuvent, grâce à lui, se transporter facilement à la suite de leurs troupeaux de chèvres. Nous allons examiner l'influence exercée dans cette région par ce dernier animal.

La chèvre peut satisfaire à deux des besoins primordiaux de l'homme : la *nourriture* et le *vêtement;* et pour ces nomades, dans le vêtement on doit confondre le *logement :* la tente est faite du poil des animaux.

L'industrie du poil de chèvre, en la suivant à la trace au sud du Grand-Désert, fixera l'emplacement de notre région. Elle commence à se dessiner sur les contreforts de l'Hindo-Koh, chez les *Sia-Poh* ou noirs-vêtus; elle se dirige à travers les déserts sur Khirman, à la frontière persane, franchit l'Arabie par les sables du sud et ceux qui environnent le plateau de *Sana*, où le produit des troupeaux est manufacturé. On la retrouve en Nubie avec les puissantes tribus du Sennaar, celles des *Kabbabish* (chevriers), dont El-Obéïd est le centre, et qui se prolongent au loin vers l'ouest, occupant les dernières dunes du Sahara au sud de Kanar et d'Asben. Elle reparaît aux environs de Tombouctou, puis au nord du Sénégal chez les *Tischlti*, les *Ouled-Mbarek*, les *Brakna*, les *Douysch* et les *Trarza*. Ces dernières tribus sont connues sous le nom général de *Maures*.

La chèvre est bonne laitière; pendant la plus grande partie de l'année, elle nourrit les tribus. Mais un phénomène particulier à la région vient de temps en temps arrêter dans leur croissance les végétaux qui l'alimentent, et imposer aux nomades un travail accessoire. Du reste, la Providence a placé le remède à côté du mal. Le phénomène en question est le vent d'*harmattan*, courant du plein nord qui souffle de temps à autre à travers le Grand-Désert, pendant des périodes assez longues, et particulièrement pendant les mois de janvier et de février. Son action se fait sentir jusque sur la côte de Guinée.

C'est un vent excessivement sec, qui, ayant traversé les solitudes sablonneuses et stériles situées au nord de la région, apporte des tourbillons, ou plutôt des *brouillards* d'une poussière presque impalpable, dont il recouvre tout. Sous son action, les feuilles et les menus rameaux se crispent et tombent desséchés et grillés comme par le feu. Les animaux souffrent alors à la fois et de la pénurie d'aliments, et de la difficulté de la respiration.

Mais voici la ressource ménagée aux pasteurs pour cette saison désastreuse; ils la doivent à un arbre qui croît abondamment dans toute la contrée, l'*acacia mimosa*. Au souffle desséchant de l'harmattan, la végétation extérieure de l'arbre est arrêtée; l'écorce se grésille et craque de toutes parts, présentant un grand nombre de petites fissures par lesquelles s'écoule la sève déjà en marche et que les rameaux brûlés ne peuvent plus absorber; elle sort sous forme de gouttelettes transparentes qui en séchant s'attachent au bois : c'est la gomme arabique. L'arbre à gomme se rencontre spécialement au sud de l'Arabie; sur les confins de la Nubie et du Soudan, « de la mer Rouge à l'Océan »; et surtout vers l'ouest de l'Afrique, où ses groupes sont assez considérables pour porter le nom de forêts.

La gomme est consommée par les tribus, soit seule, soit mêlée au lait. D'une conservation facile, elle fait l'objet d'un commerce important, qui porte le nom de traite de la gomme, et qui procure aux nomades, comme objets d'alimentation, les dattes et le dourrah ou millet. Il faut remarquer que la production intense de la gomme est liée à l'action du vent d'harmattan; par suite, à la situation de notre région au sud du Grand-Désert, et sous une latitude qui ne permet pas à l'humidité de l'air de combattre victorieusement cette action.

Voilà donc le travail qui procure aux Chevriers, après l'art pastoral, leur plus grande ressource : c'est la *cueillette*. Nous ne l'avions pas encore rencontrée, du moins avec une telle importance, dans les autres régions. Quelle est son influence, au point de vue social, sur la constitution de la famille et des tribus chez ces nomades?

Rien, dans l'organisation du pâturage au moyen de troupeaux de chèvres, n'impose la division des tribus en douars minimes : les eaux sont assez abondantes pour ce petit bétail, qui boit très peu, et permet par suite les rassemblements nombreux. L'action de la cueillette se fait sentir, en ce sens, d'une manière coactive. La main agile d'un enfant ou d'une femme, celle d'un indolent qui craint l'effort pénible, celle même d'un niais ou d'un incapable, valent pour ce travail de simple récolte, léger et attrayant, le bras d'un homme robuste ou l'intelligence d'un chef prévoyant. Il y a donc intérêt à s'entourer d'un grand nombre de gens, même de ceux qui pourraient passer ailleurs pour des non-valeurs. D'autre part, on le comprend, l'attrait d'un profit sans fatigue, à portée de la main, est éminemment propre à susciter des contestations et des violences. L'autorité d'un puissant chef de tribu est nécessaire au maintien de la paix entre les familles. C'est ainsi que la cueillette de la gomme concourt, avec l'art pastoral du Chevrier, pour maintenir l'organisation en communautés étendues de familles et en fortes tribus, dont l'indépendance est assurée par l'éloignement des États puissants, séparés par le désert de sable de la région des Chevriers.

L'harmonie règne au sein de ces vastes associations. Mais d'une tribu à l'autre, les occasions de querelles sont multipliées. Il n'y a pas de juges entre elles, d'autorité capable de faire observer la paix; l'antagonisme vis-à-vis de l'étranger est un des résultats de la formation de la race, telle qu'elle dérive du travail de la cueillette. Les Chevriers pratiquent la justice vis-à-vis des autres membres de leur tribu : on a besoin les uns des autres. Mais dans les relations en dehors de ce groupe, on trouve chez les Maures de notre région, d'après Malte-Brun, des hommes perfides et cruels, traîtres et sans foi, ne semblant connaître aucun sentiment humain.

V.

QUATRIÈME RÉGION : LES PASTEURS VACHERS [1].

Les déserts que nous venons de parcourir sont accompagnés, au midi, d'une bande d'*avant-déserts* qui s'en distinguent par une humidité beaucoup plus grande. Cette modification du climat est produite en Asie, des frontières de l'Indostan au détroit de Bab-el-Mandeb, par le voisinage de la mer, que les pentes des hauts plateaux accompagnent à faible distance ; et dans toute la largeur de l'Afrique, par les pluies irrégulières qui augmentent considérablement d'intensité, à partir du 13° degré de latitude, à mesure qu'on s'avance vers le sud ; d'après le Dr Potagos, il pleut pendant trois mois de l'année dans le Kordofan, et pendant sept mois à Hofra-el-Naas. Nous retrouvons donc, pour ces raisons différentes, les mêmes effets climatériques, depuis les bouches de l'Indus jusqu'à celles du Sénégal. Ces conditions déterminent la quatrième et dernière région des steppes pauvres, que nous devons examiner à son tour. Elle est arrêtée, au sud, soit par la mer, soit par la ligne de forêts qui marque la limite des pluies régulières.

Dans cette contrée intermédiaire entre les déserts arides et l'aire équatoriale, la terre se couvre d'une flore riche et vigoureuse, où les graminées abondent. Une

---

1. A consulter pour cette région :
Malte-Brun, t. II, p. 285, 381 ; t. VII, p. 87, 142, 254 ; — E. Reclus, t. IX, p. 19, 874, 883, 885, 898 ; t. X, p. 190, 240, 401 à 414 ; 450 à 452 ; t. XI, p. 740, 789, 788 ; t. XII, p. 563, 681 à 705 ; — *Univers pittoresque*, *Nubie*, p. 22, 84 ; — Potagos, p. 263, 266 ; — Galliéni, p. 381, 392, 448, 455, 608 ; — Burton, p. 453, etc. ; — Palgrave, p. 80 à 87 ; 293 ; — Baker, Ismaïlia, Binger, t. I, p. 30 à 34, 70, 71 ; 309 à 389, etc. ; t. II, 210 et suiv., etc.

herbe fine et drue, en certaines saisons, fournit de succulents pâturages : elle pousse de plus en plus abondante, de plus en plus forte, à mesure qu'on avance vers le sud, où elle devient si compacte et si haute, à la saison estivale, que le bétail répugne à y entrer.

Mais les plantes sèches et coriaces dont se nourrit le chameau, sont bannies de cette flore; autour des puits et des mares, aux lieux les plus humides, croissent au contraire certaines herbes et pullulent certains insectes, qui donnent la mort à cet animal si résistant dans les régions arides. Le rôle du « vaisseau du désert » est terminé.

Les services d'une bête de somme d'une certaine taille et d'une force suffisante sont cependant indispensables aux nomades pour le transfert des campements. Avec le mouton, avec le cheval déjà moins alerte et anémié, mais nécessaire à la garde des troupeaux hétérogènes, nous voyons apparaître auprès de l'homme un nouveau serviteur : le bœuf à bosse aux cornes branlantes, le bœuf porteur. Sur son dos, on roule la tente, faite de cuir, ou tressée de joncs et de branchages; il sert de monture aux vieillards et aux femmes; en un mot, il est dressé à l'usage du bât. Ce bœuf peut même acquérir, comme animal de selle, une certaine souplesse dont ses congénères européens nous paraîtraient incapables : Livingstone a traversé l'Afrique australe sur son bœuf *Simbad;* le capitaine Binger, dans une toute récente exploration, ayant perdu sa mule à Tiong-i, continua sa course vers le sud, et fit son entrée à Kong, sur un bœuf porteur; et chez les Arabes Schouâa, au Bornou, le major anglais Denham a vu la fille d'un émir, assise sur un taureau dressé, faire exécuter des courbettes à sa lourde monture.

La région est parfaitement caractérisée par l'absence

ou la rareté du chameau, et la présence du bœuf porteur.

A côté de ses précieuses qualités, la race du bœuf à bosse ou bœuf indien présente un grave inconvénient : les vaches ont *très peu de lait*. Il est à remarquer du reste que la vache est très peu laitière dans les pays chauds. Le pasteur est donc contraint à chercher un complément de ressources hors de son art : la situation géographique du lieu le lui fournira.

Si nous remontons vers l'origine de la région à l'Orient, nous trouvons les tribus de Vachers établies le long de la côte baloutche appelée *Makran*, resserrées entre les montagnes arides et la mer, et obligés de compléter leur alimentation par la pêche sur ces rivages découpés et poissonneux. Cette côte offre de nombreux gisements d'huîtres perlières et nacrières, dont l'exploitation fournit une matière précieuse et très recherchée par le commerce depuis les temps les plus reculés. Les mêmes caractères conviennent au littoral du golfe Persique, à celui de l'Oman et de l'Hadramaut en Arabie. Aussi la pêche des perles, et la navigation stimulée par le commerce de ce précieux produit, se sont-elles développées dès la haute antiquité sur tous ces rivages ; l'activité commerciale y a fondé des villes et des royaumes, et créé des ports, dont les principaux sont Hendjam, sur la mer des Indes ; Horéit, El-Katif, Mehama, Mascate, dans l'Oman ; Cher et Makalla en Hadramaut ; Bir-Ali et Magdeha dans l'Yémen, et Djeddah, le port de la Mecque. La navigation, cependant, n'a pas fait abandonner l'art pastoral ; mais en plusieurs endroits, la rareté des pâturages oblige à nourrir le bétail, pendant certaines saisons, de poisson séché.

Sur ces territoires resserrés, où le commerce agglomère une population nombreuse, comment s'affranchir du travail agricole et des occupations pénibles qui répugnent au pasteur aussi bien qu'au négociant aisé ? — Par l'importation des esclaves noirs, qui dans toute l'Arabie du Sud et l'Arabie Heureuse sont à peuprès seuls chargés de la culture et de la mouture à bras. Longtemps avant les vaisseaux portugais, les boutres arabes avaient abordé la côte orientale d'Afrique ; les imans de Mascate en avaient pris possession, et Vasco de Gama trouva leurs forteresses et leurs comptoirs établis à Mélinde et à Monbaza. Le sultanat de Zanzibar, qui exerce une influence si étendue dans l'est de l'Afrique, n'est qu'un morcellement de l'empire maritime fondé par les Arabes navigateurs. La traite des noirs pour l'Orient est encore aux mains de ces Arabes et de leurs congénères, banians de l'Inde ou beloutchis : leurs caravanes sont rencontrées continuellement par les voyageurs jusqu'au centre de l'Afrique, ramenant des convois de captifs, et l'*Hadramausi* est toujours la terreur des noirs. En 1878, malgré les croisières anglaises, l'importation des esclaves a été de *deux mille* au moins, pour un an, dans l'Yémen seul.

Voilà, dans la partie orientale de la région, les occupations qui, en dehors de l'art pastoral, apportent le plus sérieux contingent aux ressources des Vachers. Elles tendent à modifier profondément la population, et font entrer dans sa constitution sociale un élément nouveau : la guerre pour le profit privé, ou la piraterie.

Le développement très ancien de la marine chez les Arabes Katanistes ou *Kouschites* dont nous venons de parler, expliquent facilement comment les tribus qualifiées de *Kousch* ou *Kouschi*, dès les temps de l'antique Égypte, se sont répandues en si grand nombre en Afrique du 13° au 10° degré de latitude nord. Elles se sont trouvées, dans cette partie du monde, soumises à des conditions beaucoup plus favorables à l'exploitation des troupeaux, et sont revenues immédiatement au mode d'existence primitif de leur race : l'art pastoral exercé en société patriarcale. Ces tribus ont prospéré ; c'est quelquefois par colonnes immenses, évaluées, hommes et bêtes, à cinquante mille individus, que se font leurs migrations régulières du nord au sud et du sud au nord. Ces déplacements sont nécessaires à la conservation des troupeaux : la saison humide détrempe les pâturages méridionaux, y fait naître une multitude de taons qui harcèlent le bétail, de scorpions dangereux qui entourent les puits et les mares, et forcent ainsi les pasteurs à remonter vers une contrée où les pluies sont moins abondantes. La saison sèche au contraire, tarit les mares dans le nord et ramène les troupeaux vers les herbages méridionaux plus arrosés, où les insectes sont alors moins redoutables.

Telles sont, au point de vue de l'art pastoral, les conditions dans lesquelles vivent et se meuvent, en Afrique, non seulement les tribus berbérines des *Baggâra* ou Vachers, dans le bassin du Nil, mais encore celles qui s'échelonnent à leur suite, de l'est à l'ouest, dans cette région : dans le bassin du lac Tchâd, les pasteurs qui occupent le nord du Wadaï, du Kanem, du Baghirmi, du Bornou ; dans celui du Niger et de la Benoué, les gens de Sokoto, les Haoussa, les pasteurs Peulh ou Foula ; et les Toucouleur du Sénégal.

A côté de l'animal dominant dans les troupeaux, le bœuf porteur, nous avons déjà mentionné le cheval, qui tient aussi une place importante. Bien qu'inférieur de tous points au coursier arabe ou persan, le cheval du Soudan joue aussi son rôle d'auxiliaire de l'homme à la chasse et à la guerre. Pour le nomade Vacher, au cœur du continent africain, c'est lui qui remplace le canot du pêcheur de nacre ou le voilier effilé du pirate. Nous retrouvons ici, dans les occupations accessoires imposées par l'insuffisance de la steppe, la trace visible des coutumes importées des rivages perliers de l'Asie.

Ramenée fréquemment, à la suite de ses troupeaux, sur la lisière des forêts, chaque tribu profite de son séjour au midi pour organiser au moins une battue annuelle contre l'éléphant. Signalons l'apparition de cet énorme et sagace animal, appelé à exercer une influence considérable sur les phénomènes sociaux dans l'Afrique centrale. Le concours du cheval diminue les risques et augmente les profits de la chasse à l'éléphant : il permet ainsi aux nomades de se procurer facilement et abondamment l'*ivoire*, ce produit animal si recherché qui remplace comme objet de commerce la sécrétion nacrière, et alimente le trafic soit des caravanes, soit de la batellerie du Nil.

Ce commerce est complété par l'exportation des grains tendres du Soudan, le riz du Sokoto, le dokn, le dourrah, dont la consommation est grande chez les tribus des déserts; nous l'avons déjà indiqué en particulier pour les Touareg. Notre région, suffisamment humide, comprend de vastes terrains propres à la culture, habités par des peuplades noires sédentaires et désorganisées. Ici commence le rôle du cheval de guerre. Grâce à leur cavalerie qui porte la terreur dans les villages nègres, les Kanembous, les Bornouens couverts d'armures, les Haoussa et les Foula du Niger, ont asservi ces populations agricoles; ils contraignent les noirs à travailler pour eux, et même à combattre sous leurs ordres. C'est là l'exploitation *directe* du nègre par le pasteur Vacher. Elle se pratique de deux façons différentes.

Tantôt les femmes et les enfants sont saisis par surprise dans les cultures, ou aux abords de leurs villages, et amenés dans les « villages de culture » qui remplissent la banlieue de chaque petite cité commerciale, et appartiennent aux notables de la localité.

Tantôt un *almamy* ou iman, chef d'une bande de cavaliers, se déclare maître du pays : il place dans chaque village noir un résident ou chargé d'affaires, ordinairement esclave lui-même, assisté de quelques « sofa » ou esclaves armés. Ce résident, ou « Dougou Koumasigui », a pour mission spéciale de faire cultiver à la corvée les terres que l'almamy s'est choisies, et qui sont, d'habitude, les meilleures du village. Deux ou trois fois par semaine, tous les noirs, hommes, femmes et enfants, sont rassemblés et conduits au travail par les *sofa* : « les récalcitrants sont ramenés à la raison à coups de trique, s'il y a lieu [1] ».

En outre des peuplades noires fixées dans les *avant-déserts*, les tribus berbérines du Darfour et de la Nubie, comme les Foula et les Haoussa de l'ouest, sont en contact vers le midi avec les nègres, cultivateurs ou chasseurs, qui habitent dans les clairières, dans la brousse ou les marécages de la région équatoriale. Sous la direction des « seigneurs marchands, » véritables pirates par terre, ou des *almamy* musulmans, les Vachers se livrent à la traite des noirs à destination de l'Arabie, de l'Égypte, de l'Afrique septentrionale. Au sein de leurs tribus se recrutent de petites armées, composées soit d'une cavalerie mal montée, mais dénuée de scrupules, soit de compagnies à pied qui pénètrent jusque dans les régions des grands lacs et du Congo supérieur.

1. Binger, t. I, p. 34, et journal *Le Temps*, 24 mai 1893 (*Mission Maistre*).

Aussi ces nomades tiennent à la traite et la défendent. Avec les Kabbabich ou Chevriers, ce sont les tribus Baggâra qui ont recruté les bandes formidables du Mahdi, et refoulé hors du Soudan les expéditions anglo-égyptiennes.

On retrouve donc, de l'Indus au Sénégal, dans la région des Vachers, une race qui mène la vie pastorale plus ou moins intense, et se livre accessoirement aux mêmes travaux : la recherche d'une matière précieuse pour le commerce, et l'exploitation du nègre.

Nous aurons l'occasion, à la fin de ce volume, d'étudier avec plus de détails ce qui concerne la traite [1]. Mais il faut noter ici un point fort important pour la division et la classification des races africaines. Par l'introduction constante chez elles de femmes enlevées à leurs voisins nègres, les tribus des Vachers, ainsi que les populations des oasis, ont contracté assez généralement une ressemblance de traits et surtout de couleur avec la race qui fournit leurs esclaves. Elles forment pourtant, parmi les peuples à peau noire, une catégorie bien distincte de celle des nègres, et occupent dans l'échelle des sociétés un rang très supérieur. Les enfants nés des négresses, au sein de ces tribus, sont élevés *dans le milieu social* de ces tribus, qui doivent à leur vie de pasteurs nomades la cohésion et la discipline familiales, à leurs travaux accessoires un développement d'intelligence et d'activité remarquable, surtout chez les chefs. Ces enfants métis font corps avec la tribu, parce qu'ils y reçoivent la formation sociale propre à la tribu; ils la transmettent comme ils l'ont reçue à leurs propres descendants, ceux-ci fussent-ils de plus en plus noirs. Aussi, forcément et

1. Voir ch. VIII.

constamment, partout et toujours, les émigrants oasiens et les Vachers occupent une situation victorieuse et dominante vis-à-vis des peuplades nigritiennes, dont leur conformation physique semble en vain vouloir les rapprocher.

Nous avons suivi à travers les déserts les tribus nomades qui les occupent; nous sommes arrivés, au moyen d'une étude méthodique, à les classer, à les distinguer entre elles, à rendre raison, autant qu'il nous a été possible, des différences qu'elles présentent, en nous appuyant sur les conditions des *lieux* qu'elles habitent et des *travaux* qu'elles pratiquent. A l'aide de ces seules constatations, laissant de côté les données souvent contestables fournies par l'ethnologie ou la linguistique, nous avons été conduits à discerner dans le nord de l'Afrique quatre groupes séparés de populations, dont chacun se rattache à un groupe similaire habitant, sous une latitude et un climat analogues, dans l'Arabie et l'Asie antérieure. Cette conclusion jette une certaine clarté sur la question de l'origine commune et du point de départ de ces tribus, dont les traditions s'accordent du reste avec le résultat que nous obtenons par l'analyse des faits sociaux. Tous ces nomades, en effet, blancs, bruns ou noirs, tous se disent *Arabes*, parce qu'ils ont traversé l'Arabie, et maintiennent inébranlablement cette affirmation de leur origine, avec la forme patriarcale de leurs familles.

Ces quatre groupes de populations semblent donc descendre, comme autant de grands fleuves, des steppes plus ou moins arides qui vont rejoindre le pied des hauts plateaux de l'Asie centrale, où s'est constitué dans sa forme simple et complète le type social du pasteur nomade, fixé par les observations de Le Play; type dont ceux-ci ne sont que des dérivés et des déformations.

Ces déformations, nous avons essayé, en les observant en Afrique, d'en déterminer la loi. Nous sommes ainsi arrivés à préciser quatre variétés secondaires de populations pastorales, que nous avons dénommées, d'après l'animal dominant dans le troupeau : les pasteurs Cavaliers, les pasteurs Chameliers, les pasteurs Chevriers, les pasteurs Vachers. La limite des territoires occupés par ces derniers est la frontière qui sépare définitivement, en Afrique, les races patriarcales et les populations nigritiennes.

CHAPITRE II

LA ZONE MONTAGNEUSE DE L'EST.

Dès le début de cette étude, un examen d'ensemble nous a conduit à diviser le continent africain en quatre grandes zones : les déserts du nord, les montagnes de l'est, les déserts du sud et le Plateau central.

Ces zones se distinguent entre elles par la situation géographique, le climat, le relief du sol. Mais ces conditions physiques, en déterminant la nature des productions végétales et animales, décident des divers modes de travail auxquels l'homme doit se livrer dans chaque zone pour assurer son existence.

Et ces divers modes de travail engendrent des formes de société différentes.

Telles sont les bases matérielles et tangibles des divisions à la fois géographiques et sociales que nous avons marquées dans le monde africain.

Si le lecteur a trouvé quelque intérêt à nous accompagner dans la première zone africaine, celle des déserts du nord, j'espère qu'il nous suivra avec une curiosité renouvelée dans les hautes terres de l'est. C'est à cette exploration que je le convie maintenant.

Je chercherai d'abord à donner rapidement une idée aussi simple que possible du plan de cette région. Il sera d'ailleurs facile de suivre cette description du pays sur la carte ci-contre.

Cette seconde zone côtoie sur une grande partie de sa longueur l'océan Indien ; cependant elle s'avance au nord jusque vers le 13° degré de latitude nord, et laisse la plaine des pasteurs Somâl s'étendre sur le rivage. A la suite de cette plaine, qui dépend de la région des pasteurs Vachers, déjà étudiée, nous laissons de côté également la région maritime occupée et peuplée, sous le nom de *Mrima* ou *Saouahil,* par les Arabes de Zanzibar et leurs métis, ou par les noirs qu'ils dominent.

Notre zone s'étend au sud de l'Équateur jusqu'au 18° parallèle environ, s'arrêtant aux bouches du Zambèze. Elle est comprise dans sa plus grande largeur, qui se rencontre sous l'Équateur, entre les 24° et 37° degrés de longitude est de Paris. Un point précis de sa limite occidentale est l'endroit où Stanley, émergeant enfin, après des fatigues inouïes, de la grande forêt du Congo, atteignit la « terre des Herbes, » la plaine haute à l'air léger et salubre, dont la promesse avait soutenu ses compagnons noirs durant le long et pénible voyage [1].

Ce territoire présente dans son ensemble la configuration de montagnes d'origine ignée. Des éruptions volcaniques, indiquées par des cônes qui se terminent, non pas en pointes, mais en cratères, ont percé la surface terrestre en la brisant et en la disloquant. Des fragments de cette surface se sont dressés en pics superbes, qui rayonnent tout autour du point d'éruption. Au-dessous

---

1. Stanley, *Dans les ténèbres de l'Afrique*, t. I, p. 260 à 270. Ce point est coté : Long. E. de Paris, 32°, 6', Lat. N., 1°, 21', 40".

de ces pics sont demeurés étagés des fragments placés dans le sens horizontal et qui sont autant de petits plateaux. Ces petits plateaux sont séparés entre eux par de profondes crevasses formant des gorges étroites, ou par

Carte du relief de l'Afrique.

de larges hiatus à fond plat, qui constituent le bas pays, les plaines basses.

L'altitude est, pour les points bas, de 500 à 1,000 mètres; pour les plateaux, de 1,500 à 2,700 mètres; les pics, revêtus de neiges éternelles jusque sous l'équateur, atteignent, d'après les plus récentes observations, 5,000 et 6,000 mètres au-dessus du niveau de la mer[1].

En jetant les yeux sur une carte assez exacte de ces montagnes, on reconnaît deux centres de soulèvements, différents par leurs proportions, mais d'une similitude frappante comme dessin.

L'un, au nord, se compose de deux chaînes abruptes, en forme de croissants dont les pointes sont entrelacées; un lac occupe la partie centrale. C'est l'Abyssinie avec le lac Tana. Le soulèvement se prolonge vers le sud en une série de plateaux élevés, malheureusement inexplorés, habités par les pâtres *Galla*.

Le second centre de grande perturbation géologique est la région du lac Victoria-Nyanza, ou lac Kéréwé. Nous y trouvons de même deux chaînes de montagnes élevées entourant le grand lac, et affectant la forme de croissants aux cornes entrecroisées : à l'est, la haute chaîne du Kenia et du Kilima-Ndjaro, rapprochée de la côte; à l'ouest, les plateaux de l'Ounyoro et du Karagoué, le massif sourcilleux que dominent les cimes blanches du Rouvenzori, séparant le bassin des lacs où le Nil prend sa source, d'avec ceux du Congo et du Tanganyka. A la suite vers le midi, sur une faible largeur d'abord, puis s'évasant de plus en plus pour atteindre la zone des déserts du sud, s'étendent les plateaux ondulés et les crêtes rocheuses que peuplent les hordes cafres de divers noms.

Les dimensions de ce second soulèvement sont, en largeur comme en longueur, doubles au moins de celles du premier. Les vallées basses et les hauts plateaux qui

1. Voir Burton, p. 506; — Thomson, *Carte à points cotés*, et p. 131, 267, 354, etc.; — Stanley, *Dans les ténèbres de l'Afrique*, t. I, p. 396; t. II, p. 230 et suiv.; — Casati, p. 284, 421.

servent de piédestal aux grandes cimes y atteignent par conséquent une plus vaste étendue, de plus grandes proportions qu'en Abyssinie. Les phénomènes sociaux devront donc s'y manifester plus amplement, au sein de masses humaines plus considérables; c'est là, dans cette région des lacs équatoriaux où l'enceinte demi-circulaire qui enserre les sources du Nil atteint son point culminant, que nous choisirons le lieu de notre observation[1].

Par sa position centrale dans le territoire montagneux de l'est africain, par son isolement des régions déjà observées, le pays des grands lacs convient d'ailleurs mieux à nos études que l'Abyssinie. En effet, l'antique empire Éthiopien, placé entre l'Égypte et l'Arabie et converti dès l'an 341 au christianisme, a subi de temps immémorial l'influence de civilisations étrangères très diverses; il possède toute une longue histoire, et la société y atteint un certain degré de complication. Puisque nous recherchons l'élément purement africain, ce n'est point là que nous le pourrions trouver, et les faits sociaux d'un ordre simple se montreront à nous d'une façon plus dégagée et plus évidente au sein des peuples neufs de la région du Nyanza. C'est donc celle-ci que nous devons étudier de préférence. Quant à l'Abyssinie, nous nous bornerons à indiquer les ressemblances sociales qui l'unissent à cette région du Nyanza, comme nous venons de le faire pour la configuration du sol.

Les déserts du nord de l'Afrique, que nous avons précédemment parcourus, nous ont révélé le type social particulier du *pasteur des steppes pauvres*. Ces pasteurs, quoique ne vivant pas exclusivement des produits de

1. Voir Casati, p. 346.

leur bétail, conservent généralement la forme patriarcale dans leurs familles et dans leurs tribus, parce qu'ils ont pu sans difficulté suivre avec leurs troupeaux les quatre routes de steppes partant du plateau central de l'Asie antérieure.

Mais en abordant les montagnes africaines de l'est, nous ne nous trouvons plus, comme dans les déserts, en présence de vastes régions continues soumises d'un bout à l'autre au même climat, au même mode d'existence. Le sol craquelé, que nous avons décrit tout à l'heure, met sous nos yeux une marqueterie variée, dont chaque échantillon, restreint comme étendue, tranche d'ordinaire assez vivement sur ceux qui lui sont juxtaposés. Les différences de sol, d'altitude, d'exposition, changent ici du tout au tout, pour l'homme, les conditions de la vie et le travail nourricier, en passant d'un petit canton étroit à un autre également étroit et très voisin. Par exemple, dans les vallées de l'Ouganda, du Kavirondo, etc., la température est la même que celle de Tunis; d'autre part, sur les plateaux herbus de la chaîne du Kénia et de l'Ounyoro, la gelée blanche apparaît le matin pendant deux saisons assez longues chaque année [1]. La même différence existe entre les terres chaudes et les terres froides de l'Abyssinie. Évidemment, les populations qui occupent les territoires soumis à un climat tropical ne vivent pas de la même manière que celles dont la résidence reproduit les conditions des climats tempérés. Elles ne produisent et ne conservent pas les mêmes choses. C'est le propre de tout pays montagneux : *le lieu n'y est pas homogène.*

---

1. Voir E. Reclus, t. X, p. 120; — Thomson, p. 233, 269, etc.; — Stanley, *Dans les ténèbres de l'Afrique*, t. I, p. 818; t. II, p. 255 et suiv., 338, etc.

Donc, un phénomène intéressant et frappant appelle ici notre attention : la diversité d'organisation que vont présenter nécessairement les peuples de cette contrée, suivant qu'ils occupent les petits plateaux élevés, les gorges, ou les terres basses, qui se croisent et s'enchevêtrent sans cesse.

La race qui peuple ce pays est noire. Elle ne paraît pas tirer son origine des tribus nomades qui occupent actuellement les déserts. Comment cette race s'est-elle trouvé amenée aux portes de cette région montagneuse? Pourquoi y est-elle entrée? Pourquoi n'a-t-elle pas partagé la possession des déserts voisins avec les races de pasteurs que nous avons précédemment observées? Il y a là des problèmes sur lesquels les études sociales paraissent devoir jeter une vive lumière; lorsque nous aurons terminé l'examen du continent africain dans son entier, nous pourrons en proposer quelque solution.

Pour le moment, retenons simplement le fait : voici les peuples noirs au pied de la zone montagneuse; que va-t-il advenir d'eux?

Les petits plateaux élevés de cette contrée sont des territoires herbus, propres au facile travail du pâturage; mais ces territoires privilégiés sont relativement peu étendus. Il y a donc eu, à l'arrivée de la race noire, comme il y a encore actuellement tous les jours, lutte et combat pour leur possession. Les plus forts ont triomphé; les autres sont restés dehors, et n'ont pu accéder à la zone montagneuse qui nous occupe. Ils ont été rejetés vers le bas plateau central; c'est en étudiant la quatrième zone africaine que nous connaîtrons le sort de ces vaincus. Ici nous n'avons affaire qu'aux vainqueurs du concours; c'est l'élite de la race noire. C'est par la conquête qu'elle s'est assuré la possession des petits plateaux herbus.

Le voyageur anglais Thomson, qui a visité et décrit une de ces peuplades, ne cesse de s'extasier sur le « galbe apollonien » qui distingue ses guerriers, sur leur prestance noble et majestueuse. La plupart d'entre eux, dit-il, atteignent la haute stature des Scandinaves : aucun n'est d'une taille inférieure à 1^m,80. Leur couleur, plus rouge que noire, semble se rapprocher de celle des anciens Égyptiens.

Il s'agit là des *Massaï*, qui occupent présentement les plateaux de pâture situés aux pieds du Kénia et du Kilima-Ndjaro.

Mais derrière eux, plus au nord, s'agitent et se pressent encore les hordes Galla, dont la région est limitée par le *Sobat*, le *Nil blanc* et le *Pays des rivières*, et par la plaine *Somâl* à l'est [1]. Cette région élevée, presque inexplorée, presque impénétrable, paraît être, si nous en jugeons par les faits observés à son pourtour, une fourmilière d'hommes, un réservoir de peuples, une de ces *vaginæ gentium* établies par la Providence en certains lieux du globe. On connaît les perpétuelles poussées des Galla vers les plateaux abyssiniens; leur action est la même vers le sud. Actuellement une de leurs hordes, les Oua-Souk, « gens à forte ossature » (parce qu'ils se nourrissent de laitage), « assez laids, mais pas négroïdes d'une façon marquée [2], » apparaissent au moins deux fois l'an sur les pâturages du Kénia. « Fort batailleurs, ils en remontreraient aux Massaï eux-mêmes; ils ont forcé ces guerriers intraitables à se retirer des parties septentrionales du Lykipia », le plus riche de leurs herbages.

1. Voir pour *les Galla*, E. Reclus, t. X, p. 303 à 312; — Malte-Brun, t. VII, p. 87, 88.
2. Thomson, p. 351.

ZONE MONTAGNEUSE DE L'EST EN AFRIQUE.

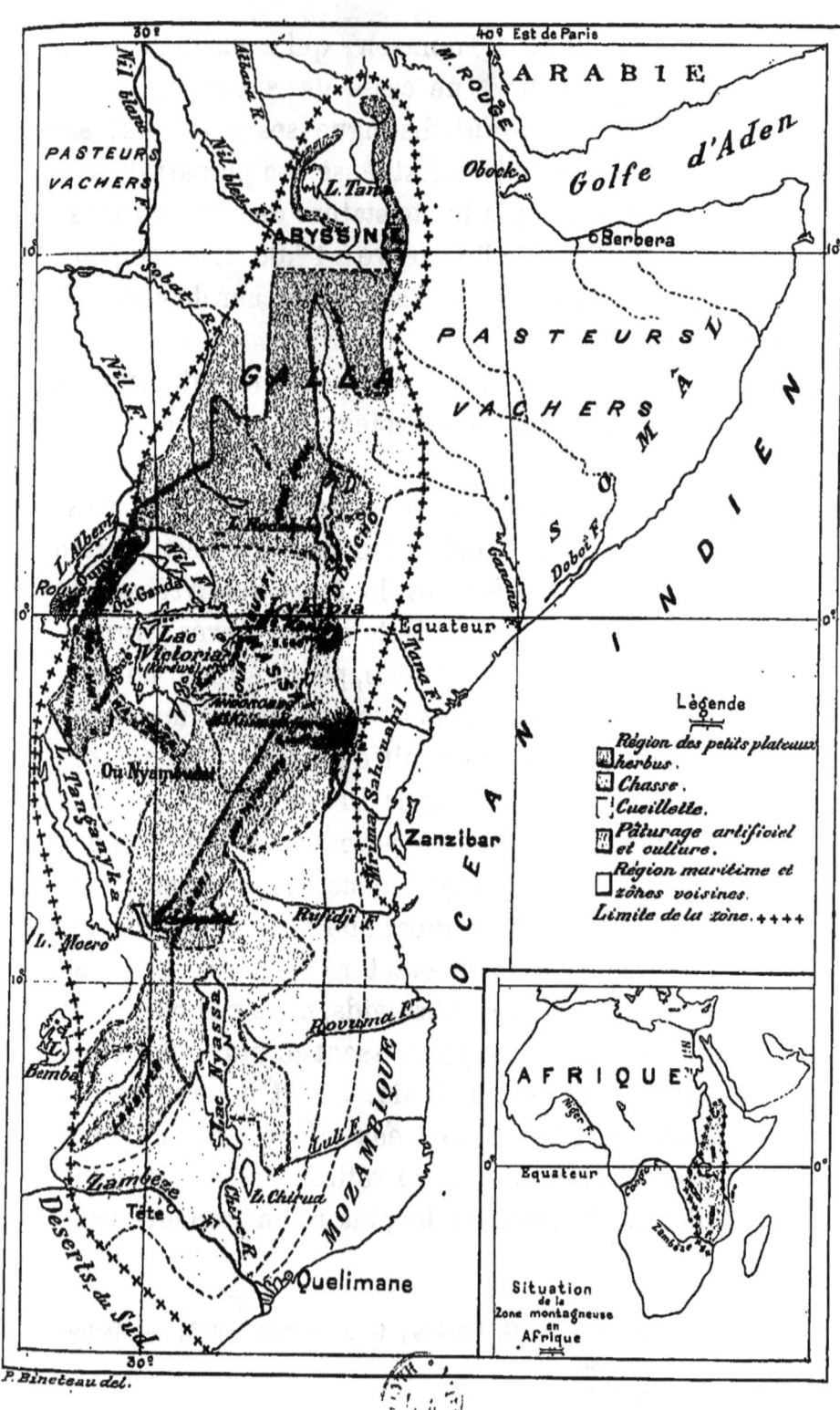

Ainsi s'établit, l'un chassant l'autre, un courant de migration dirigé du nord au sud. Nous voyons donc les gens qui vivent du bétail, sur les plateaux des monts africains comme dans ceux d'Asie et d'Europe, opérer les uns sur les autres une poussée qui les fait déborder du lieu où ils sont, et qui oblige les plus faibles à faire place nette devant les plus forts.

Or, il y a deux manières pour les peuplades vaincues, dans une région montagneuse, de disparaître devant le vainqueur. Ou bien elles trouvent passage vers d'autres plateaux herbus : alors, battant en retraite en bon ordre, conservant leurs bestiaux, elles ne changent rien à leur mode d'existence, mais vont transmettre le choc à un voisin qu'elles refoulent à leur tour. Ou bien elles ne trouvent pas accès à d'autres territoires de pâture, soit parce qu'elles sont trop faibles pour se frayer la place, soit parce qu'elles occupaient un contrefort de la montagne et que la ligne de retraite par les hauteurs leur a été coupée : alors elles descendent sur les pentes et vers les parties basses de la région, où la nature différente des lieux les transformera.

Nous allons observer d'abord les sociétés formées sur les plateaux herbus et qui ont pu s'y maintenir telles quelles; ensuite nous présenterons au lecteur les peuplades refoulées dans les régions inférieures. Telle sera la division de notre étude.

I.

LES PASTEURS DES PETITS PLATEAUX [1].

Nous ne pouvons aborder, pour y choisir un type vi-

---

[1]. A consulter pour cette région :
Burton, p. 336, 536, 539, 407 et suiv., 430; — E. Reclus, t. X,

vant à observer d'une manière complète, que les pays consciencieusement explorés par les voyageurs. Dans leur nombre très restreint, nous nous fixerons sur le pays des Massaï, parcouru en 1884 par Thomson.

Deux grandes cimes couvertes de neiges éternelles dominent cette contrée, située un peu au sud de l'équateur. Le *Kénia* se dresse en cône élevé jusque vers 5,000 mètres d'altitude; le Kilima-Ndjaro, avec deux sommets trapus dont l'un renferme un cratère, s'élève, d'après les mesures prises par le voyageur, à 6,000 mètres environ. Reliant ces monts géants, une chaîne rocheuse très élevée court de l'un à l'autre, et domine de plus de mille mètres l'ensemble des plateaux qui servent de base à tout le système.

Ces plateaux, reposant sur des laves dures que les autres déjections volcaniques ont recouvertes d'un sol léger, très mince, mais très fertile, éliminent la végétation arborescente, mais offrent des conditions éminemment propres à la croissance de l'herbe. Ils sont fréquemment interrompus par de nombreuses et profondes dépressions, où le régime forestier s'est établi. Chaque plateau forme « une région montueuse aux contours mollement arrondis; les pentes plus raides se revêtent de bois au feuillage sombre. Sur les sommets et

---

p. 123 à 132, 146; — Raffray, p. 129-130; — Russel, *Abyssinie*, p. 61, 80, 132; — Livingstone, p. 681, 351, 354, 359, 479, 505, 529, etc.; — Chaillé-Long, p. 115; — Baker, p. 254; — Thomson, p. 79, 87 à 97, 103, 106, 108, 131, 136, 138, 173, 187, 189, 190, 192, 200, 210, 220, 223, 224, 227, 228, 231 et suiv., 244, 250, 267, 268, 272, 278 à 288, 324, 374, 376; — Stanley, *Dans les ténèbres de l'Afrique*, t. I, p. 260-262, 280 à 318, 347, 351 à 359, 361, 365, 396; t. II, p. 231 à 235, 255 à 261, 266, 309, 310, 317, 318, 330 à 338; 346, 350 à 366, 377, 399, 401, 443; — Casati, 260 à 263, 273 à 277, 280 à 292, 294, 302, 334, 350, 402, 403, 418 à 421, 447, 449, 450, 468, 469, 475.

dans les combes s'étend un tapis du plus luxuriant gazon; une étude de courbes gracieuses, de toutes les nuances imaginables du vert. La chaîne grandiose qui traverse le plateau, dressant vers le ciel ses masses imposantes, ajoute sa pittoresque grandeur à la richesse du paysage [1]. »

Joignez à cela les brouillards traînants, les gelées matinales, les rafales de pluies, les vaches paissant en groupes; ce sont les Highlands d'Écosse, c'est l'Auvergne pastorale, dans des proportions agrandies.

Des milliers de bêtes à cornes, des moutons et des chèvres, quelques ânes, représentent dans cette région le règne animal. On n'y tente pas la culture du froment et de l'orge qui donnent en Abyssinie, sur les *Degas* ou hautes terres, de beaux résultats. Ici, les pâturages sont assez étendus, assez productifs, pour dispenser l'homme d'entamer le sol. Le lait est abondant, et la qualité des herbages, où croît le trèfle européen, engraisse les bestiaux suffisamment pour les faire qualifier par l'explorateur de « bêtes de boucherie ».

Le bétail Massaï n'est pas nomade; il est simplement *transhumant*. Suivant les saisons, on tient les troupeaux sur les plateaux, résidence habituelle des chefs de famille, ou on les fait passer dans la plaine basse et déserte appelée *Doguilani*. Là, grâce aux mille ruisselets descendant des hauteurs, l'herbe pousse à la base des monts, lorsque la sécheresse se fait sentir sur le faîte.

La descente et la montée du bétail s'effectuent avec ensemble, car il faut côtoyer ou traverser les massifs forestiers habités par des chasseurs hostiles. Dans ces massifs, situés sur les escarpements raides du plateau,

---

1. Thomson, p. 232.

le passage de myriades de bœufs, de temps immémorial, a créé de larges chemins contrastant avec les étroits sentiers, formés par les pistes agrandies des animaux sauvages, que suivent d'habitude les caravanes [1].

Nous trouvons ici, dans cette description du territoire et de la manière dont s'organise le travail, le point de départ de toute une série de faits sociaux particuliers aux petits plateaux herbus. C'est ce qui peut faire l'intérêt et l'originalité de cette étude. Il y a là une forme de société assez répandue, peu connue, et qui est curieuse à connaître. Alors même qu'elle serait tout à fait spéciale au pays que nous étudions, elle aurait déjà l'avantage de nous apprendre ce que sont ces peuples ignorés de nous jusqu'en ces derniers temps. Mais, de plus, cette forme de société nous explique ce qu'ont été les peuples des petits plateaux de l'Europe et de l'Asie occidentale, avant qu'ils ne fussent dominés par de puissants voisins; elle nous amène à comprendre quantité de faits de l'antiquité grecque, romaine ou asiatique, qui étaient demeurés étranges à nos yeux.

Marquons d'abord en peu de mots les traits caractéristiques de cette organisation sociale.

Les petits plateaux herbus des montagnes sont trop étroits pour donner naissance au régime nomade : le régime *transhumant* lui est substitué; c'est-à-dire qu'on établit deux stations pour les troupeaux, l'une d'hiver, l'autre d'été. Partout où ce régime est en vigueur, la famille tend à devenir sédentaire dans l'une des résidences, — généralement celle d'hiver, qui est plus propre à la conservation des laitages, — et à députer *une partie seulement* de ses membres à la suite du troupeau, quand

---

[1]. Il s'agit de caravanes *à pied*, composées de nègres porteurs, sous la direction des traitants arabes ou des voyageurs européens.

il transhume, c'est-à-dire quand il se déplace pour la saison d'été. Voilà, de ce fait, la famille coupée en deux, au moins pendant une partie de l'année.

Ajoutez à cela l'état de guerre, qui est engendré lui aussi et perpétué par l'étroitesse des plateaux herbus. Nous avons vu qu'à l'origine il a fallu se les disputer; il faut encore savoir s'y maintenir contre les entreprises des nouveaux arrivants et contre les revendications incessantes des expulsés demeurés dans le voisinage. Non seulement la résidence sur les petits plateaux contraint à se tenir sur la défensive : elle pousse en outre à l'agression. Les pâturages, en cas de saison mauvaise, sont insuffisants : il faut occuper ceux du voisin. Le troupeau, en cas d'épizootie, est vite réduit à rien : il faut accaparer par des razzias le bétail des voisins. Sous l'empire de ces nécessités de défense et d'attaque, un groupe se détache forcément de la famille sédentaire ; c'est celui des combattants, des guerriers, des jeunes gens; ceux-là même qui sont tout naturellement désignés déjà pour le détachement de transhumance.

Nous voyons donc l'atelier du travail de la famille, qui chez les nomades patriarcaux reste uni au foyer, se diviser en plusieurs ateliers spéciaux et isolés. Il y a d'abord celui du père, qui tient la place du patriarche, et reste préposé à la direction générale, au poste de refuge du troupeau; il occupe forcément les hauts pâturages, lieu principal de l'exploitation, et position la plus assurée contre les surprises. Il y a ensuite l'atelier des pâtres, composé des jeunes enfants et de quelques esclaves, chargés de conduire les bandes de bestiaux dans les herbages d'été ou d'hiver, de les y surveiller jour et nuit, de les ramener. Enfin, en troisième lieu, l'atelier militaire, voué à la défense du sol et aux expéditions de razzia, englobant la jeunesse valide, dont l'activité naturelle est ainsi utilisée.

Nous allons étudier au pays des Massaï, c'est-à-dire sur un organisme vivant, ces trois ateliers séparés, leur fonctionnement, les rapports qu'ils ont entre eux, les conséquences sociales qui en découlent. Ce sera le meilleur commentaire et la plus claire explication de la constitution sociale que je viens d'indiquer. C'est assurément une bonne fortune que de trouver encore en action pleine et libre, sur ce point écarté du globe, un exemplaire bien complet de ce type si intéressant au point de vue historique : le *pasteur des petits plateaux*.

Sur des steppes étendues et pour ainsi dire illimitées, les ressources de la famille pastorale peuvent s'accroître indéfiniment en proportion des besoins : on reste ensemble, on laisse le troupeau en commun, parce qu'il n'y a pas lutte pour l'existence. Il en est tout autrement sur les pâturages étroits, divisés et disputés, qu'occupent les Massaï. Ici, la prévoyance acquiert une grande valeur[1], par suite de la limitation des moyens d'existence : elle amène la séparation des ménages et l'appropriation d'un troupeau à chaque père de famille. C'est un contraste avec le régime patriarcal proprement dit, qui réunit un certain nombre de ménages de frères ou d'enfants dans la même vie de famille.

Les gens établis, appelés *El-Moroua*, possèdent donc chacun des bêtes ; les conserver, en accroître le nombre s'il est possible, régler la consommation et les échanges, telle est leur fonction propre. Il faut y joindre la participation aux « palabres » ou conseils qui se réunis-

---

1. L'observation, en Europe, des émigrants des petits plateaux, fait ressortir leur esprit de prévoyance et d'épargne.

sent pour aviser aux mesures d'intérêt général, l'autorité patriarcale faisant défaut.

Les femmes, ne cultivant pas, n'ayant guère à moudre parce que l'on vit surtout de laitage, voient leur embonpoint considéré comme la gloire de la maison. C'est la manifestation de la richesse le plus à la portée des peuples primitifs; c'est en outre une spéculation avantageuse pour le père qui a des filles à marier : on les lui solde en un nombre de bouvillons proportionné à l'état florissant de la fiancée, gage de vigueur pour les guerriers qui naîtront d'elle : tel est chez ces peuples l'idéal de la *femme forte* [1].

En dehors des palabres, les loisirs sont nombreux; l'*El-Moroua* les emploie à chiquer, à priser et à boire. Ses enfants, en effet, l'occupent fort peu; ainsi que je l'ai déjà indiqué, ils sont ordinairement absents du foyer, car c'est sur eux que repose le travail, à la vérité peu pénible, du pâturage.

Assistés de quelques esclaves, les enfants *des deux sexes*, jusque vers l'âge de quatorze ans, sont chargés de conduire les bandes de bétail, sur les plateaux pendant la saison humide, dans la plaine durant la sécheresse. Les journées se passent pour eux dans le désœuvrement propre aux pasteurs; la nuit, ils prennent gîte avec leurs bêtes dans une des nombreuses enceintes ou *kraals* qui existent à cet effet sur les pâtures [2]. Là commence, entre bergers et bergères, cette vie commune loin des parents, à l'écart de toute surveillance, trait de mœurs que l'on peut remarquer en général chez les

---

1. Voir Casati, p. 302.
2. Enceintes formées d'une levée en terre, garnie de branches et d'épines sèches sur les montagnes, d'une plantation d'euphorbes dans la plaine.

populations pastorales des petits plateaux, en Europe comme en Afrique; il en est de même en Abyssinie. Ce détail de l'organisation du travail est gros de conséquences sociales.

Mais pour exercer de cette manière le travail attrayant du pâturage, il faut que le pays soit sûr, et que l'on puisse s'y maintenir en sécurité par les armes. Il se présente en outre des cas assez fréquents où le pasteur des petits plateaux est contraint de prendre l'offensive : ce sont les épizooties causées par les mauvaises saisons ou par la contagion qui se répand dans les troupeaux. M. Thomson a vu chez les Massaï les ravages causés par ces mortalités subites, qui se déclarent de temps à autre sur telle ou telle partie du territoire : les bœufs crevaient par centaines, le cœur hypertrophié, les os cariés; autour de chaque kraal, le sol était jonché « d'animaux morts ou mourants, à toutes les périodes de la décomposition : là puanteur était affreuse »[1]. Il faut alors pour vivre, pour refaire les troupeaux, enlever le bétail des voisins, soit pasteurs, soit cultivateurs. Tous les ans plusieurs expéditions de ce genre sont nécessaires; elles entrent dans la coutume de la race.

La razzia de bétail, voilà le travail *attrayant* auquel va se livrer la jeunesse en état de porter les armes, jusqu'à son établissement. C'est l'occupation fructueuse la plus à sa portée. Remarquons que le père n'a pas besoin pour son exploitation des bras de ces jeunes guerriers, et par conséquent désire qu'ils trouvent un emploi, sans rester à sa charge. Cette considération s'applique d'une manière générale à tous les petits plateaux de pâture; c'est elle qui détermine l'émigration des montagnards

---

1. Thomson, p. 237 et suiv., 228, 374.

auvergnats pendant l'hiver, saison durant laquelle ils ne peuvent trouver chez eux un emploi utile.

Mais revenons aux *Massaï*. Dans les conditions que je viens de décrire, la guerre n'est pas pour eux une question politique; c'est la question du pain quotidien, c'est un *mode de travail*. En cette qualité, le *métier des armes* exerce sur le groupement social une influence prépondérante. La famille, le clan, la nation, sont constitués en vue de la guerre. Le service militaire est obligatoire et universel, non de par une loi écrite, mais de par la force des choses, de par la nécessité qui s'impose à la volonté des pères de famille.

Nous avons montré précédemment les enfants des deux sexes s'élevant mêlés ensemble, et loin du foyer, jusque vers l'âge de quatorze ans. Lorsque le fils d'un chef local, — d'un chef de clan, — atteint cet âge, le moment est venu pour lui d'entrer au service, et cette occasion détermine le départ de ses jeunes contemporains. Chaque père donne à son fils quelques têtes de bétail pour son usage personnel, et tous ensemble se rendent au campement occupé par les *El-Moran* ou jeunes guerriers de la subdivision.

Les bergères accompagnent encore ici les bergers : elles demeurent avec eux au camp, comme jadis au kraal à bestiaux, pour tenir le ménage et préparer les aliments. Voilà encore, en ce second état, le mélange des sexes, loin de la famille, qui se trouve toujours tenue à l'écart de la formation des jeunes gens.

Quelques *brimades,* comme à notre école de Saint-Cyr, accueillent les nouveaux venus au rassemblement spécial militaire, afin de leur inculquer le respect de « l'ancien », base de la hiérarchie, et la supériorité du militaire sur le civil, base de l'esprit de corps. Puis ils reçoivent le manteau de guerre en peau finement chamoisée, le coutelas, la lourde pique de fer à lame spatulée, le bouclier de cuir de bœuf orné d'un blason spécial au clan. Une des jeunes filles ou *ditto*, leur « bonne amie », aide chacun à revêtir ses insignes.

Tout est combiné, dans ces compagnies, en vue de la formation du soldat. Le régime alimentaire est réglé sévèrement; il se compose exclusivement de laitage, à l'exclusion de tout ce qui est cuit. La viande de bœuf, de mouton et de chèvre, n'est admise qu'à titre exceptionnel, dans le cas où le tempérament souffre par trop de la privation de sel, que le sang de l'animal, paraît-il, peut remplacer. Mais l'acte de manger de la viande, qui décèle un manque de force, s'accomplit en secret, comme une action honteuse; la chose ne doit se passer qu'en dehors du camp. Deux camarades et leurs ménagères emmènent un bouvillon dans quelque lieu écarté et boisé : on boit le sang de la bête, on en dévore la chair *crue*[1], le plus rapidement possible, puis on revient au camp gorgé et réconforté.

Toute autre viande que celle des troupeaux est prohibée absolument; la chasse est considérée comme indigne d'un guerrier. Le soldat Massaï se procure l'ivoire, l'objet courant du commerce en Afrique, en le prenant aux vaincus, ou en le dérobant dans les villages des chasseurs; il fait vendre cet ivoire par le ministère des *Andorobbo*, chasseurs et commerçants réfugiés dans les solitudes des montagnes et qu'il tient pour gens de peu, parce qu'ils chassent pour vivre au lieu de guerroyer.

---

1. Voir Stanley, *Dans les ténèbres de l'Afrique*, t. II, p. 358. — Les Oua-Houmas pasteurs de petits plateaux analogues aux Massaï, ne mangent aucun aliment cuit; ils considèrent comme souillé tout vase touché par ceux qui usent de ces aliments.

L'*El-Moran* n'exerce aucun autre métier que la guerre. Ses armes, son bouclier, sa tente de cuir, son fourniment en un mot, sont fabriqués pour lui par l'*El-Gono*, misérable esclave habitant des villages asservis; ce dernier, en outre, accomplit toutes les corvées et garde le bétail du camp. Son salaire est aussi modique qu'arbitraire. Souvent, dit le voyageur, cet ouvrier, tenu dans l'abjection, estime son ouvrage au prix d'un veau gras : il lui faut se contenter d'un mouton maigre et d'un coup de pied.

Le jeune soldat, cependant, ne demeure point oisif. Le camp mobile n'est entouré d'aucune fortification, sa sûreté ne repose que sur la vigilance des petits postes et des sentinelles régulièrement posées. Dans l'intervalle de ses tours de garde, l'*El-Moran* doit apprendre la mélodie sauvage et majestueuse du chant de guerre; se former à la discipline; écouter en silence d'interminables discours, ou en faire lui-même s'il en est requis; apprendre dans des manœuvres méthodiques aux environs du camp le maniement d'armes, la marche militaire, le rassemblement; enfin et surtout, s'instruire dans le grand art de voler adroitement et isolément les ustentensiles, l'ivoire ou le bétail. Ce point est capital; car s'il se laisse prendre, sa tête plantée au bout d'une perche ornera la porte d'un village ennemi. Mais leur habileté devient très grande et va s'exercer au loin; c'est ainsi que pendant la nuit, à une forte distance de leurs montagnes, des voleurs *Massaï* dérobèrent des ânes à la caravane qui ramenait Emin-Pacha à Zanzibar, malgré la surveillance d'un chef actif et expérimenté comme Stanley.

Tout ce petit tableau, pris dans un coin de l'Afrique, fait revivre dans notre imagination un souvenir de l'antiquité grecque. Lorsque les bandes armées des pâtres Doriens, émigrant des plateaux élevés de l'Olympe, se rendirent maîtresses des chaînes abruptes et des pâturages inférieurs du Péloponèse, elles se trouvèrent, dans ce nouveau pays, groupées par la guerre en face des cultivateurs messéniens, et groupées en nombre trop considérable pour les facultés pastorales de la contrée. Tout contribuait à renforcer chez les austères Spartiates la formation première qu'ils apportaient de leur ancien séjour, le type du pasteur guerrier des petits plateaux ; les célèbres lois de Lycurgue ne firent que sanctionner les mœurs dérivant de cet état de choses. Le système imposé à la belliqueuse Lacédémone par son roi philosophe et réformateur, ne le retrouvons-nous pas ici, enchâssé tout vivant dans nos montagnes africaines ? Les traits principaux sont au complet : l'éducation publique et commune de la jeunesse des deux sexes ; la maigre chère ; le dédain du négoce ; le dur dressage à la guerre et au vol, et jusqu'aux ilotes méprisés !

En attendant l'invasion lente et progressive des colons de la plaine saxonne ou des plateaux bavarois, que l'Allemagne semble s'apprêter à diriger de leur côté, les bandes toujours mouvantes des *El-Moran* servent de garnison au pays ; elles en surveillent tous les passages, que chaque soldat connaît admirablement, pour les avoir parcourus, soit effectivement au cours de ses expéditions, soit au moins des yeux, du haut de quelque sommet élevé[1]. Elles fondent à l'improviste, au sud, à l'est ou à l'ouest, sur les points que le grand conseil, assisté du grand magicien ou *Lybon*, a désigné comme objectif aux razzias ; ou bien, appelées au secours, moyen-

1. Tout ceci s'applique aussi aux « *nagarit* » ou bataillons abyssins, presque toujours en guerre.

nant salaire, par quelque chef de leur race résidant sur des terres éloignées, elles interviennent en sa faveur contre ses rivaux que soutiennent d'autres bandes formées sur le même modèle chez les Ouatouta, les Ouangoui, les Ouandoui, les Ouatatourou, « les Zoulous de l'Équateur [1] ».

Lorsque la razzia a réussi, où que le salaire en bétail a été remis à la bande, il s'agit de partager le butin. Après le prélèvement de nombreuses têtes de bestiaux au profit « du *Lybon* ou magicien dont les conseils ont été si précieux, les médecines si efficaces, l'attribution du reste occasionne des rixes sanglantes. Les matamores, les bretteurs, ne consultant que leur avidité, s'emparent des bestiaux à leur convenance et défient les camarades de les leur enlever. La règle est que si, envers et contre tous, il réussissent à défendre leur prise trois jours durant, elle ne sera plus disputée. C'est alors que se livrent les vraies batailles de la campagne. Il succombe plus de guerriers dans ces échauffourées que pendant la course en terre ennemie. Mais tuer de cette façon est chose permise, les *vendetta* sont inconnues; tout homme qui n'a pas su garantir sa peau ne mérite que l'oubli, sauf pourtant le cas où il aurait péri par trahison : le meurtrier alors doit payer quarante-neuf bouvillons [2]. »

On se rend compte ici de la profonde différence qui sépare les races issues des pasteurs nomades d'avec celles qu'a formées le séjour sur les petits plateaux herbus. La place du patriarche est vide; le partage, cette fin dernière des opérations de la communauté, s'effectue à la force du poignet.

1. Stanley, *Dans les ténèbres de l'Afrique*, t. II, p. 400.
2. Thomson, p. 285.

S'il s'agit du butin provenant du pillage des cases, ou du droit de péage exercé sur les caravanes, le guerrier distribue à ses « bonnes amies » les fils de perles, les étoffes, les ornements de fer ou de cuivre qu'il acquiert par ces deux procédés. Mais que ferait-il, dans sa vie de soldat errant, des nombreuses têtes de bétail que sa valeur a conquises? La réponse à cette question va nous ouvrir de nouveaux aperçus.

C'est du troupeau de son père que l'*El-moran* a tiré la première subvention en bétail, nécessaire à son admission au camp; c'est, en revanche, le troupeau paternel qui va se grossir des animaux capturés par les fils, au moins pour la majeure partie. Ainsi l'émigrant militaire contribue à entretenir le foyer dont il est sorti, la pépinière des guerriers, et cela jusqu'à la mort du chef de famille.

Lorsqu'arrive cet événement prévu, l'aîné, c'est-à-dire *le plus ancien des El-moran sortis du même foyer,* mandé en hâte, vient prendre possession de la succession; le troupeau désormais n'appartiendra qu'à lui seul. Il sort à regret, avec un certain dépit, de la corporation militaire, et se marie aussitôt que revient la saison où naissent les veaux[1].

Nous voici en présence d'un fait de *transmission intégrale du patrimoine*, particulier aux petits plateaux herbus. Il importe de l'étudier sérieusement.

Car, si la coutume de transmettre l'avoir paternel à un seul membre de la famille, à l'exclusion des autres, a été importée et développée sur certains points en Europe par les invasions des pêcheurs scandinaves, des Normands

---

1. C'est le moment où, par l'abondance du lait, l'engraissement de la fiancée est le plus parfait. Un père entendu ne se défait de sa fille qu'en cette saison, où son prix est plus élevé.

et des Danois, des Francs et des Saxons, elle existe, ou a existé aussi sur d'autres points qui manifestement ont échappé à cette influence. Je n'hésite pas à rattacher à l'influence des petits plateaux de pâture l'usage établi, chez des peuples habitant des contrées montagneuses ou facilement accessibles aux émigrants montagnards, sous le nom de *droit d'aînesse* ou sous quelques autres dénominations.

Le pasteur des petits plateaux ne connaît pas ses enfants, et aucun d'eux n'est formé pour lui succéder, parce que les ateliers de travail au milieu desquels ils s'élèvent sont soustraits à la direction des pères de famille, et absolument différents de l'atelier de ceux-ci. Dès que les enfants ont pu marcher, ils sont partis livrés à eux-mêmes, à la suite des troupeaux; puis l'émigration commerciale ou militaire les a saisis; nous voyons chez les Massaï le camp de guerre les garder jusqu'à la mort du père. Impossible à ce dernier de faire un choix raisonné entre des enfants qu'il n'a pas élevés, que personne n'a élevés ni préparés, et qui lui sont pour ainsi dire étrangers : étrangers à sa personne, à ses idées, à sa condition de vie.

Dans la plupart des cas, les restes de la tradition patriarcale, qui confère l'autorité au plus ancien; dans notre cas particulier africain, la coutume militaire qui procède de même, suivent donc simplement leur cours, et l'*aîné* devient le successeur du défunt; ce successeur est désigné par le sexe et le rang de naissance : il n'y a ni choix, ni association d'héritier.

La raison qui limite à *un seul* le nombre des héritiers est une idée de lutte à outrance, de combat contre le nombre pour garder la jouissance des petits plateaux herbus; cette idée provient de l'étroitesse même de ces plateaux. Dans ce genre de société, dans ce genre de pays à ressources essentiellement *limitées*, il importe de *limiter aussi le nombre des ménages qui s'établissent sur le territoire*. Il n'est pas surprenant dès lors de voir la coutume, sanctionnée par la contrainte publique, s'employer à prohiber la trop grande multiplication des ménages. Le *droit d'aînesse*, tel que l'entendent les Massaï et nombre d'autres peuples montagnards, remplit exactement ce but.

C'est ce qui se passait à Sparte, que j'ai déjà cité tout à l'heure comme une société issue des pasteurs des petits plateaux : « Les magistrats de Sparte, dit Montesquieu, réglaient seuls les mariages[1]. » Les philosophes grecs, imbus des idées que je viens d'énoncer, tendent à limiter la population par des règlements publics. « Si la loi du pays, dit Aristote (*Politique*, liv. VII, ch. xv), défend d'exposer les enfants, il faudra borner le nombre de ceux que chacun doit engendrer. » Le divin Platon veut que l'on encourage ou que l'on arrête la propagation selon les besoins (*Lois*, liv. V); il veut de même que l'on règle le nombre des mariages (*République*, liv. V).

On voit, chez les Massaï, se manifester sous différentes formes la même préoccupation : celle de fixer une fois pour toutes, d'après les données de l'expérience, le nombre des ménages qui s'établissent à l'intérieur. Avec le *droit d'aînesse*, d'autres pratiques encore contribuent à la propagation de la race dans le pays même.

Ainsi que nous l'avons déjà vu, le bétail conquis par les jeunes guerriers ne reste pas entre leurs mains : il va, du vivant de leur père, grossir le troupeau de celui-ci. Par là, le mariage des jeunes gens se trouve forcé-

---

1. *Esprit des Lois*, liv. XXIII, ch. VII.

ment retardé jusqu'à la mort du chef de famille, faute à eux de posséder des bêtes requises pour l'acquisition d'une femme et l'entrée en ménage. Chez les pasteurs Ouahouma, nobles émules des Massaï, ce nombre est de cinq vaches au moins pour le commun du peuple.

Avec le système de vie en commun pour la jeunesse des deux sexes, précédemment décrit, l'*El-moran* trouverait facilement une femme *gratis;* mais les enfants nés de cette union, les bâtards qui voient le jour dans les kraals de guerre, appartiennent *au père de la fille* [1]. Le foyer que l'on voudrait fonder ainsi serait un foyer sans enfants, et par conséquent caduc : c'est au profit du grand'père maternel et de son héritier futur, que les garçons travailleraient, c'est-à-dire pilleraient, à l'avenir; c'est lui qui toucherait le prix du mariage des filles. Dans ces conditions, on peut pratiquer l'union libre, mais on ne se marie pas : *on n'augmente pas le nombre des foyers.*

Voici donc l'aîné pourvu, et devenu un respectable *El-moroua*. Dans ce nouveau genre de vie, il ne rêvera plus de prouesses et d'exploits personnels; son unique souci désormais sera de voir se multiplier et grandir, avec son troupeau, un nouvel essaim de défenseurs du sol et de voleurs de bétail.

Ce père défunt qu'il va remplacer, l'héritier en a presque toujours vécu séparé; il n'a reçu de lui aucune formation morale, aucune tradition : son éducation s'est faite au kraal de guerre, où il n'a appris à honorer que la force matérielle et le courage brutal.

L'ancien chef de la famille, qui ne prenait plus part à la guerre, est mort de maladie ou de vieillesse, au lieu de disparaître un soir de victoire, dans l'éclat de sa force

---

[1]. Conf., *Justiniani Institutiones*, t. IX, verset 3.

et de sa valeur; depuis longtemps, *il n'était plus bon à rien*. Aussi n'obtient-il pas les honneurs funèbres réservés aux héros qui tombent les armes à la main. L'héritier prend sur ses épaules ce cadavre qu'aucune auréole n'ennoblit, et le jette simplement hors de l'enceinte, derrière la haie du parc à bestiaux. Le lendemain, les hyènes et les vautours en auront laissé seulement quelques os blanchis, que le passant pousse du pied, ou que les enfants du kraal, en riant, se jettent à la tête dans leurs jeux.

Donc, au foyer de ces montagnards désorganisés par la guerre, pas de traditions respectueuses s'appuyant sur la mémoire des ancêtres; par conséquent, pas de culte domestique, pas de religion dans la famille; comme il faut à l'homme un culte, le peuple entier sera voué aux superstitions de la magie, à l'influence incontestée des *lybons* ou faiseurs de pluie, qui se vantent de pouvoir humecter à leur gré les pâturages, d'arrêter par leurs conjurations la mortalité des bestiaux, de prédire la victoire ou la défaite.

Quel contraste frappant avec le type patriarcal, tel qu'on le trouve chez les pasteurs nomades! Quelle différence entre ce patriarche toujours présent, formé au foyer par les ancêtres, revêtu à son tour de l'autorité traditionnelle, modelant ses descendants sur le moule dont il porte lui-même l'empreinte; et cet *El-moroua* dont les fils et les filles courent au loin les aventures et s'élèvent sous la seule direction de camarades ou d'anciens pris pour chefs à cause de la vigueur de leurs bras! Quelle différence entre l'ancêtre révéré auquel, vivant ou mort, s'adressent les marques du plus absolu respect, l'inclinaison, la prostration; et ce chef de kraal que son héritier, tout naturellement et sans remords, va jeter à la voirie! D'où vient cette opposition si complète des idées et des actes, sur un tel sujet? Elle vient en grande partie d'une simple différence dans l'organisation du travail, de la séparation complète, sur les petits plateaux herbus, entre l'atelier de travail des enfants et celui du père. Mais pour donner raison complètement du dernier trait, qui est purement africain, il faut admettre *l'absence de traditions patriarcales* antérieures, au sein de la race qui a peuplé les petits plateaux de l'Afrique noire, et qui s'y livre au travail du pâturage transhumant. Je prie le lecteur de noter avec soin ce point, tout spécial à l'objet de notre étude.

Examinons maintenant le sort des cadets à la mort du père, au moment où l'aîné prend possession du troupeau paternel. Les cadets n'ont rien à prétendre dans la succession : mais à partir de ce moment, le bétail conquis par eux leur appartiendra en propre. Ils resteront encore quelque temps au service, amassant leurs ressources, s'aguerrissant de plus en plus, prenant sur leurs jeunes camarades une influence croissante. « Leur vie s'écoule triomphante et heureuse, entre la gloire et l'amour; » ils ne sont pas jaloux de l'aîné. Enfin, le corps se fatigue et s'alourdit, les campagnes semblent un peu dures, le douaire est complet. Il reste encore au vétéran, « avec sa physionomie féroce, un port majestueux, une hauteur aristocratique vraiment imposante ». Pour celui qui a survécu aux hasards de la guerre, c'est le moment de faire une fin. Avec le concours de jeunes frères d'armes heureux et fiers de servir sous ses ordres, le cadet des petits plateaux herbus descend des hauteurs, poussant devant lui son petit troupeau, emmenant ses « bonnes amies ». Il prend une direction déjà suivie par ses prédécesseurs, et envahit quelque village des terres basses où les nègres vivent de cueillette et de culture. Il impose des corvées et des tributs pour nourrir son bétail, ses gens et lui-même; il se rend maître du sol, prend le gouvernement, et fonde ainsi une de ces chefferies de village rencontrées partout en Afrique par les voyageurs, jusque sur le faîte de partage des eaux entre le Nil et le Congo.

Une fois établi, cet envahisseur tente d'accroître son empire par le commerce, par la guerre, par la politique plus ou moins honnête, par les alliances avec les chefs voisins de même race et les bandes de leurs anciens camarades. Telle est l'origine d'un grand nombre de « rois » nègres, de presque tous ceux, d'abord, qui sont maîtres des villages compris dans la zone montagneuse ; puis de ceux même que l'on rencontre jusqu'au cœur du bas plateau central, possédant encore en signe de noblesse, et malgré la difficulté du lieu, quelques bestiaux qui deviennent presque sauvages.

Ces chefs s'implantent facilement au milieu des populations des terres basses, parce que ces populations sont entièrement désorganisées au point de vue social, parce que la constitution du foyer même, du ménage familial, est chez eux compromise, comme nous le verrons plus loin : tandis que l'émigrant des petits plateaux herbus sort en réalité d'un foyer existant, d'un clan solide, et a été formé par les circonstances à une discipline sérieuse. La coutume de la société dont il faisait partie sait maintenir les établissements une fois fondés, les foyers des *El-Moroua*. Le géographe Reclus compare non sans raison le rôle de ces pasteurs vis-à-vis des autres noirs, à celui des Mandchous par rapport aux Chinois.

Nous touchons ici à une exacte connaissance de l'organisation politique dans l'Afrique noire. Ces chefs imposés par la force arrivent donc au lieu de leur domination, avec la formation préalable due à l'ensemble des circonstances qu'on vient de voir. Ils sont considérés comme maîtres, par droit de conquête, du territoire sur lequel s'étend leur action; ils en sont maîtres en réalité, parce qu'ils sont *capables d'une prévoyance beaucoup plus grande* que celle des autres noirs : mais ils n'y constituent nullement la propriété privée du sol, inconnue dans leurs pâturages. Ils useront de leur pouvoir pour faire respecter ce territoire, pour y maintenir un certain ordre profitable à leurs affaires, pour contraindre le peuple à la culture si la cueillette et la chasse ne suffisent pas; mais aucune répression sanguinaire, aucune exploitation barbare ne leur coûtera. Ne pouvant plus enlever le bétail, ils feront des razzias d'esclaves. Ils ne sont pas à même d'importer chez leurs sujets les qualités qu'ils n'ont pas reçues de leur éducation : le respect de la femme, l'autorité paternelle, l'humanité, le culte privé. Leur cour sera débauchée, leur gouvernement absolu et féroce; l'influence des devins sera près d'eux toute puissante, et le trafic des esclaves s'organisera sous leurs ordres.

N'est-ce pas le tableau général de l'Afrique noire?

Je crois devoir soumettre ici au lecteur le portrait d'un de ces roitelets africains descendus des petits plateaux, et la description de son établissement, d'après le voyageur Thomson :

« Le *Tchagga,* dit cet explorateur, est la seule partie habitée du Kilima-Ndjaro : sa plate-forme offre à l'agriculture un sol extrêmement fertile, et ses nombreux cours d'eau se prêtent à l'irrigation. Mais on ne cultive que les parties moyennes et inférieures, le climat, au-dessus de l'altitude de 1,500 mètres, étant trop froid pour les aborigènes[1]. Le Tchagga se divise en plusieurs états minuscules, inférieurs en étendue à nombre de domaines du Royaume-Uni. Les habitants de ces districts vivent en lutte perpétuelle ; nuls rapports entre les différentes tribus, guerre au couteau partout où l'on se rencontre. *Mandara*, le plus fameux des chefs de la contrée, nourrit depuis longtemps d'impériales prétentions, et, par le fer et le feu, travaille au moyen de les satisfaire[2]. » Toutes ses expéditions sont entreprises sur les conseils des magiciens : le chef est très superstitieux.

Après s'être perdu dans la brousse, et avoir enfin rencontré les cultures, où on le remet dans le bon chemin, l'explorateur anglais attend que *Mandara* le fasse appeler. « Nous traversons une riche bananeraie, puis une prairie où paissent plusieurs vaches, et on nous amène devant un groupe de Oua-Tchagga à tournure élégante et aristocratique. Ils étaient assis sous un hangar, vêtus de longues pièces de cotonnade teinte en jaune d'ocre : je demande lequel d'entre eux est *Mandara*.. On me montre un homme à puissante carrure, à mine vraiment royale. Sur son visage, intelligent pour un nègre, et capable de réfléchir toutes les émotions, étincelle un œil d'aigle... un seulement, l'autre est fermé pour toujours.

« La demeure de *Mandara* se compose d'un certain nombre de huttes coniques où logent ses épouses, au nombre de cinquante et plus. Sa demeure privée est un bâtiment quadrangulaire (*tembé*) dans le style des habitations souaheli[3], et revêtu d'un torchis de boue et d'argile. Il y reçoit ses hôtes favorisés et y conserve ses

---

1. Ces aborigènes appartiennent à une autre race que le chef et ses guerriers. Le voyageur les classe parmi les « Bantou ».
2. Thomson, p. 136.
3. C'est-à-dire des gens de la côte. Ce tembé est semblable à celui

« valeurs ». Ces cabanes avec les toits à chèvres et à brebis, les basses-cours, etc., sont ceintes d'une triple et très forte palissade de troncs d'arbres. En dehors logent huit jeunes femmes, que le chef tient sous sa main pour les vendre aux marchands d'esclaves, ou les octroyer à ses soldats en récompense de leurs faits de guerre. La nuit, une centaine de soldats montent la garde autour du retranchement, toujours prêts à courir sus aux gens trop curieux.

« Le village occupe le sommet d'un étroit promontoire flanqué de deux combes profondes. Les petits ruisseaux qui descendent de la montagne sont captés avec art pour former le lacis des nombreuses rigoles qui arrosent le plateau. Le riche tapis de gazon est interrompu de temps à autre par les bananeraies et les champs de fèves, millet, maïs, ignames, patates douces. Autour des huttes, le bétail rumine nonchalamment, ou se plonge jusqu'au genou dans de succulents herbages... des moutons, dont la queue démesurément grosse se balance lourdement à leur arrière-train, semblent rassasiés de la vie, et prêts à accueillir le couteau. L'œil plane au loin vers le sud, l'est et l'ouest ; au nord se dresse la cime du Kibo, souveraine, majestueuse, auguste dans son repos suprême [1]. »

Cette description de l'établissement fondé ou conquis par *Mandara* fixera le lecteur sur le sort et sur l'influence sociale du cadet émigrant des plateaux herbus en Afrique ; soit qu'il appartienne originairement à la nation des *Massaï* que nous avons ici plus spécialement décrite, soit

qu'habite, dans l'Ou-Songo, le chef *Millinguinga*, visité par Stanley, et qui se fait appuyer par les bandes des Massaï. (Voir Stanley, *Dans les ténèbres de l'Afrique*, t. II, p. 399-401.

1. Thomson, p. 87 à 90.

qu'il sorte de quelqu'un des groupes analogues de Pasteurs des petits plateaux, ou, « Éthiopiens, » Wa-Houma, Wa-Toussi, Wa-Vitou, Wa-Tchouézi, etc., qui occupent les hauts pâturages dans toute la zone montagneuse africaine, dominant les populations des basses terres, et qui de là se sont répandus, en quête de pâturages, « du golfe d'Aden au cap de Bonne-Espérance [1] ».

II.

LES RÉGIONS BASSES VOISINES DES PETITS PLATEAUX HERBUS.

Pour compléter l'étude de la zone montagneuse africaine, nous avons maintenant à suivre dans leurs diverses modifications les peuples que la guerre engagée pour la possession des petits plateaux herbus a rejetés et maintenus dans les contrées adjacentes, dont le sol et le climat imposent d'autres travaux que celui du pâturage. Nous constaterons ainsi les conséquences sociales qui dérivent de la différence des lieux.

On doit s'attendre à rencontrer chez ces peuples des types plus désorganisés que le précédent. Ils ont subi une première déformation par la nécessité de se donner des chefs militaires; une seconde, comme vaincus, par la privation de leurs moyens primitifs d'existence; une troisième enfin, sous l'action des nouveaux modes de travail imposés par la nature des lieux qui se présentèrent pour les recevoir après leur défaite.

Chacun de ces territoires, en effet, détermine un *travail dominant* dont la population prise en masse doit vivre. Dans la zone montagneuse, où de petits cantons

---

1. Stanley, *Dans les ténèbres de l'Afrique*, t. II, p. 354. — Tout le chapitre XXVIII est consacré par Stanley à l'énumération et à la description de ces peuples.

juxtaposés diffèrent entre eux par l'altitude, l'exposition, la nature du sol, on rencontre forcément de la variété dans'ces travaux dominants; pour alléger notre étude, tout en respectant les grandes lignes, nous réduirons ces genres de travaux différents aux trois principaux : la *chasse*, la *cueillette*, et le *pâturage artificiel amenant à la culture*[1]. Il est bien entendu que, négligeant les occupations accessoires, nous nous attachons, pour distinguer les types, au seul travail qui marque chaque société de son empreinte particulière.

Comme nous devons retrouver ces types d'une manière plus nette et plus accusée dans les zones du continent africain que nous observerons plus loin, on nous permettra de ne pas tenter encore l'examen complet des phénomènes sociaux développés par chacun de ces genres de travail. Il vaut mieux approfondir l'étude de chaque phénomène au lieu où il se produit de la façon la plus marquée. Ici, nous nous bornerons à montrer comment ces populations si diverses ont été influencées par le voisinage des plateaux herbus, et à quelles conditions elles ont pu se maintenir dans leurs nouvelles résidences.

1° *La chasse*[2]. — Représentons-nous d'abord comment se produit sur les plateaux de pâturage l'invasion de nouveaux pasteurs. Ce n'est point là une de ces larges campagnes où des armées savamment conduites viennent converger sur un objectif déterminé à l'avance, sur un point stratégique ou politique dont la possession les rend maîtresses du pays. C'est une lutte journalière entre de

1. Voir la carte ci-dessus, à la page 65.
2. A consulter pour cette section :
E. Reclus, t. X, p. 130; — Thomson, p. 65, 72, 193, 202, 207, 232, 234, 248, 253, 292, 368, etc.; — Livingstone, p. 193; — Stanley, *Dans les ténèbres de l'Afrique*, t. II, p. 232, 241, 248, 259, etc.; — Casati, p. 349, 470, 471, 475, etc.

petites bandes se disputant d'étroits herbages, les occupant pied à pied. Les plus forts contraignent les premiers occupants à délaisser les *kraals* ou parcs à bestiaux; ils y introduisent leurs propres troupeaux, protégées par les compagnies de jeunes guerriers, et enlèvent aux vaincus, dans une poursuite rapide et tumultueuse, le plus grand nombre possible de têtes de bétail. Au bout d'un certain temps, le clan primitif est ainsi dépouillé de son territoire habituel, et d'une grande partie de ses animaux, si la retraite ne s'est pas opérée avec ordre et ténacité dans la plupart des rencontres. Lorsque le clan pourchassé ne peut, à son tour, en déloger un autre et prendre sa place, il doit chercher un refuge contre le vainqueur et un nouveau moyen d'existence.

Le premier refuge qui s'offre aux vaincus, le plus rapproché des herbages qu'ils viennent de perdre, c'est la forêt. Ils y entrent, parce qu'il leur reste peu de bétail, et que le gibier dont la forêt abonde leur fournira le moyen de continuer à vivre de chair. Les vainqueurs, d'autre part, n'y entreront pas, car ils resteront sur leurs herbages accrus, auprès de leurs troupeaux grossis par le butin.

Les massifs forestiers sont situés, soit dans les dépressions de la haute chaîne couronnant les plateaux, soit sur les pentes qui terminent ces plateaux eux-mêmes, aux lieux où les eaux sont rassemblées en plus grande quantité par la courbure concave du sol. Tels sont, dans notre zone, les pays couverts de bois qui s'étendent sur les flancs du Kénia; les vallons à végétation arborescente qui escaladent les pentes du *Rouvenzori* jusqu'à 2,000 mètres d'altitude, grâce à des sources chaudes; les hautes vallées forestières des *Oua-Kikouyou* et des *Oua-Daïche*, aux sources du fleuve Dana; la petite forêt du *Taveta*, à l'origine du fleuve Loumi, etc. Des régions analogues se rencontrent dans le système montagneux du Karagoué, et aussi en Abyssinie, au pays des Schangalla.

C'est par de véritables « tunnels », étroits et bas, creusés dans un sous-bois inextricable, qu'on pénètre dans la forêt. Il faut y entrer en ami; sinon, chaque tronc d'arbre couvre un archer adroit et leste, dont les flèches empoisonnées ont riposté jusqu'ici avec avantage aux lourdes piques des *El-moran*. Le poison semble lié au travail de la chasse en forêt; celui qui est employé dans notre zone est tiré de l'arbre *mourdjou*; c'est un poison stupéfiant dont l'action presque instantanée, mais non mortelle à l'ordinaire, permet au chasseur d'arrêter dans sa fuite ou de réduire à l'inertie le gibier rapide ou terrible dont il fait sa proie.

En suivant les sentiers étroits et difficiles de la forêt, soit près de la lisière, soit dans quelque clairière, le voyageur rencontre de temps à autre une petite enceinte de fossés, fortifiée de pieux et d'épines, impénétrable et cachée. Une femme y vit isolée avec ses jeunes enfants. Dans ce réduit, sous un abri bien clos, une ou deux vaches laitières en bon état représentent les débris du troupeau. Tout bétail sortant de la forêt serait immédiatement capturé par les pasteurs guerriers du pays découvert, aussi la ménagère nourrit ses vaches *à la main*. Pour y parvenir, et pour compléter leur alimentation à eux-mêmes, la mère et les enfants sont amenés à défricher un petit coin de cette terre profonde, humide, ombragée, d'où ils tirent sans grand'peine, sous le climat équatorial, d'abondantes récoltes en plantes légumineuses : ignames, maïs, patates douces, etc. L'excédant de ces denrées est échangé contre les objets précieux ou utiles qu'importent les caravanes passant aux environs; il sert aussi à retenir quelques jours à la case, dans ses visites espacées, le mari chasseur, généralement polygame. Ce sauvage est affamé lorsque la chasse n'a pas été fructueuse; si le gibier a été abondant, il est heureux de trouver là un régime alimentaire qui le repose de la venaison.

Ce premier atelier de travail que nous venons de décrire ne réunit pas d'une manière permanente la famille au complet; il y manque le père, ordinairement occupé ailleurs comme nous l'allons voir.

Les hommes de la peuplade chassent en bande, car ils s'attaquent soit à des animaux vivant en troupe, qu'il faut traquer et cerner, comme les antilopes et les singes comestibles; soit à des animaux redoutables qu'il est très difficile d'aborder seul, comme le buffle et l'éléphant. Ce n'est plus la jeunesse seule qui se sépare du foyer. Ne pouvant se désaccoutumer du régime carnivore, les pères se confondent avec les fils adultes dans ce travail de la chasse, qui classe les hommes d'après les aptitudes physiques, au détriment de l'âge mûr. Ainsi la famille est atteinte dans son unité; sa désorganisation se complète par la longueur des déplacements qu'impose la mobilité extrême du gibier : l'homme a plusieurs ménages, dans différents cantons de la forêt.

Dans cette description sommaire du travail de la chasse, le lecteur voit poindre les grands traits saisissables chez les nègres chasseurs, et qu'il suffit d'indiquer ici : l'attachement du noir pour sa mère, l'indifférence du père à l'égard des enfants, la culture réservée aux femmes, la polygamie en ménages dispersés.

Mais nous devons encore envisager une autre face de la question : les races habitant la forêt se succèdent les unes aux autres et se remplacent, comme celles qui possèdent les plateaux de pâture.

Dans les bandes de chasseurs, l'expérience et la prévoyance, reléguées au second plan par la force et l'agilité qui appartiennent à la jeunesse, ne peuvent rien pour régler la consommation du gibier et constituer des réserves. Cette ressource de la forêt disparaît par moments devant une exploitation effrénée, entraînant ainsi la diminution et l'exode de la race. On retrouve encore aujourd'hui des restes de peuplades qui ont autrefois occupé en masses plus considérables les forêts dominant les plateaux herbus. Tels sont les chasseurs *Andorobbo*, voisins des Massaï. Réduits en nombre, toujours errants, formant des villages mobiles et misérables dans la solitude des bois et des montagnes, ils sont pour ainsi dire tenus en servitude : soit par de plus récents envahissements, qui les emploient à la mission périlleuse de porter le dernier coup aux animaux dangereux; soit par les pasteurs des plateaux, dont ils doivent traverser le pays pour leur commerce d'ivoire, et qui les méprisent et les dépouillent arbitrairement, tout en utilisant leurs relations lointaines.

Quant aux chasseurs habitant les forêts inférieures, ils peuvent, après avoir détruit le gibier de leur canton, se transporter dans un autre territoire boisé, gagner même de proche en proche les grandes forêts équatoriales qui traversent le continent africain.

Nous les retrouverons, par la suite, se déplaçant et se poussant les uns les autres jusqu'aux nouvelles colonies françaises de l'Afrique occidentale.

2° *La cueillette*[1]. — Les massifs forestiers situés sur les pentes, dans la zone montagneuse, affectent la forme

---

1. A consulter pour cette section :
E. Reclus, t. X, p. 131 à 138; — Stanley, *Dans les ténèbres de l'Afrique*, t. I, p. 275 à 277; t. II, p. 232, 242, 248, 260, 330, 339, 344, etc.;

de triangles dont la pointe occupe les lieux les plus élevés, tandis que la base s'élargit à mesure que l'on descend, sous l'influence de l'humidité et de l'accroissement de profondeur des terres. On tombe enfin, au pied des montagnes, sur de vastes pays de coteaux et de plaines, où la chaleur du climat et la force du sol, formé d'éboulis, sont favorables à la végétation des arbres fruitiers : la forêt s'éclaircit et devient bananeraie.

L'extension des terrains à banane est considérable en Afrique; ils sont, dans la zone montagneuse, assez rapprochés des terrains en pâturage artificiel ou en culture, pour recevoir des populations qui n'ont pas séjourné dans les forêts.

On distingue plusieurs espèces de bananes : la *main d'éléphant* (*mikonotembou*), à fruit rouge, énorme, mais de dernière qualité; la banane du Paradis, ou *plantanier*, jaune et moyenne; la banane-figue (*musa sapientium*), petite et exquise. La consommation de ces différentes espèces de bananes, et d'autres fruits qui croissent spontanément sur les mêmes terrains, peut se faire toute l'année : on les mange au naturel, ou bouillies, ou séchées et réduites en farine; ou bien on en tire des boissons fermentées très enivrantes. Il y a là une immense ressource alimentaire, répandue sur des régions assez considérables au sud, à l'est et à l'ouest du système montagneux, et atteignant un remarquable développement dans le pays d'*Ou-Ganda*. Les habitants de ce pays situé au pied de la chaîne du Karagoué, sur les bords du grand lac Victoria-Nyanza, vivent presque exclusivement de la banane.

— Casati, p. 260, 276, 277, 292, 308, 349, 447, 449, 418 à 421, 451, 456, 476, etc.; — Burton, p. 406, 515, etc.; — Chaillé-Long, p. 89 à 141, 158, etc.

La cueillette mérite d'avoir dans la nomenclature des faits sociaux une place distincte, un rang en rapport avec l'importance des conséquences qui en découlent.

Nous avons déjà rencontré en Afrique, dans la région des *pasteurs Chevriers* du désert, l'influence de ce travail de simple récolte qui tend à la création de chefs puissants, de clans intérieurement unis, mais perfides et féroces. Chez un peuple qui a pu conserver dans ses familles le lien patriarcal, le travail de la cueillette tend à conserver cette institution : il utilise toutes les activités, sans distinction de sexe ni d'âge ; il n'impose pas la dispersion.

Ici, nous devons examiner les effets produits par la cueillette sur une race désorganisée qui a perdu, par les guerres des petits plateaux, par son exode forcé vers les basses régions, ses qualités de vigueur, de discipline, de prévoyance, et même l'unité de ses foyers.

La cueillette est le moins pénible, le plus attrayant des moyens d'existence ; sous le climat intertropical, c'est aussi le plus constant, le plus assuré. C'est pourquoi les nègres d'Haïti et des Antilles en général s'adonnent à la récolte des bananes en tous les lieux qui peuvent la produire même au prix d'un léger travail ; c'est pourquoi aussi les territoires à bananes recueillent facilement les peuplades expulsées des régions voisines de culture et de pâturage artificiel, et même les bandes de chasseurs que la disette de gibier, fruit d'une exploitation déréglée, force à se rabattre sur l'alimentation végétale. On se fixe donc facilement dans les pays à bananes, et l'on s'y modifie avec rapidité.

Dans les bananeraies, l'autorité des petits chefs de chasseurs ou de cultivateurs disparaît ; elle n'est plus d'aucune utilité. Par contre, le noir y peut grouper autour de lui un grand nombre d'épouses et leurs enfants, qui se livreront à la cueillette et aux soins du ménage, tandis que l'homme, n'ayant plus les occupations de la culture ni les émotions de la chasse, restera désœuvré et s'enivrera. Tous les cadres antérieurs ayant disparu, ce n'est plus un peuple que nous avons sous les yeux, mais une foule de petits groupes sans hiérarchie et sans lien, proie facile pour un envahisseur descendant des plateaux de pâture.

Aussi les pays à banane sont l'objectif préféré des émigrants armés que nous avons déjà décrits; ces soldats aguerris, disciplinés et prévoyants n'ont qu'à paraître, même en petit nombre, pour y créer des dynasties. Ce sont les pasteurs Wa-Houma, taillés sur le patron des Massaï, qui détiennent le pouvoir dans la plupart de ces contrées; ce sont eux qui ont fondé la monarchie de l'Ou-Ganda. Mais la masse des habitants, ceux qui ont donné leur nom au pays, sont « de vrais *nègres* à peau presque noire, et à cheveux courts et crépus; leur taille est au-dessus de la moyenne, et leur vigueur peu commune... La nourriture principale des gens de Ganda est la banane, dont ils possèdent plusieurs variétés, entre autres la *musa ensete* d'Éthiopie, et qu'ils préparent de différentes manières, même pour en faire de la farine et en extraire une boisson fermentée. Sur les bords du lac et dans les îles, la population, en grande partie ichtyophage, trouve amplement à se nourrir grâce à la multitude de poissons qui vivent dans le Nyanza... Les travaux domestiques sont presque tous imposés aux femmes et aux esclaves; l'homme libre ne peut se permettre d'autre travail que la construction de sa demeure : soldat-né, il doit réserver ses mains pour le maniement des armes. Les Ou-Ganda ont naturellement tous les vices qu'engendre un pareil état de choses : ils sont paresseux, menteurs, larrons ; le temps de ceux qui ont femmes et esclaves pour travailler à leur place est donné au jeu et à la boisson [1] ».

Aucun pouvoir local, aucun groupement autonome n'existant dans la population, rien ne put résister à la volonté de l'émigrant de marque, chef de la bande conquérante des Wa-Houma. Au bout de peu de temps, ses compagnons eux-mêmes, faute de base, ne purent se constituer en petits roitelets indépendants ou rivaux ; ils devinrent simplement ses ministres ou vicaires, fonctionnaires asservis, portant le nom de *Mtongoli*. Cette sorte de noblesse, sans force de résistance et sans point d'appui sur le peuple, se distingue spécialement par un vestige de son origine : la possession de quelques vaches, qui donnent du reste très peu de lait.

C'est qu'il importait avant tout de maintenir la conquête, de défendre contre de nouveaux envahisseurs le plantureux pays à banane. Par cela même qu'ils sont enviés, les territoires où l'on vit de la cueillette amènent la constitution de pouvoirs forts et centralisés. Il fallait grouper à la disposition du chef toutes les forces de la population conquise. De là l'organisation purement militaire du pays. Le service obligatoire pour tous, imposé d'abord pour la défense, ne tarda point à permettre aussi l'offensive contre les voisins : on pense si le « Grand Roi » use souvent de son droit de convocation, afin de se procurer par ce moyen l'ivoire et les esclaves qu'il échange aux traitants arabes contre des fusils et des munitions pour sa garde. Les levées en masse de l'Ou-Ganda reproduisent bien tous les caractères propres à cette po-

1. E. Reclus, t. X, p. 131, 134.

pulation vivant au jour le jour, sans prévoyance, sans hiérarchie, et obéissant aveuglément à un despote omnipotent. C'est « une *confusion* de 5 à 6,000 hommes de tout âge, depuis l'adolescent de quinze ans jusqu'au sexagénaire — (tout l'atelier de la cueillette); — de toutes armes, depuis les gardes du roi, aux fusils à percussion, jusqu'au simple montagnard brandissant un gourdin; de tout accoutrement, depuis le personnage bien vêtu jusqu'au misérable le moins habillé. Cette foule est fractionnée par détachements, sous les ordres de chefs facilement reconnaissables à une mise moins pittoresque et au *nouggara* (tambour) qui les suit. Comme il est indispensable à cette cohue de se diviser afin de pouvoir se nourrir, cette armée occupe un vaste territoire dans sa marche... Ils vont fouillant cases et silos, faisant main basse sur tout ce qui peut se transporter, brûlant le reste, jetant le blé et les légumes à travers champs. Hardis au combat, ils battent facilement en retraite toutefois, dès que les premiers rangs ont mordu la poussière, que la résistance se fait sérieuse, ou que la mort de quelque chef les a mis en désarroi.[1] »

Les premiers explorateurs européens qui visitèrent l'Ou-Ganda furent frappés de la puissance et de la grandeur qui environnaient le roi *Mtésa*. Une capitale soigneusement gardée; une cour de sept mille femmes, le monopole royal de la traite et de l'ivoire, la rapidité des expéditions militaires, lançant, sur un signe du maître, d'innombrables soldats au pillage chez ses ennemis; d'autre part, l'instabilité de toutes les situations, se traduisant par de fréquentes exécutions, par le suicide ou l'exil des grands fonctionnaires : voilà le rapide résumé des institutions ou-gandiennes au temps de *Mtésa*, dont

1. Casati, p. 308, 309.

l'époque a marqué l'apogée de ce royaume et de cette race.

Depuis la mort du potentat, des événements se sont déroulés qui ont précipité la décadence de l'Ou-Ganda. Les abus du pouvoir centralisé, le défaut de hiérarchie s'appuyant sur des forces réelles, sur des intérêts et des éléments stables, tel était le régime constitué par le travail national de la cueillette : ce régime s'est naturellement développé par la formation de clans politiques et la domination étrangère.

En effet, *Mouanga*, fils de Mtésa, à force de déporter ou de mettre à mort les « Mtongoli » qui avaient été puissants près de son père; à force de confisquer les bananeraies des uns pour les donner aux autres — ses créatures, — suscita bientôt une opposition terrible. Mtésa avait accueilli les missionnaires catholiques; Mouanga voulut d'abord s'appuyer sur les missionnaires anglais, puis fit assassiner leur évêque, pour retourner aux catholiques. Le nombre des néophytes catholiques étant très considérable, Mouanga crut, par cette évolution, avoir gagné une puissance suffisante pour dépouiller les traitants arabes et leurs noirs soi-disant musulmans. Sous couleur de religion[1], trois clans ennemis, tour à tour soulevés, font successivement arriver au trône des princes, sous le nom desquels ils gouvernent en opprimant les partis vaincus. La royauté sombre dans la bagarre, et la compagnie anglaise East-Africa intervient avec le canon Maxim du capitaine Lutgard.

Enfin, le 7 avril de la présente année[2], un commissaire de l'impératrice Victoria impose un juste arrangement

1. Voir la déposition de Mgr Hirth devant le commissaire Macdonald (*Missions Africaines*, n° de juillet-août 1893, p. 153, 154. Voir aussi p. 129 à 152.)
2. 1893.

aux partis en présence. Il règle les différends et les frais de la guerre, puis procède à la pacification du pays. La solution pacifique apportée par le commissaire britannique, sir Gérald Portal, est bien celle qui convenait à un pays à cueillette, et ne convenait que là : il divisa le territoire en trois parties, affectant une part distincte aux hommes de chaque clan politico-religieux. Évidemment, on peut cueillir des bananes ici ou là, c'est chose indifférente; tandis qu'il serait imprudent de vouloir procéder à l'échange forcé des champs entre des cultivateurs. L'expédient propre à la cueillette a fort bien réussi; tranquille désormais, sir Gérald Portal ouvre des routes, draine les marécages, introduit des machines et des ouvriers d'Europe afin de développer l'industrie, crée des rizières et des plantations d'eucalyptus. Le commissaire britannique est actuellement le maître de l'Ouganda; il mettra fin aux institutions et aux mœurs dérivées de la cueillette, en continuant à apporter et à maintenir au milieu des bananeraies, l'ordre et la paix, la justice et l'activité[1].

3° *Les pâturages artificiels et la culture*[2]. Nous venons de décrire le sort des populations écartées des plateaux herbus par la force des armes, et rejetées dans les régions à forte végétation arborescente. Il nous reste à examiner, dans la zone montagneuse, d'autres peuplades vaincues, celles qui ont trouvé hors des territoires boisés une nouvelle patrie et de nouveaux moyens d'existence.

1. Correspondance du journal *Le Temps*, 8 juillet 1893. — Lettre de M. Wolff, correspondant du *Berliner Tagblatt*, juin 1893.
2. A consulter pour cette section :
Thomson, p. 107, 199, 260, 273, 274, 289 à 296, 301, 351, 375, etc.; — Stanley, *Dans les ténèbres de l'Afrique*, t. I, p. 277, 280, 282, 296; t. II, p. 248, 339; — Burton, p. 360, 369, 375; — Casati, p. 420, 421, 447, 449, 467, 470, etc.; — Raffray, *Abyssinie*, p. 131, 133 et suiv.

Les espaces couverts de forêts n'occupent pas en effet, à beaucoup près, la totalité des pentes par lesquelles les plateaux de pâturage se relient aux plaines inférieures. Une notable partie de ces pentes, dénuée de bois, offre tour à tour des angles saillants et rentrants, au lieu de la concavité générale des contrées forestières; au lieu de larges éboulis de terre profonde absorbant l'humidité, mille ruisselets qui s'empressent à l'emporter vers le bas pays, par une série de *combes* ou ravins en pente rapide. Les bords de ces ruisseaux, occupant le fond des ravins, sont naturellement frais : au contraire, les saillants qui se relèvent entre deux *combes* présentent des terrains secs, dénués de sources [1], auxquels néanmoins la composition du sol permet de produire de l'herbe, s'ils reçoivent l'humidité nécessaire. Ce sol est en somme le même que celui des plateaux; et c'est seulement la déclivité qui, en le desséchant, le rend moins fertile. Sous le climat d'Afrique, à une altitude assez faible pour que le froid ne soit pas à redouter, on comprend qu'il est facile de former sur ces pentes des prairies de bonne qualité, des pâturages permanents où le bétail trouvera de l'herbe toute l'année.

Les territoires qui offrent cette ressource attirent naturellement les peuplades pastorales repoussées des plateaux voisins, lorsqu'elles se trouvent à portée de s'y réfugier avec des débris suffisants de leurs troupeaux. Tel a été le cas d'un nombreux clan massaï, désigné sous le nom de *Oua-Kouafi*. Prenant ce clan pour type, nous allons le suivre à travers les diverses péripéties de son existence.

Vers l'année 1830, — les faits récents, dans ces so-

---

[1]. L'abbé Paramelle, *L'art de découvrir les sciences*, p. 3, 6, 148.

ciétés primitives, sont l'image fidèle du passé, — les *Oua-Kouafi* vivaient innombrables et redoutés sur les verts plateaux du *Mbaravouaï*. Battus dans diverses expéditions de pillage, ils virent en outre s'abattre sur leurs herbages des nuées de sauterelles qui les dépouillèrent, et perdirent beaucoup de bétail : les voilà en proie à la famine. D'autres clans massaï, profitant de l'affaiblissement de leurs voisins, se hâtèrent d'accourir et égorgèrent un grand nombre de guerriers. Quand l'herbe commença de reverdir, les malheureux *Oua-Kouafi*, hors d'état de résister, virent les bandes armées et les troupeaux des clans rivaux envahir et occuper leurs pâturages; ils durent descendre sur les pentes et dans les vallées pour nourrir le reste de leurs bêtes; et après des tentatives infructueuses pour ressaisir leur ancien territoire élevé, ils furent forcés de se ranger à un nouveau de genre de vie; ils se fixèrent sur les pentes à ruisselets que nous avons décrites plus haut : mais le travail y est tout différent du simple pâturage.

Pour arriver à créer sur ces pentes des herbages suffisamment étendus, il faut, en effet : 1° capter les eaux qui descendent de la montagne, en barrant les ruisseaux pour les dériver sur les côtes, ce qui s'exécute au moyen de corvées dirigées par les chefs locaux; 2° conduire ces eaux au moyen de rigoles pour les verser aux endroits où elles sont nécessaires.

Le pâturage des pentes n'est donc plus un travail de simple récolte; il y a des opérations préparatoires à accomplir. On entame le sol, le pas est franchi. Dès lors on n'approprie plus seulement *le troupeau* aux mains de l'*El-Moroua*, on approprie *la terre*, au moins par groupes composés de ceux qui coopèrent aux barrages et à l'irrigation. Vienne une série d'épizooties, ou de razzias —

on peut penser que celles-ci sont fréquentes de la part des gens du plateau, — et nos corvéables se mettront à cultiver en partie ce sol approprié. Enfin on prend l'habitude de semer; et on vend des grains aux pasteurs des plateaux, désireux de varier leur ordinaire.

Les grains communément cultivés sur le territoire des *Oua-Kouafi* sont l'éleusine et le millet. Dans cette contrée chaude et sèche, cette culture, comme le pâturage artificiel, exige des irrigations fréquentes et bien entendues, car la hauteur d'eau annuellement tombée est minime. Mais ces plantes ne sont pas difficiles sur le labour : ce sont des grains de défrichement, que l'on peut jeter sur une terre à peine façonnée.

Impossible, après quelques années passées ainsi, de reprendre sérieusement l'offensive contre les habitants des herbages naturels supérieurs. Les corvées d'irrigation, d'abord appliquées aux prairies, se multiplient pour les exigences de la culture; la garde des troupeaux devient laborieuse, sur des territoires morcelés. Or, la jeunesse doit prendre une part prépondérante à ces différents travaux, puis au labourage, à la moisson : d'où l'on conçoit que naisse une grande difficulté pour la réunion des *El-Moran*, une impossibilité de maintenir la réunion *permanente*. A l'armée *de métier*, perpétuellement sous les armes, succède une armée de *réservistes*, fréquemment disloquée, et distraite par les préoccupations agricoles. L'esprit militaire baisse rapidement, en même temps que la race dégénère par l'alimentation végétale, et tourne au type nègre vulgaire.

Néanmoins, les relations de clan profondément incrustées chez ces peuples par la vie pastorale, et plus encore le négoce qui s'établit entre les cultivateurs, vendeurs de grains, et les pasteurs cherchant à écouler leur excédent de cuirs, continuent à les relier les uns aux autres. La guerre éclate souvent entre eux, mais ce n'est plus, comme la razzia chez l'étranger, une expédition entreprise seulement en vue du butin et dans laquelle tous les moyens sont bons pour arriver au résultat. Ici, entre voisins, on se combat courtoisement, pour l'honneur, après défis en règle, et sans surprise; et pendant la bataille, les femmes des deux partis, protégées par la loyauté militaire et par la nécessité des transactions, continuent entre les deux camps leur marché, leur petit commerce de grains et de peaux de bœufs.

On retrouve des faits semblables dans la lutte incessante engagée sur les pentes des plateaux abyssins. De même, plus près de nous, en souvenir des anciennes mœurs, Auvergnats et Limousins, les jours de foire, se défient et luttent sur le pont de Bort[1].

De temps en temps une forte poussée se produit sur les plateaux : le refoulement suit son cours, et les habitants des pentes, petit à petit, gagnent les collines de l'*Ou-nyamouézi*, sol ondulé, argileux, gisant sur le grès ou le granit, et où la brousse épineuse sépare et isole les exploitations. Les traditions des *Ou-Nyamouézi* conservent le souvenir des dernières migrations.

En cultivant ces terres fertiles, mais où le bétail ne peut prospérer, la race subit un changement complet. Elle perd les traits de son caractère social qui convenaient spécialement aux petits plateaux. Le droit d'aînesse disparaît, car il n'est plus utile de limiter le nombre des foyers; la discipline cesse de régenter la jeunesse éparse dans les villages, et les fières compagnies d'El-Moran, déposant la lance de fer, se transforment en humbles

---

[1]. Bort (Corrèze), petite ville sur la Dordogne, au pied des plateaux de Salers.

corporations de portefaix, au service des caravanes qu'organisent les traitants de la côte. Un trait physique a surnagé : la couleur des *Ou-Nyamouézi* tire sur le brun et non sur le noir.

L'exploration que nous venons de terminer dans la zone montagneuse de l'est, nous permet de saisir dans son ensemble la constitution sociale d'une grande partie de l'Afrique noire. Il nous a été donné d'étudier, sur des sociétés vivantes, l'influence considérable exercée par les petits plateaux herbus. Avec le droit d'aînesse, et l'émigration des cadets qui en est la conséquence, nous y avons rencontré le point initial de cette vibration qui met en mouvement et déplace perpétuellement les peuplades noires, comme le constatent tous les explorateurs[1]. Nous avons vu jouer le mécanisme qui procure à ces peuplades des chefs dont l'autorité repose sur un développement plus grand de la *prévoyance*, et dont la domination est marquée de trois caractères saisissants : la férocité, l'immoralité, la superstition.

Puis, en examinant les peuples expulsés tour à tour des pâturages élevés, nous avons assisté aux modifications successives de la race et considéré succinctement les types principaux des nègres adonnés à la chasse, à la cueillette et à la culture.

Nous devons maintenant suivre dans leurs évolutions les noirs qui continuent le rôle de pasteurs guerriers, en dehors de la zone montagneuse, dans celle des *Déserts du sud*.

1. Livingstone, Stanley, Burton, Cameron, Chaillé-Long, marquis de Compiègne, etc.

CHAPITRE III.

LA ZONE DES DÉSERTS DU SUD.

Après avoir étudié la zone montagneuse de l'est africain, l'on est amené à s'occuper de celle des *Déserts du sud*, et cela tout naturellement, en suivant dans la description de l'Afrique l'ordre indiqué par le genre de *travail* : dans la majeure partie de cette troisième division, comme dans les deux premières, le travail caractéristique est effectivement encore le *pâturage*.

Au contraire, la partie médiane du continent, d'une mer à l'autre — sauf les points surélevés de l'est, — se trouve soumise au régime forestier, ou à un climat tel que le bétail n'y peut vivre à l'état de troupeaux nomades ou même transhumants. Tout ce territoire moyen est infesté d'un fléau mortel pour la plupart des espèces d'animaux domestiques : la mouche *Tzétzé* (*Glossina mordicans*), dont la piqûre tue sûrement les bœufs en dix jours, ainsi que les chevaux. Les seuls points indemnes de ce fléau sont, comme je viens de le dire, ceux dont l'altitude modifie le climat, et où en effet nous avons rencontré les pasteurs des petits plateaux.

L'influence des insectes sur les différents modes du travail humain, et par conséquent sur les sociétés, est très grande ; nous en avons sous les yeux un exemple frappant dans le fléau qui atteint la vigne. Ces êtres minuscules semblent devoir compter au nombre des agents irrésistibles employés par la Providence au gouvernement du monde. Leur action est quelquefois subite et momentanée ; espérons qu'il en sera ainsi du phylloxera. Mais quelquefois aussi le fléau semble établi à demeure, et dure depuis un temps immémorial : telle est la mouche Tzété en Afrique.

Si l'on s'éloigne de l'Équateur, en allant au midi comme en se dirigeant vers le nord, la température s'abaisse par l'effet seul de l'inclinaison du soleil sur l'horizon, sans qu'il soit besoin de tenir compte des différences ordinaires d'altitude. Pour des raisons dont la météorologie peut rendre compte, l'humidité de l'air diminue dans le même sens que la chaleur. L'existence de la mouche tzétzé paraît liée à la chaleur humide : l'aire occupée par cet insecte malfaisant s'arrête, au nord, à la hauteur du Bahr-El-Ghazal ; elle limite sur cette face la zone que nous avons appelée « des Déserts du nord ».

Au midi, l'aire de la tzétzé se termine entre les 16e et 18e degrés de latitude, suivant une ligne irrégulière dont E. Reclus donne le tracé sur une carte qui figure au tome XIII de sa *Nouvelle Géographie Universelle*. En plus, un petit îlot détaché, soumis à l'influence de la tzétzé, se retrouve sur les bords du fleuve Limpopo [1].

Au midi de cette limite, le travail du pâturage peut s'exercer ; c'est donc là que doit être placée la ligne de démarcation de la *zone des Déserts du sud*.

Ainsi bornée, cette zone embrasse en presque totalité ce qu'on appelle *l'Afrique australe*. Sur un aussi vaste

---

1. E. Reclus, t. XIII, p. 602, 604.

espace, les variations du climat sont certainement importantes. Elles sont déterminées soit par la latitude, soit par les courants atmosphériques, de même que dans les déserts du nord. Dans les pays de steppes pauvres, la sécheresse ou la pluie sont les phénomènes qui modifient le plus profondément les productions végétales, par suite les animaux, et enfin l'existence de

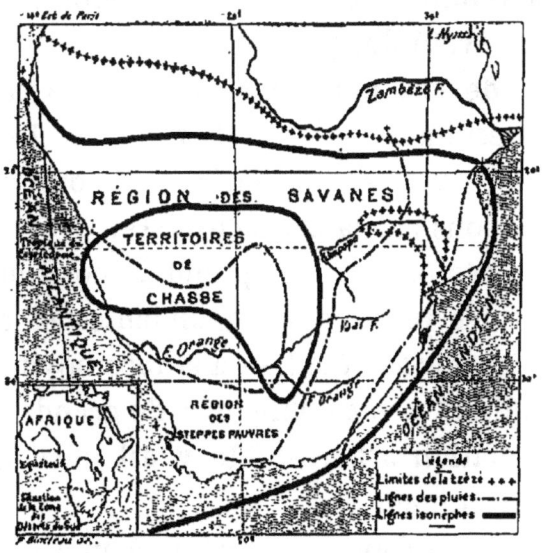

Courbes des pluies et courbes isonèphes dans l'Afrique australe.

l'homme. Nous l'avons déjà observé dans les régions courant de l'est à l'ouest au sein des déserts du nord, parallèlement aux lignes de la carte des pluies. Les régions de siccité plus ou moins grande, dans l'Afrique australe, sont également très tranchées, mais moins régulièrement orientées.

Dans les pays secs, la mesure de la siccité d'une contrée par rapport à ses productions et aux divers besoins des hommes qui l'habitent, n'est pas toujours exactement donnée par la quantité d'eau tombant annuellement en moyenne ; elle dépend aussi notablement de plusieurs autres causes : la puissance absorbante du sol, la profondeur des couches imperméables, c'est-à-dire les données géologiques ; la plus ou moins grande évaporation, en raison des courants atmosphériques ; enfin, la rareté ou la fréquence des averses, qui déterminent, indépendamment du volume d'eau qu'elles précipitent, la longueur ou la brièveté des périodes de sécheresse.

L'ensemble de ces phénomènes, dans l'Afrique australe, a pour résultat de diviser la zone des Déserts du sud, au point de vue social, en trois régions distinctes que nous indiquons sur la carte ci-jointe.

La première région, qui comprend le nord et l'est de la zone, reçoit des pluies assez abondantes et assez régulières pour fournir au bétail, — à la race bovine — une nourriture suffisante, sans obliger à de grands déplacements. La végétation arborescente y est développée ; la culture y est pratiquée.

La seconde, au sud-ouest, soumise à une sécheresse plus grande par suite de la diminution et surtout de l'irrégularité des pluies, exige des parcours beaucoup plus étendus, et ne peut nourrir par l'art pastoral qu'une population clairsemée. C'est une *steppe pauvre*.

La troisième région enfin, séparant les deux premières à l'ouest sans s'étendre jusqu'à la partie orientale de la zone, est le lieu des pluies à la fois minimes et très irrégulières ; le terrain qui la compose, sur la plus grande partie de sa surface, absorbe l'eau rapidement, jusqu'à une profondeur relativement faible, et la laisse facilement évaporer. C'est le « pays de la soif » dans le sud. Cette région centrale diffère absolument des deux autres, en ce que les troupeaux de bétail domestique n'ont

ZONE DES DÉSERTS DU SUD.

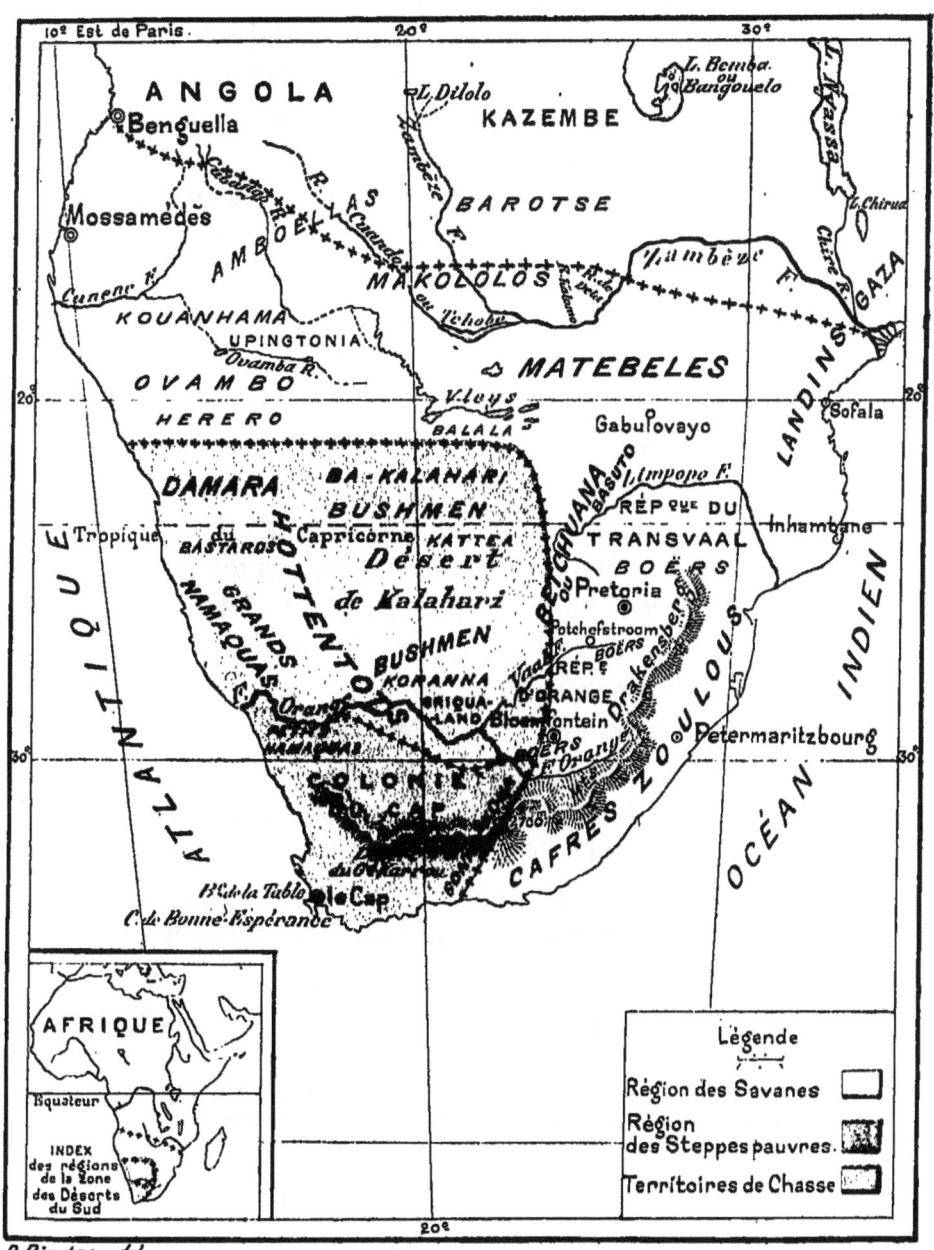

pû jusqu'à présent s'y établir, si ce n'est sur les extrêmes bords, ou bien au moyen de travaux d'art. En revanche, dans la majeure partie du pays, le gros gibier abonde, et l'on peut y vivre de la chasse.

La région du nord et de l'est peut être désignée sous le nom de *région des Savanes*; celle du sud-est sera bien dénommée *région des Steppes pauvres*; l'appellation de *Territoires de chasse* convient à la troisième.

Sur la carte ci-dessus, où ces divisions sont tracées, j'ai reproduit d'après E. Reclus les lignes maxima et minima indiquant : 1° les pluies tombées annuellement en moyenne [1]; 2° les *isonèphes* ou courbes d'égale nébulosité [2], ces dernières courbes, rendant compte du nombre des jours sereins ou nébuleux, complètent les renseignements climatériques en ce qui concerne la rareté ou la fréquence des pluies et la rapidité d'évaporation. Par cette addition à la carte, le lecteur peut saisir immédiatement la connexité qui existe entre ces différents phénomènes et ceux du *travail*. On touche ainsi du doigt l'utilité qu'il y de commencer l'étude d'une société par l'observation du *lieu* où elle réside.

Les mers qui entourent la zone des Déserts du sud ont été longtemps sillonnées par la principale route maritime du commerce entre l'Europe et l'Extrême Orient. Des colonies se sont fondées d'abord sur les rivages; et l'importance des immigrations par mer en ce pays est devenue si grande, que devant elles les races primitives ont pour ainsi dire fondu, ou se sont profondément modifiées, sur la plus grande partie de cette zone. Après

---

1. E. Reclus, t. XIII, p. 459. Les deux courbes reproduites répondent l'une à 2 centimètres, l'autre à 6 centimètres de hauteur d'eau tombée.

2. *Ibid.*, p. 99

avoir examiné, dans chacune des trois régions déterminées par le climat, les sociétés formées par les premiers occupants, nous étudierons les résultats amenés par la colonisation européenne.

I.

LA RÉGION DES SAVANES [1].

De frais pâturages parsemés de bouquets de bois, et entrecoupés par des massifs forestiers d'une certaine étendue : telle est la description générale des savanes occupées par les Cafres. Des différences d'altitude très sensibles, quoique amenées par des pentes douces, existent dans cette région. Les parties élevées, plus salubres et moins couvertes d'arbres, attirent de préférence les populations qui vivent principalement du bétail.

Le docteur Livingstone, en ses *Explorations dans l'Afrique Australe*, nous dépeint ces lieux privilégiés. Il s'agit ici de l'ancien territoire des Cafres Makololo, abandonné par eux à la suite de leur défaite par les Matébélé. « Nous nous trouvons à 1,125 mètres au-dessus de l'océan [2]... Ces plateaux, soit à l'occident, soit à l'orient, sont beaucoup plus salubres que le reste de la zone où ils se trouvent, et ressemblent à cet égard, aussi bien que par l'aspect général de la contrée, à cette partie de

---

1. A consulter pour cette région :
Livingstone, p. 24, 97, 115, 119, 150, 160, 187, 209, 210 à 266, 312, 330, 379, 579, 598, 599, 600, 609, etc.; — Reclus, t. XII, p. 211, 226, 408 à 422, 624, 625, 667, 672; — *Une Femme du monde au pays des Zoulous*, p. 10, 51, 145, et passim. — Burton, p. 422, 423, 534 à 540, 586.

2. Par 17° sud, et 27° est Greenwich.

la région orientale qui confine au désert kalahari[1]. On ne rencontre, au sommet du plateau où nous sommes, ni fontaine ni marécage; nous n'apercevons, à l'est de la rivière Kalomo, que des plaines ondulées dépourvues d'arbres et tapissées d'une herbe courte[2]. »

« Après avoir traversé un pays où les pâturages sont magnifiques, et où le terrain forme des plis admirables, nous avons passé la Mozouma ou rivière de Déla... De l'endroit où nous sommes, la vue embrasse parfois une étendue de vingt à trente milles, bornée par la côte élevée qui se prolonge au sud-est parallèlement au Zambèze. L'herbe qui tapisse la terre est fine et courte, et l'on apprécie d'autant mieux les beautés de ce vaste horizon et de cette prairie où la marche est facile, quand on a voyagé pendant plusieurs mois au milieu des forêts épaisses du Loanda et parmi les herbes inextricables de la vallée des Barotsé[3]. »

Le territoire ainsi décrit par le docteur a été dépeuplé par la guerre : on y voit encore les ruines des villages, les boules de quartz qui servaient de meules aux habitants, les piles d'ossements provenant des bœufs pris à l'ennemi et abattus de suite parce qu'ils avaient été piqués par la tzétzé.

La description peut s'appliquer, dans le sens large, à toutes les stations occupées dans la région par les noirs vivant en grande partie du bétail : tel est le caractère des savanes habitées à l'ouest par les *Damara* des montagnes, les *Herero*, les *Ovambo*, du *Kouanhama* ou « pays de la viande »; des districts occupés par les *Makololo*, les *Matébélé* et autres peuplades du même genre;

1. C'est-à-dire orientale par rapport au Kalahari.
2. Livingstone, p. 595.
3. *Ibid.*, p. 599, 600.

enfin de la *Cafrerie* proprement dite, qui comprend la partie de la région se dirigeant vers le sud.

Ces pâturages sont en général circonscrits par des espaces infestés de broussailles, ou par de véritables forêts, qui rendent les communications difficiles de l'un à l'autre. Chaque peuplade habite séparément les vastes îlots pâturables. Retenue par ses frontières naturelles et par la résistance des voisins, la petite nation ne peut mener la vie nomade : elle est sédentaire et se livre à la culture. Le maïs, l'arachide, enfin le millet (cafir-korn, blé cafre), constituent les principales récoltes.

L'animal domestique le plus répandu dans la région est le bœuf. Nous sommes ici, en fait, sous un climat analogue à celui de la *région des Pasteurs Vachers* dans les déserts du nord : la végétation est la même, et nous y retrouvons, comme moyen d'abreuver les animaux, les mares naturelles qualifiées là de *foûl*, ici de *pan*, ou *vley*. Mais nous allons constater une opposition complète entre les habitants de ces deux régions analogues.

Les Pasteurs Vachers du nord sont arrivés en Afrique dans des conditions que nous avons étudiées, par une *route des steppes* qui a conservé à leurs groupements sociaux, familles et tribus, la forme patriarcale inhérente à la vie du *pasteur nomade*.

Au contraire, d'après ce que nous avons exposé au sujet de l'aire habitée par la tzétzé, il est facile de voir que si l'on trouve dans les déserts *du sud* les pâtres noirs et leurs bœufs, ils n'ont pu s'y rendre que par la route des petits plateaux herbus de l'est : c'est le seul passage indemne du fléau à travers l'Afrique médiane. Cette origine est celle qu'indiquent les traditions des noirs. « Demandez, dit Livinsgtone, à un homme d'une tribu quelconque d'où sont venus leurs ancêtres et leurs bœufs :

ils indiquent invariablement la direction nord-est[1]. »
Stanley, qui a traversé à plusieurs reprises l'Afrique
entière, et a pu porter en connaissance de cause un jugement sûr les caractères physiques ou ethnologiques
des diverses races qui peuplent le continent noir, n'hésite
pas non plus à classer les Cafres de l'Afrique australe
parmi les « mi-Éthiopiens », venant de l'Éthiopie « par
le chemin du Galla S.-E.[2] ». Et en réalité, il n'en peut
être autrement.

Or, dans la zone montagneuse, le travail du pâturage,
nous l'avons vu, n'est point le pâturage *nomade;* le bétail, réduit à de petits parcours fixes entre deux stations,
y est *transhumant;* et le pasteur reçoit de cet état des
choses des caractères spéciaux que nous avons étudiés :
la famille se divise en plusieurs ateliers de travail, et le
groupement supérieur, la *nation*, se constitue en vue de
la guerre.

Rien n'est plus visible, chez les noirs des déserts du
sud, que ces déformations arrivées à un degré excessif
par suite d'une longue retraite à travers les herbages
des montagnes. Pour résister d'abord, pour se replier en
bon ordre et sauver le bétail, pour se frayer une route au
milieu de peuplades hostiles, qu'il fallait déloger de positions au difficile accès, les habitants actuels de l'Afrique australe ont été contraints de se soumettre de plus en
plus à une discipline, à une organisation militaire impitoyables. Ce qu'on appelle la *société civile*, dont le foyer
du montagnard massaï, chef de famille, et ses interminables palabres, sont la représentation, a été chez eux
absorbé par le commandement militaire absolu. Ces peuplades ne sont plus ni des familles, ni des clans, ni des

---

1. Livingstone, p. 150, 608.
2. Stanley, *Dans les ténèbres de l'Afrique*, t. I, p. 356.

tribus : ce sont, comme le disent les missionnaires du Zambèze, des *régiments*. Les chefs locaux sont des *Induna* ou « capitaines [1]. » Eux seuls, et rarement, tiennent conseil avec le roi : c'est un *conseil de guerre*, qui juge les délits, et n'applique que deux sortes de peines : la mutilation ou la mort.

Lorsqu'une société se transforme à ce point, lorsque toutes ses forces vives se concentrent aux mains des gouvernants, et de gouvernants purement militaires, c'est qu'elle a traversé des circonstances dans lesquelles la famille n'a pu suffire à assurer à ses membres la satisfaction de leurs premiers besoins : le pain quotidien et la sécurité de l'existence.

On comprend sans peine la difficulté qui se présenta, dès le commencement de ce long voyage, de cette longue retraite à travers les montagnes, pour conduire *séparément* les troupeaux appartenant à chaque *El-Moroua* ou chef de famille ; il fallait de toute nécessité confondre les bêtes en un seul convoi que les bandes armées puissent protéger ; c'est d'ailleurs ce qui se pratique en chaque saison dans le pays des petits plateaux herbus, lorsque le bétail change de station et doit traverser les territoires des pentes occupés par les chasseurs ou les peuplades hostiles. Seulement, dans ce cas, en arrivant au but de la marche, il est facile à chacun de reprendre possession de ce qui lui appartient ; tandis que si le convoi de guerre doit durer longtemps, assez longtemps pour modifier autant que nous venons de le voir les coutumes de la nation, il devient impossible de faire le triage, et surtout de *répartir les pertes* qui ont en somme été

---

[1]. Tous les explorateurs traduisent ainsi le nom de ces chefs, ce qui est bien d'accord avec la nature de leurs fonctions.

subies en commun. Si l'on fait, chemin faisant, du butin, il ne peut plus être question de le partager à la force du poignet et dans ces luttes armées coutumières chez les Massaï, ce serait affaiblir par trop les forces défensives, et il est très probable que les nations expulsées d'herbage en herbage, qui ont voulu continuer cet usage, ont purement et simplement disparu, fondu, avant d'atteindre les terres australes.

De tout ceci résulte la nécessité de former des séries de troupeaux communs, dont l'administrateur sera le chef de guerre, celui qui commande les mouvements et doit assurer l'alimentation des guerriers. Pour nous reporter à ce que nous avons décrit dans la zone montagneuse, nous pouvons dire que le troupeau affecté au camp de guerre subsiste seul, grossi des débris des troupeaux particuliers aux chefs de maison. Là est la grande transformation.

Car, dépouillé de la gestion qui était sa fonction propre, l'*El-Moroua,* le chef de maison, reprend la pique et rentre dans le rang. En même temps il perd tout stimulant à la *prévoyance,* cette qualité maîtresse du propriétaire de bétail transhumant. Il faut peu de générations pour annuler sur ce point la formation antérieure de la race.

Seul, au contraire, le chef chargé de tout diriger, de faire vivre tout le monde, conserve cette qualité de prévoyance, et peut même l'accroître. Il concentre entre ses mains les intérêts communs, il gère le troupeau, et réunit autour de lui les femmes, qui sont chargées de la manipulation du lait. Ce chef devient, en même temps que le patron général, le directeur du travail; il est par conséquent très puissant; il conserve l'hérédité dans sa famille, à laquelle seule les circonstances conservent l'idée de prévoyance et de gouvernement. Ainsi la race de petits patrons à foyers indépendants, que nous avons rencontrée sur les petits plateaux herbus, arrive dans les pâturages des déserts du sud transformée en *régiment*, avec un petit nombre de *capitaines* héréditaires, maîtres de tout, des guerriers, des femmes et des troupeaux.

Lorsqu'on débouche sur les pâturages plus vastes, mais uniformes, de l'Afrique australe, les conditions du travail se trouvent changées en même temps que le caractère de la race. Le régime transhumant n'est plus possible pour le bétail, parce que l'alternance des saisons sèche et humide produit au même moment les mêmes modifications sur tout l'ensemble de la contrée. La vie nomade, telle que la pratiquent les Pasteurs Vachers des déserts du nord, permet de se passer de stations différentes et rapprochées, en effectuant périodiquement des migrations étendues. Pourquoi les Cafres ne l'ont-ils pas fait? parce que la vie du pasteur nomade suppose le lien patriarcal dans la famille et la tribu, le respect des traditions des ancêtres, l'autorité des vieillards, la solidarité basée sur la parenté; toutes choses qui n'existaient déjà plus sur les petits plateaux herbus des montagnes. Le *capitaine* n'est pas un patriarche; c'est un exploiteur et un dominateur féroce, usant des qualités supérieures qu'il a pu conserver, non en père dévoué, mais en maître intéressé et impitoyable. Son *régiment* est sa chose, et non pas sa famille.

Pour la seconde fois, on voudra bien le remarquer, nous observons chez les noirs, placés aux confins des Déserts, l'inaptitude à la vie du pasteur nomade.

Mais si les longues migrations sont interdites aux peuplades cafres par la constitution sociale qui les régit; si le pâturage transhumant, qui corrige l'inégalité des saisons, leur échappe, force leur est de réduire leurs troupeaux au nombre minimum de têtes que le pays peut nourrir pendant la saison sèche, la plus désavantageuse.

Dès lors on ne peut vivre exclusivement de bétail, et l'on doit, pour nourrir la population, recourir à la culture que, du reste, le climat rend facile et très rémunératrice. La guerre est perpétuelle aux frontières, entre ces nations enrégimentées, et tout homme est soldat : c'est donc aux femmes seules qu'incombe le travail de la terre. « Les femmes doivent nourrir les guerriers », c'est un adage commun chez les Cafres; et les guerriers, dans l'intervalle des expéditions, passent leurs journées à fumer et à boire autour du kraal et des huttes du « capitaine ». Les épouses et les filles du chef ne sont point exemptées de ce travail : l'idée de *femme* est associée à l'idée de *culture*. Plusieurs des Cafres Makololo qui avaient accompagné Livingstone dans son exploration trouvèrent, à leur retour, leurs femmes remariées; ce qui leur déplaisait le plus dans cette situation, disaient-ils, « c'était de voir un autre manger leur maïs ».

La femme est ainsi le véritable travailleur, le véritable producteur chez les Cafres. Or, les nécessités de la retraite de guerre avaient déjà groupé les femmes autour du chef et sous sa direction. On comprend que ce chef tout puissant s'adjuge le plus grand nombre possible de ces travailleurs. Dans les expéditions de guerre, on n'enlève pas seulement le bétail de l'ennemi, on s'applique en outre à enlever une partie de la population. Les hommes sont massacrés, sauf les débris de colonnes qui peuvent fuir à temps le champ de bataille; les femmes deviennent esclaves; les enfants, emmenés avec elles, réparent les pertes que de continuels combats infligent aux vainqueurs. Les garçons, élevés à l'armée, y prendront rang plus tard ; les filles sont élevées, puis épousées, par les *Induna* ou par le roi.

Jusqu'à douze ans, tous les enfants, nés dans la nation ou amenés d'ailleurs, sont nourris exclusivement de lait. Dès qu'ils peuvent marcher, ils se rendent deux fois par jour tous ensemble au kraal du capitaine, et, sous la surveillance de cet officier, prennent eux-mêmes leur repas aux mamelles des vaches.

Par ce seul trait, on peut juger de ce qui reste de la famille. Ce capitaine, qui la remplace jusque dans ses fonctions les plus nécessaires, les plus intimes, est plus qu'un patron pour sa compagnie : c'est un père artificiel, et, comme de juste, peu tendre.

C'est en l'état que nous venons de décrire que les Cafres *Zoulou*, envahisseurs redoutables, suivant expérimentalement la courbe des plus fortes pluies de la zone, arrivèrent à une époque incertaine jusqu'au bord de l'océan, à l'extrémité de la grande péninsule africaine.

Au commencement de ce siècle, un capitaine de génie, *Tchaka*, s'éleva parmi eux, et fonda dans l'Afrique australe l'empire des Zoulou. Il sut infuser aux hommes le fanatisme de la gloire, en procédant à de continuelles tueries de bœufs enlevés à des peuplades rivales. Il rêvait la domination universelle sur le coin du globe auquel étaient limitées ses connaissances géographiques, sans savoir qu'à la même époque, à l'autre bout du monde, le même rêve hantait un autre grand capitaine. Il s'entoura d'une « vieille garde » absolument dévouée, ne reculant jamais, et composée de guerriers d'élite auxquels le mariage était interdit. Comprenant l'avantage qu'offrait à ses soldats aguerris le combat corps à corps, il supprima les armes de jet dans son armée ; il brisa les assagaies, ne laissant à ses guerriers que le *kerry* ou massue et l'épée à courte lame. Grâce à ce trait de lumière, il soumit tous ses égaux, et fut reconnu comme souverain de toute la contrée. Son pouvoir s'exerçait d'une façon méfiante et souvent cruelle : on le nommait *Tchaka le Terrible*.

Mais l'autorité supérieure concentrée en ses mains ne suffisait pas à contrebalancer l'influence dévolue aux capitaines sur chacune de leurs compagnies. Cette influence, en effet, n'est pas le résultat d'une intimidation, d'une pression momentanée : elle est une force sociale; elle est liée à la fonction de *patron* et de *directeur du travail*, exercée par le capitaine.

Ce dernier se rend facilement compte du lien puissant qui l'unit à ses hommes; il sert fidèlement le roi, à cause des distributions de bétail faites par le roi après la victoire, dont le principal élément a été le groupement sous ses ordres d'un grand nombre de compagnies. Mais quand il se sent assez capable, assez riche, assez fort pour échapper à la tyrannie royale, un grain d'ambition germe dans sa cervelle guerrière. Si enfin un perfectionnement à l'art de la guerre, à l'armement, un stratagème inédit qu'il a expérimenté et tenu secret, lui permettent de tenter l'aventure, il émigre, il déserte avec sa compagnie et son troupeau, et va occuper pour son compte un pays éloigné dont il soumet les habitants. Ceux-ci, privés de leur bétail s'ils en possédaient, sont contraints de nourrir, au moyen de tributs prélevés sur leurs cultures, leur chasse ou leur cueillette, la bande envahissante, qui forme une sorte de caste supérieure ayant seule droit au troupeau de bœufs. Les parents de l'heureux capitaine, ses guerriers notables, leurs fils, leurs filles et même leurs nièces, gouvernent les villages et font rentrer l'impôt.

C'est de cette manière que fut fondé et ensuite administré le royaume des Makololo, visité par Livingstone sur les bords du Zambèze, et aujourd'hui détruit. Son fondateur était un capitaine échappé de l'empire des Zoulou, et nommé *Sébitouané*. Après des fortunes diverses, ce chef avait dû son salut et sa gloire à un stratagème que lui soufflèrent ses devins, gens en général fort observateurs : il se faisait suivre dans ses expéditions par des forges portatives, destinées à faire rougir au feu les pointes de fer des flèches et des assagaies, au moyen desquelles il pouvait incendier les villages ennemis.

Voici l'histoire d'un autre capitaine évadé de l'empire de Tchaka, qui nous fera mieux connaître l'action exercée dans l'Afrique australe par les peuples descendant des petits plateaux herbus. *Mosilikatsi*, — c'est le nom de ce capitaine zoulou, — résolut lui aussi, vers l'année 1827, de conquérir son indépendance. Au retour d'une expédition, pendant laquelle il avait capturé de nombreux troupeaux, il trouva l'occasion excellente ; et, au lieu de conduire à Tchaka le produit de sa razzia, se dirigea vers le nord avec sa compagnie. Au passage des monts Drakensberg, il fut rejoint par l'armée de son suzerain, fort supérieure en nombre. L'issue du combat fut défavorable au déserteur ; il ne put échapper qu'en abandonnant au vainqueur presque tout son bétail.

C'était un désastre complet. Mais l'audacieux capitaine, conservant son sang-froid sous les coups de l'adversité, se tira de ce mauvais pas, grâce à une rapidité de décision et à une sûreté de coup d'œil vraiment remarquables.

Connaissant à fond les coutumes de guerre des Zoulou, *Mosilikatsi* savait qu'après la victoire, tandis que la « vieille garde », chantant à pleins poumons, reconduisait le roi à son kraal, chaque capitaine isolément reprenait le chemin de ses pénates, y reconduisant avec sa compagnie, la part qui lui revenait dans le bétail conquis. Il donna donc à ses officiers l'ordre de tuer immédiatement les bœufs qui lui restaient et d'en nourrir fortement les hommes pendant trois jours. Ce délai passé, le partage était effectué entre les vainqueurs : *Mosilikatsi*, débarrassé de tout *impedimentum*, se porte rapidement sur les différents chemins que devaient suivre pour retourner chez eux les capitaines de Tchaka. Il calcule son temps, défait les compagnies isolées, embarrassées de leur butin et marchant en sécurité. Il rentre ainsi en possession de ses troupeaux, au moins pour la plus grande part.

La marche vers le nord lui redevient alors possible; il avait de l'avance, se lança dans le désert, et parvint, après une série de combats contre les habitants, jusqu'aux riches et salubres pâturages des Makololo, que nous avons décrits plus haut d'après Livingstone. C'est là qu'en 1834 se trouva fondé le royaume des *Matébélé*.

« Malgré leur nom collectif de peuple, dit E. Reclus, les Matébélé n'étaient guère qu'une armée [1]. » Le recrutement de cette armée nous montre à nouveau l'absence chez les Cafres de l'institution primordiale de la famille. La bande de Mosilikatsi, lors de son départ, se compo-

---

[1]. E. Reclus, t. XIII, p. 672. Ils le sont encore; voici la dépêche que publient les journaux au moment où j'écris : « Capetown, 28 août 1893. — Deux troupes de Matébélé ont pris position, l'une à mi-chemin entre Salisbury et le quartier général de *Lo Bengula;* l'autre sur la rivière Doku, à l'ouest du fort Victoria. Elles font des razzias de l'autre côté de la frontière, tuent les habitants, enlèvent des esclaves, sur le territoire de la S. Africa Company. La situation devient intolérable. L'administrateur du Mashonaland déclare qu'il faut procéder à une répression immédiate. »

sait de deux éléments : des Zoulou, appelés *Matébélé* ou « hommes qui disparaissent », à cause de l'ampleur de leurs boucliers; et des recrues nombreuses tirées du peuple Abashwiti, que le capitaine avait vaincu et soumis. « En 1864, lorsque le missionnaire Mackenzie visita les Matébélé, presque tous les hommes âgés qu'il vit dans l'armée étaient des *Aba-zanzi*, c'est-à-dire des Cafres originaires de la Natalie et du pays des Zoulou; les guerriers dans la force de l'âge étaient des Betchuana de diverses tribus que subjugua Mosilikatsi; enfin les plus jeunes soldats étaient des Makalaka et des Machona, originaires de la contrée faîtière entre Limpopo et Zambèze... Tous ces hommes de guerre avaient commencé par être des captifs[1] »... nourris dans leur enfance par les vaches du capitaine ou du roi, comme nous l'avons vu plus haut.

Le véritable centre de groupement et de *recrutement* social, le point initial et persistant commun à tous les membres de l'agglomération, chez les Cafres, est donc bien le troupeau que possède et accroît la prévoyance du roi ou du capitaine[2]. Aussi dans les guerres incessantes qui sont le fait marquant de la région, les troupeaux sont toujours l'enjeu du combat : le vaincu, dépouillé de son bétail, est condamné par là même à la *mort nationale*.

L'importance qu'il y a pour le vainqueur à ne rien laisser échapper du troupeau et des gens de la peuplade ennemie a dicté les règles de la tactique cafre : pendant que le centre reste immobile à la garde du bétail, les

---

1. E. Reclus, t. XIII, p. 672.
2. Chez les Matébélé, le lait est réservé aux enfants, et interdit *sous peine de mort* aux adultes, qui ont part aux distributions de viande.

deux ailes ou « cornes » de l'armée s'étendent à droite et à gauche en un vaste mouvement tournant afin de cerner complètement l'adversaire. Cependant tous les peuples vaincus ne sont pas détruits ; un grand nombre, anciens Cafres eux-mêmes, sont simplement réduits à servir. L'armée des maîtres, campée autour de la résidence royale et soumise à sa dure discipline, « infiniment plus faible en nombre que la population des tribus asservies, ne peut dominer que par la terreur : elle apparaît tantôt sur un point, tantôt sur un autre, ravageant les champs, enlevant le bétail... Les souverains n'ont plus, comme autrefois l'empereur du Monomotapa, une houe pour sceptre : ils commandent avec le glaive. Les tribus autrefois sédentaires sont devenues des hordes de fuyards abandonnant villages et cultures quand approche l'armée du roi. Le travail des mines leur était interdit, parce qu'elles auraient pu s'enrichir ; la chasse à l'éléphant leur était défendue, parce que c'est là une occupation noble, et que des esclaves ne doivent pas s'égaler à leurs maîtres. Certaines peuplades ont cessé de tenir du bétail ; les *Mandanda*, qui peuplent les plaines » situées près de la résidence du roi de Gaza, « se sont mis à élever le chien, pour que les oppresseurs leur laissent au moins cette viande méprisée [1]. »

Nous l'avons déjà remarqué, la formation exclusivement militaire des peuples qui habitent la région des savanes — vainqueurs ou vaincus, — est la cause de la fragilité du lien national chez eux. Ce lien est brisé chez les vaincus par la suppression du kraal à bestiaux du capitaine. Il l'est chez les victorieux par la désertion des capitaines. La constitution militaire des Zoulou est un des ressorts

1. E. Reclus, t. XIII, p. 634, 635. (Reclus emploie à tort le mot *tribu* pour désigner les peuplades cafres.)

qui coopèrent le plus activement à la mobilité perpétuelle des populations africaines. L'action de ce groupe particulièrement ancré dans le système se fait sentir au loin. En effet, devenu *Inkosi*, c'est-à-dire roi, l'ancien capitaine qui fonde un nouvel état, comme *Sebitonané, Mosilikatsi, Manikoussa* de Gaza, etc., se trouve à son tour avoir sous ses ordres des « officiers » — c'est-à-dire des commandants pourvus d'un kraal à bétail — auxquels il impose l'autorité qu'il vient de secouer pour son compte. Ceux-ci, après quelque délai, par l'exercice même de leurs fonctions patronales, sont amenés au point voulu pour tenir à l'égard de leur *Inkosi* la ligne de conduite que lui-même avait suivie avec succès : ils s'évadent vers le nord. Ainsi s'expliquerait un fait saillant noté par plusieurs voyageurs : la réoccupation de certains plateaux herbus de la zone montagneuse par des peuplades guerrières venant du sud. Tel serait le cas des *Voua-Touta*, gens à formation militaire parfaite, qui jettent la terreur parmi les riverains du Tanganyka septentrional. « Ils manœuvrent comme les Francs, marchent au nombre de plusieurs milliers sur quatre ou cinq lignes de profondeur et s'efforcent d'envelopper l'ennemi. Il est très rare qu'ils se débandent; en cas d'échec, ils se retirent, et leur défaite n'est jamais une déroute. Pas de cri de guerre parmi eux, pas de tumulte au moment du combat : les ordres se transmettent au moyen de sifflets de fer, et le silence est observé dans les rangs[1]. »

Nous remarquons ce fait, que malgré leur audace et leurs incontestables qualités guerrières, les capitaines cafres dirigent toujours leurs migrations vers le nord.

---

[1]. Burton, p. 422, 423.

Pourquoi ne se dirigent-ils pas sur l'ouest et le sud-ouest? pourquoi ne tenteraient-ils pas, au lieu de réescalader les herbages des montagnes, de se répandre dans la région des steppes plus arides que leurs savanes, qui s'étend au sud-ouest? C'est que, pour se maintenir, pour vivre dans cette région qui présente le véritable type de la steppe pauvre, du désert, il faut posséder *une forte organisation de la vie privée :* nous le constaterons tout à l'heure. Il faut dans cette région, ou mener la vie du pasteur nomade, ou s'établir à l'état de familles isolées appuyées par des industries et des connaissances mécaniques développées. Ces deux modes d'existence supposent, le premier une cohésion familiale réelle; le second, une prévoyance répandue dans toute la masse fractionnée par familles. Deux choses qui, nous l'avons montré, ne sont ni l'une ni l'autre à la portée des Cafres désorganisés par la formation en « régiments ».

Encore une fois, nous voyons les noirs arrêtés devant les steppes pauvres, où ils ne peuvent pénétrer, ni au nord, ni au sud de l'Afrique.

II.

LA RÉGION DES STEPPES PAUVRES [1].

Disons donc adieu pour un instant aux peuples noirs, car les habitants du sud-ouest, établis dans l'Afrique australe, antérieurement aux émigrants européens, ne

1. A consulter pour cette région :
Livingstone, p. 13, 24, 29; — *Univers pittoresque*, t. V, p. 79 à 99; — Farini, p. 2, 3, 4; — *Histoire des Voyages*, t. III, p. 391 à 464; — E. Reclus, t. XIII, p. 408, 409, 413, 422, 423, 458, 459, 464, 476 à 479, 480. — Le Vaillant, p. 34, 78, 79, 128, 129, 133, 160 à 163, 259, 260, etc.

sont pas des nègres, ce sont des *Jaunes,* les Hottentots ou « Kom ».

Nous avons déjà indiqué le climat de cette région : des pluies irrégulières, rares, mais assez fortes, entretiennent un peu d'humidité souterraine dans un sol sablonneux, desséché à la surface. Le lit des rivières, souvent à sec, les dépressions du terrain formant vallées ou cuvettes, retiennent des mares ou des nappes d'eau souterraines, mais sur des points souvent très distants les uns des autres. Ces mares ou ces nappes assurent la provision d'eau nécessaire aux hommes et aux bestiaux.

Le pâturage est fourni par des graminées de plusieurs espèces, les unes fines et tendres, les autres grosses et dures ; mais surtout par d'innombrables plantes bulbeuses qui se développent rapidement et poussent à vue d'œil après chaque pluie. Un certain nombre de ces plantes offrent à l'homme des racines comestibles recherchées par les Hottentots. La gomme du mimosa se développe ici, comme chez les Chevriers des déserts du nord ; elle est déterminée par les vents secs et brûlants qui ont cheminé à la surface du désert Kalahari. Telles sont les conditions appelées à régir le *travail* dans le Grand-Karrou ou désert du Cap, et dans les pays qu'habitaient autrefois, dans la pauvreté et l'indépendance, les tribus hottentotes des *Koranna, Kohaqua, Soussigna, Koopmans, Hassiqua, Sonqua,* enfin des Petits et des Grands *Namaqua*. Ces derniers seuls ont maintenu aujourd'hui, vis-à-vis des colons blancs, quelques vestiges de leur ancienne liberté.

Dans ces déserts, comparables en certaines parties aux Hamâda d'Arabie, la subsistance de l'homme est assurée surtout par le bétail. Des bœufs porteurs, et de nombreux troupeaux de moutons d'une race spéciale, revêtus, au lieu de laine, d'un poil analogue à celui des chèvres, composaient les ressources des Hottentots. Le dressage du bœuf comme animal de bât indique déjà que nous sommes en présence de nomades : le concours du bœuf de charge est nécessaire au transport fréquent des ustensiles, des provisions, et des huttes mobiles appelées *as*, formées de baguettes arquées tendues de nattes ou de cuirs.

La cause déterminante des déplacements fréquents auxquels ont été soumis les Hottentots est la rareté et la distance des abreuvoirs. Lorsque l'herbe nourrissante est épuisée aux environs d'un amas d'eau, les pasteurs plient bagage, mettent en marche leur troupeau, puis incendient le pâturage abandonné afin de détruire les plantes épineuses et les débris secs, et de trouver à leur retour une nouvelle pousse de bonne pâture. Le bétail nomade est rarement en bonne chair; on tient engraissés et bons à tuer quelques animaux seulement pour les réjouissances ou les occasions fixées par l'usage; la nourriture quotidienne se compose principalement de lait, de beurre, et de quelques racines déterrées par les femmes. Les Hottentots indépendants ne peuvent se livrer à la culture, la sécheresse s'y oppose; ils sont donc contraints à la vie nomade.

Connaissant le mode d'existence propre à cette région, nous constaterons une fois de plus l'influence des *conditions du travail* sur la constitution de la famille et de la société. L'expérience et la prévoyance, nécessaires chez les chefs dans la vie nomade, assurent aux vieillards une prépondérance incontestée. Le besoin d'utiliser les aptitudes diverses, de se tenir groupés pour la garde et la sûreté des troupeaux, maintient la communauté entre ceux qui descendent d'ancêtres communs. De là sort naturellement la constitution patriarcale de la famille : la hutte légère que nous avons décrite sert d'habitation commune à plusieurs ménages réunis sous l'autorité d'un ancien ; les jeunes gens sont privés d'indépendance jusqu'à dix-huit ans environ, âge où ils se marient, et les mariages sont réglés par les ascendants. L'attachement à la tradition se manifeste par une foule de cérémonies rituelles, souvent fort bizarres, usitées pour les naissances, les noces et les funérailles. Au décès de l'ancien qui gouverne la communauté, son autorité passe à l'aîné des parents mâles. Le troupeau de la famille n'est jamais divisé. Voilà bien les traits de la vie patriarcale, telle qu'on la retrouve chez tous les pasteurs nomades.

Un groupe d'une vingtaine de huttes compose le kraal hottentot : c'est l'analogue du *douar* des Bédouins. Cette unité sociale jouit d'une pleine indépendance ; chacun de ces groupes ou clans séparés voyage isolément, gouverné par son chef et son conseil de douze anciens, qui rendent la justice au sein du kraal. S'il s'agit d'une affaire capitale, le coupable est immédiatement exécuté avec le concours de ses parents. C'est la justice familiale.

L'institution du conseil dont nous venons de parler apparaît comme un signe de modification et de décadence au sein de ces petites communautés. Cette limitation de l'autorité du patriarche se retrouve chez les races vivant en communauté et adonnées à la culture. Mais ici elle n'est pas le résultat de la difficulté et de la dureté des travaux ; elle semble devoir son origine aux guerres incessantes qui ont sévi entre les Cafres et les Hottentots, ou aux dissensions entre clans hottentots, à cause de la pauvreté et de l'étroitesse de la steppe.

Levaillant, voyageur de la fin du dernier siècle, recevant une aimable hospitalité dans un kraal de Hottentots *Gonakoua*, causa longuement avec l'un des hommes du bon patriarche Haabas. Il apprit qu'avant la guerre contre les Cafres, cette horde n'était composée que d'une seule famille, dont le grand-père de son interlocuteur avait été le dernier chef. A la mort de ce patriarche, cette famille était restée quelque temps sans direction ; et une nouvelle guerre étant survenue, la horde de Haabas s'était accolée à la première afin de réunir leurs forces contre l'ennemi commun. Dans le principe, l'arrivée de Haabas avait suscité quelques troubles : la horde primitive ne voulait point le reconnaître pour chef, prétendant se choisir elle-même un patriarche dans son sein. Il y eut des luttes et des dissensions intestines ; mais la conduite prudente et courageuse de Haabas, qui repoussa une attaque des Cafres, lui conquit bientôt tous les suffrages ; et, par des mariages successifs, les deux hordes bientôt n'en firent plus qu'une seule.

On voit ici la cause de la modification dont nous parlions tout à l'heure. Il paraît naturel que dans des circonstances semblables les anciens des deux hordes se soient réunis en conseil autour du chef, avec l'esprit de conciliation et de prudence qui caractérise les hommes âgés chez les pasteurs nomades. En outre, il est facile de saisir, dans ce qui précède, la force du lien familial, du classement par le sang, chez les Hottentots. Combien nous sommes éloignés des mœurs des Cafres militaires ! Quelle différence dans la solidité du lien de famille, dans l'action, ici imperceptible, là toute-puissante, du pouvoir public ! On comprend que les capitaines zoulou ne puissent conduire et fixer leurs bandes de soldats fainéants, incapables, élevés en enfants-trouvés, dans une région où le mode de travail impose aux chefs de famille l'exercice d'une autorité douce et sage, et les fonctions de mainteneurs de la tradition, de conciliateurs, de gardiens de la paix intérieure.

Je n'entrerai point dans les discussions qui se sont élevées au sujet de l'origine ethnique des Hottentots. Citons cependant la tradition, aux termes de laquelle leurs ancêtres seraient venus en Afrique « dans un grand panier », c'est-à-dire sur des navires. Le lieu primitif de leur habitation, qui fut la côte sud-orientale de la Cafrerie, est encore désigné par les tombeaux qu'ils y ont laissés. Le courant de l'océan Indien conduit sur ces rivages, et l'arrivée des Hottentots par mer ne serait pas plus extraordinaire que le peuplement des îles océaniennes. Notre étude apporte son appui à cette tradition, en montrant, par la comparaison avec les peuples désorganisés dans la traversée de la zone montagneuse, que les Hottentots n'ont pas suivi cette voie, *la seule* ouverte cependant en Afrique, aux migrations australes des pasteurs.

On s'explique aussi fort bien que les tribus hottentotes, ayant conservé leurs aptitudes à vivre en communautés nomades, se soient déplacées de l'orient à l'occident, comme l'indique la carte de leurs emplacements au milieu du dix-huitième siècle, publiée par E. Reclus [1]. Dans l'extrême-sud africain, à mesure que l'on s'avance de l'est à l'ouest, on quitte un pays découpé, arrosé de nombreuses sources, pour entrer dans une contrée de plus en plus sèche et plane. La qualité des herbes devient là beaucoup meilleure, en même temps que le rendement en quantité diminue : le bétail vit très bien des herbes à croissance rapide qui, entre deux averses, ont le temps de se développer, de tomber et de sécher. Le

1. T. XIII, p. 478.

voyageur Levaillant constate l'acidité des pâturages cafres, qui obligent ses propres bœufs à ronger les os épars dans les campements, pour calmer leurs dents agacées; il constate aussi la supériorité du bétail hottentot vivant fréquemment d'herbes sèches, par rapport aux troupeaux de leurs voisins habitant les cantons arrosés.

De même que le papillon attiré par la flamme décrit tout autour des cercles de plus en plus rapprochés, et finit par brûler ses ailes; de même les petits clans nomades, à la recherche des pâturages les plus substantiels, arrivent aux extrêmes confins de la région, sur les confins du Kalahari au ciel d'airain, où le bétail ne peut plus vivre. C'est là que se rencontrent ces périodes sans pluies, durant trois, six, douze ans même, qui anéantissent les troupeaux. Les kraals hottentots privés ainsi de leur bétail, ceux pareillement que la guerre a dépouillés, sont contraints de chercher un nouveau moyen d'existence; ils entrent, décimés et ruinés, dans les *Territoires de chasse*.

III.

LA RÉGION DES TERRITOIRES DE CHASSE [1].

Les territoires dont il s'agit ont tous ce caractère commun, d'être impropres à l'entretien du bétail domestique et à la culture, tant qu'ils n'auront pas été profondément modifiés par des travaux d'art nécessitant à la fois de la science, des ressources accumulées et une grande énergie. Mais ils présentent néanmoins entre eux

1. A consulter pour cette région :
Livingstone, p. 54 et suiv., 192; — *Univers pittoresque*, t. V, p. 89 à 95; — E. Reclus, t. XIII, p. 459, 465, 469, 470; — Farini, p. 88, 128, 150, 152, 155, 156, 199, 397 à 408 ch. XIII à XVII, et XXII.

une certaine diversité. Ainsi, la portion méridionale de la région, entre les 26° et 28° degrés de latitude, est occupée par un désert affreux, presque inhabitable ; en remontant plus au nord, on rencontre successivement de grandes plaines couvertes de graminées hautes et dures, enfin des espaces hérissés d'arbres épineux. A la suite, viennent les monts boisés, puis les massifs forestiers épars, reliant notre région avec les forêts du centre de l'Afrique.

Nous retrouvons dans la partie méridionale, la plus caractéristique, les conditions qui déterminent au milieu des déserts du nord la région des *Pasteurs Chameliers*, et la même distinction entre les populations sédentaires et les nomades non fixés au sol. Mais le chameau est absent : il n'a pu traverser l'intérieur du continent, soumis au fléau de la tzétzé, ni suivre la zone montagneuse, dont la fraîcheur lui est mortelle.

Dans les vastes espaces de notre région situés vers le tropique du Capricorne, sont répandus divers groupes de Cafres, occupant au bord des rares cours d'eau et des étangs naturels (*vleys*) des campements où ils vivent de la culture et de la chasse, en conservant quelques bestiaux : les Betchuana, les Kattea, les Bolala, les Ba-Kalahari, venus de l'est et du nord ; et aussi quelques colonies de *Bastaards*, métis des indigènes et des colons blancs. Leurs stations sont les *oasis* de ces déserts.

Entre ces établissements fixes, séparés par de très grandes distances, les *Bushmen* (hommes de la brousse) ou chasseurs isolés parcourent le « Veldt[1] » immense. Issus des nomades hottentots, comme le constatent les voyageurs et les géographes, les Bushmen ne sont pas

1. *Veldt*, plaine.

dressés à la culture; ils sont privés de bétail; ils sont incapables de faire concurrence aux Cafres pour l'occupation des *oasis*, et ne peuvent vivre que de gibier, ou de la cueillette des fruits sauvages. C'est à eux qu'appartient proprement le *territoire de chasse*.

Le travail des Bushmen ne ressemble en rien à celui des Chameliers nomades; leur organisation sociale, par suite, est entièrement différente. Autant la race des « gens du Voile » est dominatrice et prépondérante dans le grand Sahara et les régions voisines, autant les chasseurs sauvages du Kalahari sont faibles, misérables et opprimés dans les déserts du sud. En examinant les moyens d'existence de ces chasseurs, nous reconnaîtrons les raisons qui les maintiennent dans cet état d'infériorité.

On se ferait une idée fausse des déserts de l'Afrique australe, ainsi que de ceux du nord, en se les représentant comme absolument dénués de ressources alimentaires pour l'homme. L'eau y est très rare, il est vrai; mais la Providence fournit presque en tous les lieux du globe une manière de vivre spéciale, qui rentre, par les conditions qu'elle impose, dans le plan du gouvernement général du monde.

Suivant les temps et les lieux, les Bushmen demandent leur nourriture de chaque jour, soit à la récolte des productions spontanées, soit à la chasse.

Dans les lieux arides, où les pluies très rares sont profondément absorbées, croît en quantité surprenante une variété de courge ou de melon appelée *Sanu*, c'est le salut du voyageur et du Bushman. Ses fruits ronds et durs, dépouillés de leur écorce, sont consommés de différentes manières; leur jus abondant remplace tant bien que mal l'eau absente, pour la boisson et même pour la toilette; leurs graines oléagineuses fournissent un aliment quelque peu substantiel. Si l'on vit pauvrement de ces fruits, on en vit sans peine : « il n'y a qu'à se baisser pour en prendre ». Nous en pouvons dire autant du *riz des Bushmen*, sorte de fourmi blanche avidement recherchée, de différentes larves et d'une quantité de racines ou de bulbes comestibles.

Telle est la ressource des mauvais jours, trop fréquents dans la vie des chasseurs errants; la qualité inférieure de cette nourriture est probablement la cause qui rend si chétive et si malingre la pauvre race des Bushmen, et les réduit souvent aux proportions de véritables nains.

Diverses espèces d'oiseaux; le lièvre africain, très répandu; l'autruche dans les sables, la girafe (appelée chameau par les naturels) dans les savanes boisées; enfin et surtout des milliers d'antilopes de différentes espèces, hartebeest, coudou, élan, springboëk, steinbock, wildebeest, etc., dont plusieurs se passent *complètement* d'eau : voilà les diverses proies dont la capture amène de temps en temps une orgie de viande au campement de l' « homme de la brousse ».

Lorsqu'une station est épuisée au point de vue des productions végétales, le Bushman est forcé de se transporter ailleurs; il est en outre contraint à de perpétuels déplacements pour suivre les bandes d'antilopes ou les pistes des autres animaux. Souvent même des voyages très étendus lui sont imposés par les migrations du gros gibier, que les alternances de pluie et de sécheresse font apparaître ou disparaître, avec les herbes des plaines et les feuilles des bois, tantôt au nord, tantôt au sud de la région.

Rien n'est plus simple que les établissements toujours provisoires de ces familles réduites et voyageuses : rarement quelques abris construits à la hâte; le plus souvent, un buisson épais et circulaire de l'arbuste *noï*[1] leur sert de refuge : on y fait une brèche, soigneusement refermée; le centre, où la végétation est étouffée, est élargi et débarrassé des bois morts et des herbes gênantes; un foyer est creusé en terre, et quelques peaux étendues sur les branches du buisson donnent l'ombre et la couverture. Cette forteresse naturelle repousse les bêtes fauves, et se dissimule à l'œil du passant.

C'est la chasse qui exerce la plus grande influence sur l'état social des Bushmen. Nous avons déjà reconnu certaines modifications introduites par ce genre de travail dans l'organisation de la famille : la déchéance de l'autorité paternelle, le relâchement du lien conjugal, la dispersion de tous les fils et l'isolement des parents; en un mot, l'instabilité.

Nous avons vu au contraire, en Afrique même, par exemple chez les Chevriers des déserts, le travail de la cueillette maintenir, dans les familles, l'organisation en communautés, et, entre les familles, des liens qui les réunissent en corps nombreux. Nous avons vu aussi, dans l'Ou-Ganda, le peuple vivant de la cueillette former un état centralisé et puissant par le nombre. L'observation du cas des Bushmen, également adonnés à la cueillette, nous révèle un état social tout différent, dans lequel la famille est réduite au minimum, et le groupement supérieur, l'état, n'existe pas. Nous constatons ainsi l'action désorganisatrice et isolante exercée par la chasse. Tel qu'il peut être pratiqué dans la région qui nous occupe, ce travail nécessite des déplacements perpétuels et très étendus, à l'inverse de la sédentarité qui est pro-

---

1. Mimosa nain très épineux.

pre aux populations de l'Ou-Ganda vivant dans leurs bananeraies. D'autre part, la cueillette du Bushman n'est pour lui qu'un moyen de poursuivre ses déplacements eux-mêmes; et le moyen de transport nécessaire aux voyages de communautés nombreuses, fourni chez les Chevriers par le chameau, fait défaut au chasseur errant du Kalahari. C'est donc bien *le mode de travail*, et non une prétendue dégénérescence ethnique, qui impose à ce dernier son régime de division de la famille et d'individualisme.

Quant à la rupture des relations plus étendues qui constituent le groupement en tribus ou en état puissant, nous en trouverons de même la raison dans l'observation des faits sociaux. Un clan hottentot qui se dissout par suite de la perte de son bétail, pour s'être trop avancé dans le pays des sécheresses prolongées, laisse tous ses membres dans un état complet de nivellement et d'égalité : l'égalité dans la misère. Chacun tirant de son côté pour profiter des ressources minimes et dispersées qu'offre le pays sec, la cohésion du groupe est rompue, et l'autorité du patriarche, devenue inutile, disparaît. On ne pourrait sortir de cette égalité dans la misère que par un seul moyen : l'élévation de certaines familles patronales au-dessus des autres, par un développement particulier et intense de la prévoyance dans ces familles, leur permettant d'aider et de diriger les ménages avec lesquelles elles se trouveraient en contact. Mais la chasse et la cueillette dans le Kalahari ne tendent nullement à favoriser la prévoyance; elles nuisent au contraire à l'acquisition de cette qualité.

Le chasseur Bushman vit au jour le jour, de ressources imprévues et rencontrées au hasard. Tantôt il doit se serrer le corps d'une courroie pour diminuer les tourments de la faim ; tantôt, lorsque ses flèches empoisonnées ont atteint leur but, il mange avec tant d'avidité et de persistance que son volume extérieur devient méconnaissable. Il passe en quelques jours de l'aspect d'un squelette décharné à celui d'une outre rebondie, et *vice-versa*. Il jeûne forcément quand il n'a rien trouvé ; dans le cas contraire, il mange pour plusieurs jours. Que ferait-il de provisions accumulées, alors que son travail l'oblige à la vie errante, et que les moyens de transport lui font défaut ?

Réduits en nombre, émiettés, ne pouvant rien accumuler et rien transmettre, ces ménages de chasseurs isolés demeurent donc égaux entre eux, indépendants et sans appui. Ce n'est qu'une poussière d'hommes, sans lien, sans résistance contre les entreprises de l'étranger. Cette race que la force des choses prive ainsi de patronage est vouée à la servitude ; elle est destinée à se voir opprimer et écraser par les groupes plus cohérents qui l'entourent : et de temps immémorial, en effet, c'est chez les Bushmen que se pourvoient d'esclaves les Cafres de l'ouest et les Hottentots.

Pour terminer l'examen de la zone des déserts du sud, il nous reste à décrire une autre société, beaucoup plus solide et plus envahissante que les clans hottentots ou les régiments cafres, et devant laquelle ceux-ci, comme les misérables Bushmen, sont tenus de plier ou de disparaître : la société des immigrants venus d'Europe.

Il faut le dire, les peuples dont nous venons de nous occuper appartiennent presque à l'histoire ancienne de l'Afrique. Il m'a paru cependant utile de les faire figurer dans cet exposé social du continent africain, à cause des particularités remarquables qu'ils présentent en eux-mêmes, et de la comparaison qu'ils évoquent avec les habitants des déserts du nord.

Dès notre entrée dans cette troisième zone, nous avons observé l'effet produit sur les migrations des peuples et sur les modifications sociales qui en résultent, par un agent minuscule, un chétif insecte, la mouche *tzétzé*. Remplissant sa mission, cet insecte a fait ce que n'auraient pu faire les plus puissants législateurs : par lui, les peuples noirs sont dirigés sur certaines voies dont le parcours les influence de telle manière, qu'ils arrivent, sous des climats analogues à ceux des déserts du nord, à une organisation de la famille et de la société absolument contraire à celle des pasteurs arabes. Par contre, nous avons pu constater la réapparition des pasteurs nomades dans les déserts du sud, lorsque s'ouvre pour eux une route exempte des causes modificatrices auxquelles les noirs ont été soumis.

CHAPITRE IV

LES BOERS DE L'AFRIQUE AUSTRALE.

Nous avons montré que l'infériorité indiscutable des Bushmen, comme la désorganisation des peuples noirs, est produite par des causes *sociales* et non *ethniques*. J'espère établir de même que si les colons européens dominent et refoulent les peuples qui occupaient avant eux l'Afrique australe, ce n'est point parce que ces colons appartiendraient à une *variété native plus parfaite* de l'espèce humaine, mais bien à cause de la supériorité de leur organisation sociale.

L'arrivée des immigrants blancs sur les côtes de l'Extrême Sud africain est déjà un fait ancien. Découvert en 1486 par les navigateurs portugais, doublé trois ans plus tard par la célèbre expédition de Vasco de Gama, le cap terminal de l'Afrique porta d'abord le nom de Cap des Tempêtes : la mer est presque toujours fort mauvaise à ce point de rencontre du courant froid provenant du pôle avec le courant tiède qu'amène l'océan Indien.

Les Hollandais, les premiers, trouvèrent à proximité du redoutable promontoire un mouillage abrité, dans la petite baie de la Table. Il était pour eux d'une grande importance de s'établir à mi-chemin sur la nouvelle voie maritime qui s'ouvrait au commerce avec les Indes.

Dès l'an 1600, ils jetèrent dans la baie de la Table quelques soldats et quelques colons; en 1650, la colonie, favorisée par un climat exceptionnel, avait pris une certaine consistance; en 1652, la ville du Cap était fondée. Une immigration de jeunes filles, extraites des maisons de charité des Pays-Bas, permit aux colons, pour la plupart anciens soldats ou matelots, et par suite célibataires, de fonder quelques familles.

La Hollande atteignait alors l'apogée de sa fortune commerciale; l'argent regorgeait en ce pays, et le développement de la richesse y modifia considérablement l'état des choses : non seulement au sein des cités marchandes, mais jusqu'au fond des vastes pâturages qui couvrent la plupart de ses provinces.

Située à l'extrémité de la grande plaine de l'Allemagne du Nord, et dans sa partie la plus basse, la Hollande ressemble à une vaste prairie entrecoupée de canaux. Les provinces de *Groningue, Dreutha, Yssel*, sont pour plus des deux tiers couvertes de pâtures marécageuses; celles de la *Hollande septentrionale* et *méridionale* ne présentent à l'œil, pour ainsi dire, que des prairies qui, de la région fertile, « ne laissent qu'un espace étroit aux champs labourables. » Aussi, « la Hollande est une des contrées qui possèdent la plus forte proportion d'animaux domestiques[1]. »

Pendant toute la durée du moyen âge, les pâturages hollandais étaient possédés indivisément par des communautés d'habitants. « Nulle parcelle ne pouvait s'en vendre ou s'en donner. » Ces institutions anciennes suc-

---

1. Malte-Brun, t. IV, p. 237-343, 354.

combèrent devant la puissance de la richesse créée par le commerce : « Les riches sociétaires, dit E. Reclus, firent cesser l'indivision[1] »; et naturellement ils réunirent ensuite entre leurs mains un grand nombre de parts.

Rien n'est plus simple que l'exploitation d'une grande propriété en pâturages; les bras nombreux y sont inutiles, ainsi qu'on l'a vu de nos jours en Écosse. Une partie de la population hollandaise qui pouvait vivre sur les herbages indivis, dut chercher ailleurs de l'emploi. La compagnie hollandaise des Indes offrit à ces paysans, dans la nouvelle colonie du Cap, un territoire présentant, avec le lieu d'origine des émigrants et avec leurs habitudes préexistantes, des rapports bien faits pour les attirer.

Au nord de la ville du Cap, on pouvait encore distinguer vers 1785, au temps du second voyage de Levaillant, la zone distincte occupée d'abord par les premiers colons, les « gens du Cap », et les territoires plus éloignés qu'avaient peuplés ensuite les *Boërs* ou « paysans ». Ce voyageur limite à six lieues environ de la ville la partie la plus ancienne de la colonie; il distingue ensuite deux classes de paysans boërs, que l'on rencontrait à cette époque, en allant du sud au nord : les *cultivateurs*, puis les *pasteurs*. Cette division est justifiée par le climat; les cultivateurs ont défriché les terres soumises au climat du Cap, et limitées à peu près par la ligne maxima des pluies qui passe un peu au nord de la ville. Les pasteurs, ne cultivant sur leur concession qu'un espace très restreint, et laissant le surplus en pâtis, ont envahi d'abord la « Hollande hottentote, » vaste solitude occupant, entre les chaînes des Snewbergen et des Swartbergen, une étendue de 120 lieues de longueur sur 40 de largeur.

1. E. Reclus, t. IV, p. 325.

Ils se sont ensuite étendus au loin, colonisant toute la région des steppes pauvres de l'Afrique australe.

I.

LES BOERS ET LES HOTTENTOTS [1].

Les déserts voisins du Cap n'étaient alors fréquentés que par les nomades hottentots, paraissant à longs intervalles avec leurs huttes et leurs troupeaux. Il était donc facile à la Compagnie des Indes de distribuer aux nouveaux arrivants des territoires étendus, spécialement propres au pâturage.

La première opération à faire sur le terrain concédé était d'établir, sur un cours d'eau plus ou moins pérenne, quand il s'en trouvait, ou près d'une fontaine, une digue ou barrage de terre battue revêtue de pierres, propre à emmagasiner l'eau. Le plus souvent, faute de ruisseau ou de source, la digue fut placée en travers du vallon le plus bas de la concession, de manière à centraliser toute l'eau coulant sur le sol à la suite des rares mais violentes averses que comporte le climat. C'est encore ainsi que procèdent aujourd'hui les Boërs hollandais arrivant dans un pays neuf.

Quelquefois ces digues enferment un terrain de 10 à 12 hectares, c'est le clos, le jardin et le champ de la famille boër. A mesure que la séchesse fait descendre le

---

1. A consulter pour cette section :
PP. Delpechin et Croonensbeg, p. 17, 42, 45, 68, 80, 83, 109, etc.; — de Weber, p. 87 et suiv., 196 et suiv., 200 à 204, 207, 208, 215, 220, 233, etc.; — de Hubner, t. I, p. 128, 131 et suiv., 146; — Cowper-Rose, p. 266 à 280; — Levaillant, t. I, p. 19 et 20, 35, 37, 38, 41, 69. etc.; t. II, p. 103, 361, 374; — Farini, ch. 1; — E. Reclus, t. XIII, p. 480 à 485, 495, 512, 588, 597, etc.; — Malte-Brun, t. VII, p. 214, etc.

niveau des eaux retenues, on cultive les rivages de cet étang artificiel, dont le fond reste en eau. Une forte averse, qui fait remonter l'étang, peut submerger pendant quelques jours les récoltes : cela leur est plus utile que dommageable.

Dans ce climat, qui varie en sécheresse et en humidité d'une manière étonnante pour peu qu'on se déplace vers l'est ou l'ouest, l'établissement des digues ne peut être absolument uniforme; mais le fait de l'emmagasinement des eaux est constant. C'est, en effet, la nécessité première de l'exploitation. Le troupeau va pâturer au loin sur le *veldt*, conduit par des serviteurs hottentots ou bushmen : tous les jours, tous les deux ou trois jours au plus, il revient boire à la digue. L'amas d'eau permet au Boër de remplacer la vie nomade par l'état sédentaire; c'est auprès de la chaussée qu'il élève sa demeure, petite construction sans art et sans prétention, servant à la fois de maison, de magasin et de grenier. La provision de grain est mince, car on vit surtout de viande. « De toutes les races d'hommes que j'ai connues sur la terre, écrit Levaillant, la plus robuste, selon moi, est celle des colons du Cap, et je n'en ai connu sur le globe aucune qui soit aussi *carnassière* »[1].

Non seulement la digue et son réservoir ramènent fréquemment le bétail à la ferme; mais tout le gibier du pays, poil ou plume, y fait de fréquentes visites, offrant au colon une ressource qu'il n'a garde de négliger : ce colon devient un tireur émérite, soigneux de ses armes qu'il rajuste et répare lui-même.

La mère de famille, épouse féconde et bonne ménagère, vaque aux soins de l'intérieur, surveillant à la fois

---

1. Levaillant, *Deuxième Voyage*, t. I, *Introduction*, p. XII.

le feu de bouse sèche — le combustible du désert, — la théière, le travail des servantes indigènes et les ébats des jeunes enfants. Les jeux de ces enfants ont lieu d'ordinaire sur les timons des lourds wagons de voyage remisés dans un hangar. Les garçonnets manient un fouet porportionné à leur force, ils s'exercent à atteindre un caillou désigné, à frapper un oiseau au vol. La dimension de l'instrument croît avec leur taille : à quatorze ans, ils brandissent un manche *ordinaire*, long de 15 à 18 pieds, de ceux dont on se sert pour conduire les attelages de cinq ou six paires de bœufs appropriés au poids des wagons. A cet âge aussi le jeune homme reçoit un fusil; il est alors admis à chasser, à fumer et à boire de l'eau-de-vie avec ses parents mâles d'un âge égal ou supérieur. En leur compagnie, et quelquefois avec les grandes sœurs, il parcourt la plaine à cheval pour surveiller les troupeaux et leurs conducteurs noirs dont la fidélité laisse à désirer. On rentre pour le repas du soir, précédé et suivi d'une prière, et d'une lecture faite par le plus ancien de la maison dans la grosse Bible de famille, imprimée en caractères gothiques et ornée d'un fermoir précieux. Deux ou trois fois par an, à de longs intervalles, toute la famille monte dans les chariots et se rend au bourg le plus proche pour participer au Naatchmal ou Sainte-Cène. Cette cérémonie religieuse est accompagnée d'une réunion de quelques jours, pendant laquelle se traitent les affaires entre fermiers, les achats et les ventes des chefs d'exploitation et des ménagères, les échanges, les mariages : c'est la mise en action du *voisinage* pour ces colons épars. Les circonscription paroissiales, naturellement très étendues, ont une importance considérable dans l'organisation de la société des Boërs : c'est le premier groupement en dehors de la famille.

Les Boërs appartiennent au culte calviniste; mais on remarquera que chez les boucaniers catholiques, premiers occupants de Saint-Domingue, et chez les colons Canadiens-Français, les mêmes usages sont en vigueur relativement aux prières communes, au *Bénédicité*, au culte privé. Nous pouvons en conclure que le développement du culte privé est pour les familles un élément de puissance colonisatrice. Elles sont rares aujourd'hui parmi nous, les familles où chaque jour, reliant son autorité à l'autorité suprême, le père, en présence de tous, demande à Dieu le pain quotidien de la maison et lui rend grâces de l'avoir accordé!

Joignez à cette éducation simple, mais droite, que reçoit la jeunesse chez les colons hollandais, l'isolement habituel de la famille au milieu d'un domaine « qui dépasse les bornes de l'horizon; » et vous vous rendrez compte du caractère sérieux, patient, énergique des Boërs, ainsi que de leur attachement aux traditions.

Les concessions attribuées aux colons pasteurs vers le nord de la colonie étaient d'une très grande étendue. Dans la partie rapprochée du Cap, elles étaient originairement d'une lieue carrée, ou 400 hectares; dans le désert, de 3,000 hectares en moyenne. La prise de possession se faisait d'une façon fort simple : à l'endroit qui lui paraissait convenir à son établissement, le nouvel arrivant plantait un piquet, appelé *baaken*, signifiant que « la place était retenue ». Si l'étendue à laquelle il avait droit se trouvait empiéter sur quelque concession antérieure, on tâchait de s'entendre à l'amiable pour fixer les limites, afin d'éviter des procès ruineux et qui auraient laissé après eux des germes de haine et de division; l'accord entre voisins était nécessaire pour résister aux hordes hottentotes, que la colonisation dépouillait de leurs parcours. Il l'était aussi pour se procurer le bétail à l'aide duquel les colons devaient tirer parti de leur *plaatz* ou emplacement. Voici comment on se créait un premier fonds : « Quelques colons bien armés se réunissent ensemble ; puis, tombant tout à coup sur une horde isolée, ils obligent ceux qui la composent à amener tous leurs troupeaux, y choisissent les bêtes à leur convenance et en donnent le prix qu'il leur platt ». C'est ce qu'on appelait « se porter acheteurs à coups de fusil »[1]. On parvenait par le même moyen à se procurer des serviteurs.

Une fois le terrain concédé, la digue établie, le nouvel habitant repoussait par la force les incursions des nomades et de leurs bestiaux sur sa propriété. Avec le concours de sa famille, de ses voisins, il fusillait au loin les bêtes qui s'étaient introduites chez lui, les indigènes qui les voulaient défendre, ou les pillards bushmen. La ligne des terrains appropriés s'avançait ainsi lentement et de proche en proche, comme un front de bataille, réduisant de plus en plus les parcours des Hottentots. Par intervalles, une famille audacieuse ou plus forte venait planter son *baaken* en avant des autres, et flanquait la frontière.

Revenant d'une excursion au cœur du pays hottentot, Levaillant rencontra sur l'extrême limite des territoitoires occupés par les colons un petit vallon fertile où s'élevait une hutte isolée. Quelle ne fut pas sa surprise d'y trouver seule, n'ayant pour tout meuble qu'une natte et un fusil, Mlle Van der Vesthuysen, jeune fille d'une vingtaine d'années, appartenant à une famille fort aisée fixée depuis quelque temps dans les montagnes du

---

1. Levaillant, t. I, p. 19 et 20 ; t. II, p. 103.

Cauris. Pendant que son père et ses frères s'occupaient des mêmes soins sur d'autres points de leurs immenses possessions, cette jeune fille, avec quelques chiens, gardait un troupeau assez fort en ce lieu écarté. Elle faisait le coup de feu contre les bushmen voleurs de bétail ou contre les clans nomades dont elle croyait avoir à se plaindre; elle forçait la gazelle à cheval; elle était redoutée au loin à la ronde.

Arrêtons-nous un instant à considérer les causes qui ont permis aux pasteurs hollandais de vaincre, de dépouiller et de soumettre les pasteurs hottentots. Il serait commode et bref de faire intervenir ici un mot pompeux, la *civilisation*. Mais le lecteur trouverait probablement singulier que je m'en tienne à ce terme mal défini, et pour cette raison rejeté par Le Play [1].

Le travail auquel se livraient les Hottentots avait pour résultat, comme nous l'avons vu au précédent chapitre, d'imposer à leurs familles et à leurs hordes la forme patriarcale. Comme il arrive chez les pasteurs nomades en général, aucune hiérarchie sociale autre que le lien du sang n'avait été introduite parmi eux. Chaque tribu vivant à part conservait son indépendance entière vis-à-vis de tout autre groupe errant comme elle dans le désert; en cas de contestation entre ces diverses communautés, si l'esprit conciliant des vieillards ne pouvait accommoder le différend, on recourait à la force : ce cas était fréquent. C'est bien là le propre de l'organisation par clans.

Si d'autre part nous examinons la manière de vivre des colons hollandais, et principalement des colons pasteurs, qui ont été le plus sérieusement en contact avec

---

[1]. Voir Le Play, *Ouvriers européens*, t. I, p. 448.

les Hottentots, nous reconnaîtrons aussi dès l'abord chez eux le groupement en communautés patriarcales : ce groupement, qui convient à leur genre de travail, est pour ainsi dire nécessaire à des familles isolées au milieu de vastes terrains en steppes pauvres parcourus par des clans qu'elles viennent déposséder. Aussi le lien du sang apparaît également chez les Boërs comme le principe et la base des relations sociales : dans la pratique de leur « aimable et fraternelle hospitalité », l'étranger, l'hôte, devient pour eux comme un membre de la famille. « Ils ne connaissent, dit le voyageur qui les a le mieux observés, d'autre lien que celui de la parenté, et regardent effectivement comme parents les personnes qu'ils aiment. Les petits enfants qui venaient autour de moi, soit pour me caresser, soit pour admirer et compter mes boutons, m'appelaient leur grand-papa ; j'étais le cousin des frères, l'oncle des jeunes filles. » Après son long séjour dans ce milieu, Levaillant est lui-même tellement imbu de cette coutume, qu'il lui arrive d'écrire en parlant de ses hôtes : « mes bons *parents* les Slaber »[1]. A cette époque, les communautés boürs comptaient chacune un assez grand nombre de membres; et l'explorateur se plaint souvent de la fatigue que lui occasionne l'usage qui impose, à l'arrivée et au départ, de donner la main à tous les hommes et d'embrasser les femmes. De nos jours, ces familles sont aussi nombreuses, et les plus récents voyageurs répètent la même plainte.

Mais si l'organisation des communautés basée sur le lien du sang, si le genre de travail, sont des traits communs entre les Hottentots et les colons hollandais, le lecteur a pu cependant remarquer de suite une différence

---

1. Levaillant, t. I, p. 41.

saillante entre ces deux populations. Le nomade parcourt le *veldt* avec ses troupeaux, consomme l'herbe, et s'en va : l'Européen divise la terre, chaque famille reçoit sa part et la possède à demeure, en interdisant l'usage à toute autre. Après le fait même du paisible partage, cette possession exclusive, respectée par les voisins, signale la présence d'une force sociale nouvelle, d'un lien social établi en dehors et au-dessus du lien du sang.

Cette force, cette hiérarchie, les colons hollandais ne l'ont pas reçue des conditions du lieu qu'ils sont venus occuper, puisqu'elle était inconnue aux indigènes. Ils l'ont apportée de leur première patrie. Venus par mer sur la côte de l'Afrique australe, ils y ont débarqué tels que les avait formés la coutume de la race à laquelle ils appartiennent. Il nous importe de connaître cette formation préalable, dont l'examen jettera une vive clarté sur les vicissitudes qu'ont subies les Boërs, sur leurs succès, sur les causes de leurs pérégrinations, sur l'état présent et sur l'avenir de leur société.

Les Pays-Bas, le cours inférieur du Rhin et une partie du nord de la France semblent former en Europe, au point de vue social, une région particulière au sein de laquelle sont venus se fondre et s'agencer deux éléments différents.

Nous avons vu déjà quelles conditions favorables offre à l'art pastoral une grande partie des Pays-Bas. Nous savons par l'histoire que c'est sur le Rhin inférieur et ses principaux affluents que se porta l'un des plus grands efforts des envahisseurs germaniques se ruant à l'assaut de l'empire romain; c'est là que furent cantonnés les Ripuaires, auxiliaires de l'empire, mais conservant sous la domination nominale de Rome les us et coutumes de leurs ancêtres. Quoique adonnés déjà à la culture et possédant des champs enclos, ces Germains laissaient indivises de vastes portions d'herbages, et ce régime subsista, nous l'avons dit plus haut, jusqu'à la fin du moyen âge. On trouve encore de nos jours les traces visibles de ce genre d'existence demi-pastoral, dans la plupart des provinces flamandes et hollandaises : le caractère flegmatique, apathique des habitants, leur attachement aux traditions du passé, leur éloignement instinctif de toute nouveauté, contrastent avec les mœurs de la plupart des peuples voisins.

Mais ce pays, traversé par l'une des principales voies de l'invasion pastorale, devait cependant, de préférence à bien d'autres, attirer les émigrants par mer venant de la Scandinavie pour chercher des terres sur le continent : le découpement de ses rivages, leurs îles, l'embouchure des fleuves, la fertilité du sol, enfin la proximité, tout y concourait à amener et à retenir les Scandinaves. Pénétrant par leurs alliances au sein des communautés germaniques, ces hommes du nord y introduisirent leur esprit particulier, le sentiment énergique de la propriété, l'ordre dans la société, l'inégalité d'où naît la hiérarchie. Ils y apportèrent encore un trait distinctif de leur société organisée en *familles souches,* sur le pied du *simple ménage* isolé : cette indépendance remarquable de la femme, inconnue chez les pasteurs, et qui naît pour elle du partage des attributions et des responsabilités [1]. Ces caractères, aussi bien que ceux qui proviennent de l'héritage des Ripuaires ou des envahisseurs germains, sont

---

1. Il n'entre pas dans le cadre de ce travail, de refaire après Le Play et l'école de *la Science sociale*, l'étude des *Pêcheurs scandinaves en famille-souche.* Je me borne à renvoyer au t. III des *Ouvriers européens,* p. 204.

encore visibles à notre époque, dans le coin de l'Europe dont nous parlons. De ces deux causes, le flot de l'invasion germanique et la longue infiltration des émigrants scandinaves, est née la constitution sociale que les colons hollandais, flamands ou frisons, ont apportée avec eux en Afrique.

La population des Boërs n'est pas exclusivement originaire des Pays-Bas et de l'Allemagne. Dès les commencements de la colonie, après la révocation de l'édit de Nantes, les États-Généraux des Provinces-Unies recommandaient à la Compagnie des Indes les émigrants calvinistes français. On leur assigna un quartier fertile et sain, qui a conservé l'appellation de « Coin Français » (*Fransche Hoëk*). Les noms français ont été conservés par les familles, et par un certain nombre d' « emplacements » dispersés dans la colonie : mais ces familles se sont fondues dans la race hollandaise ; la langue française n'est pas en usage, et on ne distingue plus aujourd'hui aucune différence. Cependant les Boërs français se sont multipliés plus rapidement encore que les autres.

Originaires soit des Cévennes, soit du Haut-Poitou, les familles calvinistes françaises transportées au Cap présentaient avec celles des Boërs hollandais une certaine analogie, elles étaient constituées sur le type des communautés agricoles restreintes. Cet état de choses est très commun dans la France du midi, particulièrement dans les Cévennes [1]. Pour la région du Haut-Poitou, il doit nous être permis de juger du passé par l'état actuel des familles de fermiers calvinistes établies aux environs de Melle et de La Mothe Sainte-Héraye : elles offrent un très remarquable exemple de communautés

[1]. Voir le travail de M. E. Demolins, dans la revue *la Science sociale*, t. IV, p. 293 et suiv.

agricoles prospères, qui, certainement, remontent loin dans le passé, car il est extrêmement difficile de reconstituer des communautés une fois rompues [1].

Il m'a semblé utile d'insister sur cette fusion complète dans la race des Boërs, sous l'influence d'un même travail, de familles différentes par leur origine; car nous rencontrerons, au cours de cette étude, une autre race européenne qui est restée réfractaire, qui repousse les Hollandais-Afrikander et qui est repoussée par eux : la race anglaise.

Aucune constitution sociale ne paraît mieux appropriée que celle des Boërs à la réussite d'une entreprise de dépossession dirigée contre des pasteurs nomades. Grâce à l'esprit d'ordre et au respect de la propriété qu'elle consacre, la paix intérieure règne sur les territoires incessamment ajoutés à la colonie. Grâce aux communautés solides et nombreuses qui les unissent, les nouveaux habitants pratiquent facilement l'élevage sur des pâturages pauvres et étendus, et résistent aux retours offensifs des nomades beaucoup mieux que ne le pourraient faire des ménages isolés. Enfin, comme tous les envahisseurs constitués sur le type patriarcal, ils ne détruisent pas les races vaincues. Le caractère patient des Boërs, leur attachement aux œuvres entreprises par leurs pères, font qu'ils subissent sans découragement les sécheresses terribles et les invasions de sauterelles qui désolent les steppes pauvres : fléaux devant lesquels se rebute, avec son initiative hardie et son désir de faire fortune, le colon de race anglo-saxonne; ainsi du moins s'exprime un voyageur américain [2].

---

1. Je signale aux observateurs curieux d'étudier ce type, la vallée du *Lambron*, petit affluent de la Sèvre niortaise.

2. Farini, p. 3 et 4.

II.

LES BOERS ET LES CAFRES [1].

Nous venons de nous rendre compte des raisons d'ordre social qui ont amené l'éviction des Hottentots par les colons Boërs. Nous avons vu leurs *baaken* et leurs digues avancer lentement mais sûrement vers la limite de la région des steppes pauvres, vers le fleuve Orange, qui pendant longtemps forma la frontière de la colonie au nord. L'accroissement rapide de la population, chez laquelle en maint endroit les naissances sont en nombre triple de celui des décès, s'est joint à l'effet produit par les tracasseries de l'administration anglaise installée depuis 1805, pour faire franchir le fleuve à des milliers de wagons, et amener la fondation de l'État libre d'Orange. Mais pour suivre les colons néerlandais dans leur lutte contre les indigènes, il nous faut laisser de côté la série des événements anglo-hollandais. Nous y reviendrons plus loin.

En se dirigeant vers l'est et vers le nord, ce ne sont plus des nomades que les colons rencontrent devant eux. Les territoires cafres sont occupés *à demeure* par les kraals de bestiaux installés dans les savanes et par les cultures des femmes. Cette culture, et la fixité de la résidence des capitaines, a donné l'idée de la propriété du sol, et l'*Inkosi* ou roi se considère comme propriétaire du sol sur lequel s'étend l'action de ses bandes armées. Seulement, le régime militaire, les victoires suivies du

---

1. A consulter pour cette section :
E. Reclus, t. XIII, p. 461, 481, 514, 515, 563, 588. — de Weber, p. 202, 206, 212 et suiv., 230, 231, 280, 281, 287 à 291, 304, 359.

massacre ou de l'enlèvement des populations entières, laissent parfois désertes de vastes étendues de pays. Ces terrains dépeuplés, vides, sont naturellement convoités par les colons hollandais, dont le nombre croît rapidement comme nous venons de le dire. Mais il ne s'agit plus ici de planter un piquet, on se heurte à une prétention, à une mainmise déjà établie. Aussi l'honnête paysan se présente-t-il comme acquéreur, la monnaie à la main.

Cette monnaie, c'est l'eau-de-vie, l'étoffe ou le bétail, qu'il offre aux chefs, et que ceux-ci généralement acceptent avec empressement, sauf à regretter plus tard le marché, lorsque l'invasion des blancs vient réduire à rien leur pouvoir et leur souveraineté.

Ces chefs, en traitant avec les premiers blancs qui se présentent, croient en effet n'avoir affaire qu'à de simples particuliers isolés; ils s'imaginent introduire dans leurs états des gens qui feront *aller le commerce,* et de plus des magiciens puissants, aussi forts que leurs propres devins, et dont la science leur sera profitable. Ils voient sans trop de défiance arriver une première colonne composée de six à dix chariots, flanqués de cavaliers et accompagnés de troupeaux. Ils se disent : tout cela vient chez moi, tout cela est à moi.

C'était là, évidemment, l'idée de *Dingaan,* roi des Zoulou, frère et successeur de Tchaka le Terrible, lorsqu'il consentit en faveur de quelques Boërs la cession du beau district natalien d'Estcourt, sur les pentes orientales des monts Drakensberg. Le roi et les *Induna* du lieu, fêtés et enivrés, trouvaient l'affaire excellente.

Mais bientôt l'esprit politique du Zoulou eut lieu de se défier : en 1838, Peter Retief, chef boër, accompagné de plusieurs communautés nombreuses et de leurs serviteurs, sous-traita des emplacements dans le territoire concédé. Il passa les montagnes. Son convoi se composait de 610 personnes, y compris les femmes, les enfants, et les bergers de condition servile.

Le cauteleux monarque, légèrement intimidé par la stature gigantesque et les grosses carabines des nouveaux venus, résolut de s'en défaire par la ruse. Pendant qu'ils procédaient à leur installation, ce ne fut autour du camp que chants, danses et feux de joie. Mais une nuit, à la clarté des étoiles, des régiments zoulou secrètement convoqués convergèrent sur la station naissante du *Blau-Kranz-Spruït*, la cernèrent en silence, et détruisirent entièrement par le fer et le feu la troupe et les chariots du malheureux Retief.

Ce n'était point, — comme il l'avait cru, — à des particuliers isolés que Dingaan s'attaquait ainsi. Le massacre d'Estcourt eut un grand retentissement dans tout l'État libre d'Orange, et la guerre allait s'en suivre.

Nous connaissons l'organisation militaire des Zoulou, il nous faut connaître aussi celle de l'État libre d'Orange.

Égalant en étendue un cinquième environ de la France, cette république de paysans comprenait en tout 13 bourgs ou villes, dont la plupart ne comptaient que quelques maisons. La capitale n'avait pas 3.000 âmes. La population, éparse dans 6 ou 7.000 fermes, se compose des solides familles que nous avons déjà décrites; elle s'élève environ à 60.000 blancs, aidés dans leur travail par 70.000 serviteurs hottentots ou noirs, et divisée en *wards*, circonscriptions de vote, de justice et de guerre, dont chacune est présidée par un *veldt-cornet* ou lieutenant rural.

S'il y a une expédition à faire, tout citoyen des districts convoqués est soldat. Sur un décret du président, les *wards* s'assemblent, élisent chacun leur commandant, et ceux-ci réunis élisent l'un d'entre eux pour commandant en chef. C'est ce qu'on appelle un *commando*. Les *commando* sont la force réelle de l'État, dont l'armée permanente se compose de vingt-cinq artilleurs. Nous voilà bien éloignés du militarisme des Zoulou; à l'inverse de ce qui se pratique chez eux, nous trouvons dans l'État d'Orange une société très stable, au sein de laquelle le service militaire est purement accidentel. Mais le milicien boër — son genre de vie habituel en donne la raison — n'a pas d'égal pour la vigueur du corps et la justesse du tir. A cause de la nature des lieux, des énormes distances à franchir, les « commando » sont généralement composés de cavaliers; tous les Boërs ont des chevaux et sont habitués à chevaucher sur le veldt pour surveiller leur bétail. Les grands wagons des fermiers sont aussi de la partie, il faut bien transporter les vivres et les munitions, s'abriter pour le campement.

On remarquera combien cette organisation se rapproche d'une simple convocation de voisins, mandés au secours par un des leurs. Le « commando » n'est en effet que l'extension, sanctionnée par l'État nouvellement créé, de l'acte de voisinage si souvent accompli à l'encontre des hordes hottentotes. C'est une coutume, passée en force de loi, parce qu'une contrainte est devenue nécessaire lorsque les Boërs se sont trouvés aux prises avec les Cafres guerriers, les combats étaient alors devenus plus dangereux, et les occasions plus fréquentes.

Le massacre des compagnons de Retief fut une de ces occasions. Une première colonne de 400 cavaliers, sous les ordres de P. Uyts et J. Potgieter, traversa les cols des Drakensberg, et vint camper près de la rivière Tugela. Attaqués par deux régiments, c'est-à-dire par plus de

7.000 Zoulou, les Boërs en revinrent à la tactique des Germains leurs aïeux : ils se retranchèrent derrière leurs chariots. Par les ouvertures ménagées dans les toiles, et surtout par dessous les wagons, en appuyant les fusils aux rais des roues, ils ouvrirent sur les assaillants un feu meurtrier. Bientôt le long mouvement tournant, dessiné par une des ailes ou *cornes* de l'armée noire, s'arrêta; le centre, décimé, fléchit; et la retraite se décida, un peu précipitée par la crainte d'une poursuite des cavaliers.

C'était pour *Dingaan* deux régiments perdus; il ne fallait plus songer à les ramener contre les terribles wagons; les capitaines et leurs hommes auraient préféré faire un *pronunciamiento*, et seraient partis pour quelque contrée où l'on trouve des ennemis moins rébarbatifs.

L'effet produit chez les Boërs par l'annonce du massacre du *Blau-Kranz Spruit*, avait été tout contraire : cette nouvelle avait déterminé la levée immédiate des « commando »; différence saisissante entre une organisation nationale fondée sur la nature des choses, et un groupement militaire artificiel comme celui des Zoulou.

A peu de jours de distance, arriva une autre colonne de Boërs, forte de 900 hommes, conduite par le président Prétorius, et avec laquelle on avait réussi, à force de patience et d'énergie, à faire passer par-dessus les montagnes une pièce de canon : les vingt-cinq artilleurs de la république avaient été mobilisés. L'armée entière des Zoulou, lancée contre les remparts de chariots, revint plusieurs fois à l'assaut; elle laissa trois mille cadavres sur le champ de bataille, puis s'enfuit en désordre. La puissance de *Dingaan* était détruite.

Deux ans après, plus de mille wagons avaient envahi

le territoire de Natal; l'État d'Orange distribuait les terres, des fermes s'élevaient partout; et les colons hollandais, ayant déposé *Dingaan*, lui donnaient pour successeur son frère *Panda*, souverain d'un caractère plus pacifique, et que d'ailleurs ils tenaient sous leur domination.

Leur race composée de familles stables et fécondes, cimentées entre elles par des institutions simples et naturelles, avait balayé la société artificielle, décousue et stérile des Cafres militaires.

III.

LES ANGLAIS ET LES BOERS [1].

Les fermiers néerlandais organisèrent bientôt à Natal un nouvel État; ils en fondèrent la capitale, qui fut appelée Petermaritzbourg, pour consacrer le souvenir des deux principaux instigateurs de l'expédition. Le fameux canon qui avait traversé le seuil des Drakensberg et mitraillé les Zoulou fut placé en batterie au-dessus de la ville. Mais la nouvelle annexe de la République d'Orange ne devait pas jouir d'une longue durée : l'Angleterre avait jeté les yeux sur la Natalie, et se préparait à intervenir dans ce pays.

Nous venons d'observer les causes qui ont soumis les indigènes aux Hollandais; il nous reste à examiner quelle

---

1. A consulter pour cette section :
Univers pittoresque, t. V, p. 12, 61, 63. — de Hubner, p. 139 à 141, 148. — Leroy-Beaulieu, *La Colonisation*, p. 452; — Cowper-Rose, p. 274; — Levaillant, t. I, p. 59; t. II, p. 31; etc.; — de Weber, p. 10 à 193; p. 176, 196, 204, 205, 206, 212 à 215, 221, 230, 231, 233; — E. Reclus, t. XIII, p. 394, 395, 413, 417, 418, 460, 480, 486, 508, 509, 517 à 521, 514, 515, 525, 528, 564, 587, 593 à 597, 601, 604.

contenance firent ces derniers devant l'envahissement de la race anglo-saxonne.

Après une première occupation en 1795, qui prit fin par la paix d'Amiens, les Anglais s'étaient emparés à nouveau de la ville du Cap et de ses dépendances en 1806, afin de soustraire cette colonie à la domination de l'empire français qui s'étendait alors sur la Hollande. Leur possession fut reconnue par les traités et n'a pas été contestée depuis. Au moment où la puissance britannique se substitua au régime de la Compagnie hollandaise des Indes, les frontières de la colonie avaient graduellement atteint des limites naturelles déterminées par le fleuve Orange au nord, la région brûlée des Nama-Koua à l'ouest, la chaîne des Drakensbergen à l'est. Le territoire ainsi circonscrit était assez étendu pour suffire en ce moment à la population des Boërs, en lui permettant de conserver le genre de travail auquel nous l'avons vu s'adonner : le pâturage sur de vastes espaces, avec demeure fixe et culture rudimentaire.

L'Angleterre est gouvernée par une politique à longue portée. Ses hommes d'état, préparés dès leur jeunesse dans les familles puissantes qui s'élèvent de génération en génération jusqu'au sommet de la hiérarchie sociale, ou sortant d'une bourgeoisie travailleuse dont l'esprit est toujours en éveil sur les questions économiques du monde entier, sont aptes à se bien rendre compte des besoins de leur pays et des moyens d'y satisfaire. Ils cherchent toujours et partout, avec une clairvoyance et une persévérance que les autres nations peuvent qualifier d'astuce et d'avidité, les débouchés de plus en plus étendus qui sont nécessaires à l'émigration bien organisée des cadets de leur race, et aux produits de leur immense industrie. Les nouvelles possessions britanniques de l'Afrique australe leur parurent offrir, dans les interstices des établissements occupés par les Boërs, de nombreux terrains susceptibles d'être mis en valeur en dirigeant de ce côté une partie de leurs émigrants aisés.

Le cadet anglais émigrant comme agriculteur tend à utiliser, pour se faire une position, les capitaux remis entre ses mains par son père; il veut, pour atteindre ce but, choisir des terrains appelés à un bel avenir agricole, et en tirer parti par une culture intensive. Il tient essentiellement, pour cette raison, à ses limites et à tous ses droits. Il s'établit en ménage séparé, ou bien, avant son mariage, forme seulement une association transitoire avec un autre célibataire.

Tout ne devait pas être aisé et agréable pour le nouveau colon anglais, lors d'un premier établissement au milieu des communautés Boërs, liées entre elles par la parenté et par d'antiques relations de voisinage, habituées par là même aux rapports faciles, et se fermant d'instinct devant l'étranger qui apporte avec lui des mœurs dissemblables et un esprit d'innovation. Aussi beaucoup d'Anglais trouvèrent-ils intenable la vie rurale sur le « veldt ». Un certain nombre d'entre eux s'adonna au commerce, les autres cherchèrent de préférence à acquérir des terres dans la région des Boërs cultivateurs, soumise au climat du Cap. Là, ils réussirent à s'implanter en masse compacte, refoulant les agriculteurs de race hollandaise, routiniers, moins capables, et pratiquant, à la dissolution de leurs communautés, le partage égal des successions.

Vers 1830, le gouvernement britannique avait soulevé, pour des raisons de politique utilitaire et sous couleur d'humanité, la question de la liberté des noirs. En appliquant à la colonie du Cap le bill du 1ᵉʳ août 1834 sur l'émancipation, il pensa atteindre deux résultats à son avantage : faciliter le placement de ses coolies indiens, et troubler dans leurs vieilles habitudes les communautés hollandaises. C'était mettre le comble à une série de mesures restrictives, tracassières, vexatoires, employées déjà vis-à-vis de ces communautés : « *opprimamus eos sapienter* », disaient les conseillers de Pharaon.

Des symptômes de mécontentement se manifestèrent : le gouverneur arma et caserna alors des corps de « volontaires » hottentots, pour réprimer toute tentative violente. Armer contre eux la race servile de leurs bouviers, c'était pour les Boërs à la fois une menace inquiétante et le dernier des outrages.

Ruinés en partie par l'application du bill d'émancipation, se considérant en outre comme menacés et insultés, les colons hollandais, suivant l'état de leurs affaires, suivirent deux partis différents. Les uns restèrent dans la colonie anglaise, gardant au cœur une de ces inextinguibles rancunes que la tradition conserve si bien dans les milieux patriarcaux. Les autres passèrent l'Orange avec leurs troupeaux, emmenant leurs serviteurs hottentots, et fondèrent hors du territoire britannique l'État libre d'Orange.

Comment ces colons se sont-ils laissés si facilement soumettre ou déposséder? Ils composent encore aujourd'hui les deux tiers de la population blanche dans la colonie; la proportion en leur faveur était alors au moins aussi forte. Ils fournissent des miliciens hors ligne, nous en avons montré les preuves. Et cependant ils ont dû s'incliner ou fuir. Quelle en est la raison? C'est le problème social qui se pose ici devant nous. Pour le résoudre avec méthode, prenons notre point de départ dans les circonstances du *travail* et les effets qui en résultent directement.

Ainsi que nous l'avons observé, le travail des communautés boërs donne largement satisfaction par ses produits aux besoins de leurs membres; il fournit en abondance le lait, la viande, la graisse, la laine, les cuirs, le combustible même des pays de steppes. Il produit en quantité suffisante le grain nécessaire à cette race « carnassière ». Mais le Boër ne cultive pas plus de blé qu'il n'en faut pour la provision de la famille : dans ces campagnes immenses, à population très clairsemée, il n'existe ni routes carrossables ni marchés; du reste, pour une grande entreprise de défrichement, il faudrait de l'eau et des bras, qui manquent.

Ce genre de travail n'engendre pas la richesse. D'autre part, le paysan y conserve assez de loisirs pour exercer lui-même tous les arts usuels dont il peut avoir besoin; en même temps qu'éleveur et laboureur, il est tout à la fois jardinier, charpentier, forgeron, carrossier, architecte, tailleur, cordonnier, etc. Aussi les agglomérations sont-elles très rares et minimes, et le grand commerce est absent. Le Boër n'a ni procès à soutenir, ni liquidations complexes à établir; chez lui, les hommes de loi ne feraient pas leurs frais.

La conséquence de tout ceci, c'est que les familles restent toutes au même niveau, qu'elles n'ont que des intérêts peu compliqués et égaux, d'autant plus que leur coutume admet le principe du partage égal, quand la communauté se liquide. C'est l'usage de toutes les races en communauté; mais il est vrai de dire que la plupart du temps une communauté nouvelle reforme à peu près l'unité dissoute. En un mot les Boërs sont dans des conditions qui conviennent à un régime démocratique, on ne voit point se constituer parmi eux une aristocratie.

Les familles vivant sous un régime démocratique, *dans les conditions normales où il doit s'établir*, jouissent certainement d'une heureuse tranquillité et d'une grande indépendance. Mais une race ainsi constituée peut être facilement prise au dépourvu, lorsque des circonstances se produisent, qui exigeraient de sa part une politique très prévoyante et très perspicace, une action intense et immédiate, en un mot l'effort qui ne peut être obtenu qu'au moyen de cadres bien préparés, spécialisés, et de contraintes multiples.

On connaît au contraire la constitution aristocratique de l'Angleterre, si bien décrite par Le Play, l'aptitude des Anglais aux grandes affaires du commerce universel, et par suite la politique à vues prévoyantes et continues qui donne à leur gouvernement une si grande prépondérance dans les questions qui s'agitent sur tous les points du globe.

Les Boërs, au moment même où une colère très justifiée grondait dans leurs cœurs, ont saisi, avec le bon sens habituel des paysans, leur infériorité vis-à-vis du gouvernement britannique : rien de préparé, pas de direction, pas de chefs capables de conduire et de se faire obéir. Ils ont compris ; et au lieu de tenter une résistance trop hasardeuse, ceux d'entre eux qui pouvaient quitter le pays ont préféré se soustraire par l'émigration à un régime de contrainte qu'ils ne voyaient pas d'autre moyen de secouer. Ils ont d'autant plus facilement pris ce parti, qu'ils n'avaient que très faiblement approprié le sol par la culture. Pour retrouver ailleurs ce qu'ils abandonnaient, il suffisait de quelques journées de voyage, et de la construction d'une nouvelle digue.

Cet exode, connu dans l'histoire de la colonie sous le nom de grand *trek* ou grand voyage, donna naissance à l'État libre d'Orange. Parvenus sur les territoires exempts de la domination anglaise, les Boërs émigrants eurent à procéder à l'éviction de quelques peuplades cafres, Betchuana ou Waalpens, éparses à d'assez grandes distances les unes des autres. Ces opérations, accomplies en partie au moyen d'indemnités, en partie par les armes, nécessitaient un groupement sérieux, un pouvoir central.

Nous ne trouvons point à l'origine de cet état le fameux Contrat social, mais simplement la consécration par les faits d'une constitution démocratique imposée par les conditions du lieu et du travail. De même que l'organisation des « commando », celle de la société civile sortit tout naturellement des coutumes antérieures de la race; les voisinages se réunirent en districts, choisirent des délégués, et ces délégués eux-mêmes élirent un président.

Rien n'était plus conforme aux traditions que les ancêtres des Boërs avaient apporté de leur mère-patrie. « La grande étendue des prairies, dit E. Reclus,... ne laisse de la région fertile de la Hollande qu'un espace étroit aux champs labourables... La partie cultivée de la Marche, connue sous le nom de *Esche*, c'est-à-dire *terre nourricière*, ne forme qu'un vaste champ sans un seul chemin qui le traverse; de sorte que les propriétaires doivent labourer, semer, moissonner en même temps, pour ne pas endommager les récoltes les uns des autres. Quoique formé de propriétaires ayant des intérêts distincts, le corps collectif des exploitants s'appelle *De Boër, le Paysan*, comme s'il n'était qu'un seul individu. Il constitue d'ailleurs une commune dans la commune, gérant ses propres affaires, élisant librement ses délégués. Naguère, au signal du cor, ceux-ci se réunissaient en plein air, à l'ombre des chênes, sur une aire gazonnée[1] ».

Après l'envahissement par les Boërs du pays de Natal, l'intervention anglaise vint encore se produire dans cette contrée, sous couleur de philanthropie : il fallait protéger les Cafres contre la cruauté des Hollandais esclavagistes, et ensuite défendre les Hollandais contre la férocité des Zoulou. Là encore la politique de l'Angleterre obtint un succès, les mêmes causes que nous avons déjà exposées produisirent les mêmes effets. En 1848, un nouveau *trek* commença à travers les Drakensbergen; cette fois en vue du Transvaal, vaste et fertile plateau où s'étaient déjà rendus, dix ans auparavant, quelques fermiers sous la conduite d'un aventureux colon de race française, Louis Trichard.

Ces éclaireurs de la société Boër avaient eu affaire, dès leur arrivée, et sur le territoire où s'élève la ville de Potchefstroom, aux Cafres *Matébélé* et à leur chef, « l'un des plus redoutables *mangeurs de peuples* qu'il y eût alors dans l'Afrique australe ». Après des luttes terribles où ils subirent de grandes pertes réparées par les nouveaux contingents d'immigrants qui arrivaient chaque année, ils ne constituaient encore, à l'époque où l'État libre d'Orange fut supprimé par les Anglais, qu'« une petite république d'aventuriers errants, vivant sous la hutte de branchage, et cheminant, le fusil toujours en main, à la suite de leurs troupeaux[2] ». L'entrée en masse au Transvaal des fugitifs d'Orange, conduits par leur président Prétorius, dont les Anglais avaient mis la tête à prix, fonda définitivement le nouvel État du Transvaal, qui fut reconnu peu de temps après par le gouvernement

1. E. Reclus, t. IV, p. 322, 325.
2. *Ibid.*, t. XIII, p. 593, 594.

Britannique lui-même : les Anglais avaient fait place nette jusqu'au Vaal, c'était tout ce qu'ils voulaient.

Ils ne purent cependant garder leur conquête, et bientôt l'État d'Orange revint à l'indépendance. Entre cet état ressuscité et le Transvaal, tout est commun : la forme gouvermentale, la langue, les mœurs. Cependant ces deux républiques n'ont pas opéré leur fusion. C'est bien là le propre du régime patriarcal démocratique des Boërs; il tend à former de petits états, de petits groupements qui ne sont qu'une extension des faits de voisinage entre gens ayant des situations égales et des intérêts peu compliqués; non à constituer des puissances ayant un rôle politique important à remplir, les Boërs ne sont pas préparés à ce rôle.

Sur le plateau du Transvaal, le climat n'est plus celui de l'Orange. Les pâturages y sont inférieurs; en revanche, il y a toujours de l'eau dans les ruisseaux, et la terre, féconde en céréales, donne des rendements en grain véritablement extraordinaires. Le blé de Prétoria est primé dans tous les concours; le tabac du Transvaal est très recherché pour l'exportation. Il y a là pour les Boërs une cause de transformation par l'enrichissement, qui est aggravée encore par les riches gisements aurifères découverts sur le territoire de cette petite république.

Mais parmi les communautés de colons hollandais, il y en a un certain nombre d'une solidité, d'une rigidité à toute épreuve. Ce sont des familles enfermées dans la tradition, n'admettant aucun changement, pas même dans la coupe des habits, repoussant avec abomination les livres et les journaux, et conservant avec ténacité le plus pur rigorisme calviniste. Elles forment une sorte de secte connue sous le nom de *Doppers*. Plutôt que de subir le contact des nouveautés, auquel les expose la transformation de leurs voisins enrichis par la culture en grand et le commerce, plutôt que de renoncer au traditionnel pâturage *qui les a fait ce qu'elles sont*, elles ont pris un parti héroïque : l'abandon de leurs établissements déjà créés, et la recherche au loin, à travers les solitudes, d'un pays de pâturages propre à les recevoir.

Remonter vers le nord est difficile, à cause de la mouche tzétzé qui infeste les bords du Limpopo sur une largeur variant de 10 à 150 kilomètres; c'est vers l'ouest que s'acheminent en longues files les wagons et les bestiaux des rigides patriarches *Doppers*. Leur *trek* s'est déroulé pendant sept ans à travers les déserts et les pâtures insuffisantes; ils ont traversé l'Afrique australe de part en part, de l'est à l'ouest. Du Transwaal au lac Ngami, et de ce point au Cunéné, les émigrants patriarcaux ont parcouru plus de 2.000 kilomètres. Parvenues enfin, en 1880, sur les territoires portugais de l'ouest, au pays des Ovambo, une quinzaine de communautés s'arrêtèrent pour fonder la petite république d'*Upingtownia*. Elles ont marché longtemps et supporté bien des misères; mais sont enfin arrivées à retrouver le climat et l'isolement qui leur conviennent. Dans leurs nouvelles résidences, ces familles de l'antique modèle Boër peuvent encore se partager le territoire en lots de 2.400 hectares, chasser le gros gibier, mener la vie pastorale, en ne demandant au labourage que le strict nécessaire.

On voit qu'il y a encore de beaux jours pour l'expansion de la race hollandaise. Tout concourt à la pousser en avant dans l'Afrique australe : elle est parfaitement acclimatée, nombreuse et féconde, assise sur la tradition; elle ne trouve, en voyageant de pâturage en pâturage, que très peu de causes modificatrices; et s'il s'en rencontre, elle renferme des éléments auxquels la fuite de ces occasions communique un élan nouveau.

En outre de cette extension directe de leurs territoires, les Boërs ont peuplé d'une autre manière, par leurs métis, une assez grande partie de la région des *territoires de chasse*. Ces métis, qui portent le nom de *Bastaards* ou *Grikouas*, ont été généralement, dans les contrées acquises aux Boërs, l'objet d'une certaine défaveur ; leur situation inférieure en a rejeté un grand nombre sur les bords du désert Kalahari. Formant, à l'exemple des Boërs et des Hottentots, leurs ancêtres, des communautés nombreuses, ils s'établissent à peu près sédentaires auprès d'un étang naturel ou d'une forte source. La culture leur est impossible à cause du climat ; ils tirent leurs ressources de la chasse et du pâturage. Quelques communautés de Bastaards ont formé de petits états, entre autres celui qui a vendu à la colonie anglaise le Grikoualand, la terre des diamants. Voici par exemple l'établissement de Dirk Verlander, un chef Grikoua visité en 1885 par le voyageur Farini. Installé dans une maison du type boër, près d'une belle fontaine, sur un terrain rocheux où l'on trouve l'eau en creusant, Verlander a vu se réunir autour de lui quantité de ses congénères plus ou moins foncés, généralement chasseurs, peu prévoyants et n'ayant pas réussi. Ils ont créé ainsi une sorte de principauté, dont son bourg, appelé *Mier*, est la capitale. Verlander avait près de lui comme secrétaire intime et ministre des affaires étrangères un Anglais qui, lui non plus, n'avait pas réussi. Le chef Bastaard n'a qu'une idée fixe : vendre au gouvernement du Cap, ou à un traitant quelconque à la recherche de placers, la contrée qu'il prétend lui appartenir, moyennant la livraison d'une quantité de moutons, et d'un certain nombre de fusils avec leurs munitions. Au moyen de ces armes et de ce bétail, la communauté Verlander, abandonnant le terrain cédé, se transporterait tout simplement plus à l'ouest, dans les *territoires de chasse*, en refoulant les Bushmen ; ceci est chose facile pour les Bastaards à cause de leurs groupements nombreux. L'opération peut se recommencer plusieurs fois, et livrer ainsi un pays vacant à des émigrants possédant des ressources. Avec les facilités qu'offre maintenant, pour la captation des eaux, le développement des arts mécaniques et des sciences naturelles, avec l'abondance des capitaux anglais disponibles, l'invasion du Kalahari et sa mise en valeur sur un grand nombre de points est chose possible.

Voilà donc dans les trois régions de l'Afrique australe, ou des *Déserts du sud*, les races indigènes repoussées ou dominées par les émigrants venus d'Europe. Je crois avoir montré la raison de cette supériorité des blancs, elle s'explique par la formation sociale antérieure qu'ont reçue les familles immigrantes, et par les déformations en sens contraire dont l'effet nous est apparu chez les Hottentots, les Cafres et les Bushmen.

Sur le cadre historique dans lequel se meut la colonisation anglo-hollandaise, nous avons fait ressortir le rôle social joué par chacun de ces éléments. Nous sommes en état de conclure par le seul résumé des faits.

Soutenus par les deux grands principes d'où peuvent découler l'existence de la continuité des sociétés humaines, — le lien du sang et l'appropriation de la terre, — les Boërs se sont trouvés, dans l'Afrique australe, soumis à des conditions de vie qui ne les ont pas modifiés.

Les Hottentots nomades n'ont pu résister aux Boërs,

parce que leurs communautés, basées seulement sur les liens de parenté, dénuées des éléments de force qui se tirent du voisinage et de la propriété, n'arrivèrent pas à se réunir pour s'opposer d'ensemble à la réduction de leurs parcours.

Malgré leur vaillance et leur ingénieuse tactique, les Cafres militaires, déformés par la traversée de la zone montagneuse, ont dû céder les territoires conquis et dépeuplés par eux aux rejetons des fécondes communautés boërs, aux miliciens des petits états démocratiques constitués par le jeu normal des forces sociales. Les Bushmen, absolument émiettés, se verront probablement traqués dans leurs territoires de chasse par les Bastaards ou métis hollandais.

La race hollandaise de l'Afrique australe est donc particulièrement apte à déposséder et à soumettre les indigènes dans les *Déserts du sud*, et à peupler ces immenses solitudes où tant d'hommes peuvent trouver des moyens d'existence.

Mais, de même que les anciens habitants et les Bastaards eux-mêmes sont refoulés par l'élément hollandais pur; de même les colons boërs, amenés par leur genre de travail, leur mode d'existence et leurs traditions patriarcales au régime des petits États démocratiques, peuvent difficilement lutter contre les émigrants anglais; ils se retirent ou se soumettent devant ces pionniers venus après eux, mais soutenus par la puissance que leur donnent leurs aptitudes individuelles aux grandes affaires, et le gouvernement d'une solide aristocratie.

CHAPITRE V

LA ZONE ÉQUATORIALE DU CENTRE.

I.

LA CHASSE.

Les populations africaines dont nous nous sommes occupés jusqu'ici s'adonnent à l'art pastoral, et se modifient suivant les variations que la nature diverse des lieux imprime à ce travail. Dans la zone où nous allons pénétrer maintenant, une modification encore plus radicale atteint les noirs. Ici, les grands auxiliaires de l'homme, le cheval, le chameau, le bœuf, disparaissent; quelques chèvres disséminées dans de rares localités, ailleurs quelques chiens, des volailles, composent toute la liste des animaux domestiques.

La cause de ce phénomène, nous l'avons dit précédemment, c'est la mouche *tzétzé*, mortelle au bétail. « La mouche *tzétzé*, dit Livingstone, n'est pas beaucoup plus grosse que la mouche commune; elle est brune, à peu près de même nuance que l'abeille ordinaire, et porte sur la région postérieure de l'abdomen trois ou quatre raies jaunes transversales. D'une vivacité remarquable, (ses ailes sont plus longues que son corps), il est très difficile de la saisir avec la main pendant le milieu du jour; le soir ou le matin, la fraîcheur de la température lui enlève une partie de son agilité. Quiconque voyage avec des animaux domestiques n'oubliera jamais le bourdonnement particulier de la tzétzé, quand une fois il lui est arrivé de l'entendre, car la piqûre de cet insecte venimeux est une cause de mort certaine pour le chien, le bœuf et le cheval[1]. » Le docteur a perdu en un court voyage quarante-trois beaux bœufs, malgré toute sa surveillance, et sans s'être presque aperçu de la présence des insectes.

La piqûre de la tzétzé agit par un empoisonnement du sang, dont l'homme est indemne. Chez le bœuf, l'effet ne s'en révèle que quelques jours après, par la sécrétion d'un mucus abondant des yeux et du mufle, des frissons, l'enflure des glandes sous-maxillaires. Puis l'amaigrissement très rapide survient avec la diarrhée; l'animal ne mange plus, et meurt complètement épuisé, ayant conservé si peu de sang, que c'est à peine si les mains en sont tachées pendant la dissection.

La limite d'habitation de la tzétzé est parfaitement nette et déterminée; les naturels indiquent sans erreur à l'étranger telle rivière, tel bouquet de bois ou de broussailles, comme une frontière que l'insecte ne dépasse jamais[2].

Cette frontière englobe des territoires immenses, ceux compris dans « le bassin conventionnel du Congo » fixé par la conférence de Berlin, défalcation faite du bassin secondaire du Tanganyka; le bassin de l'Ogooué, le versant du golfe de Guinée jusque vers le confluent du Niger et de la Bénoué; le pays du haut Nil-Blanc jusqu'à Mekra-

---

1. Livingstone, p. 95.
2. Voir Livingstone, p. 92 à 95, 84, 242, 244, 258, 292, 377, 392, 553, 556, 577, 594, 600, 626, 637, 639, etc.; — E. Reclus, t. X, p. 28, etc.

El-Kek. Elle s'avance au sud jusqu'au Zambèze. La zone infestée par la tzétzé embrasse dans sa plus grande longueur près de 30 degrés de latitude, et 20 degrés de longitude dans sa largeur moyenne : un tiers de l'Afrique, ou environ dix millions de kilomètres carrés, étendue égale à celle de l'Europe.

Voilà donc une portion notable de la terre habitée, sur laquelle l'homme est obligé de vivre sans le secours des principaux animaux domestiques; secours qui presque partout est requis à un certain degré, pour les travaux de simple récolte ou pour ceux d'extraction, pour la fabrication ou pour les transports.

Nous devons rencontrer là une organisation sociale particulière.

La tzétzé ne cherche pas à agrandir son empire au détriment des « nègres à bétail » qui l'entourent de toutes parts sur sa limite terrestre. Ceux-ci, de leur côté, doivent également respecter la limite sous peine de perdre leurs troupeaux. Une population vivant du bétail ne saurait s'installer à demeure dans la sphère d'action d'un ennemi aussi agile, aussi insaisissable que la terrible mouche, et exposer ses moyens d'existence aux effets de l'infaillible venin dont cet ennemi est armé. Les peuplades qui ont franchi cette frontière sont celles qui, n'ayant pu se maintenir dans les zones voisines, ont été rejetées dans la zone de la tzétzé; elles se sont nécessairement *transformées* quant à leurs moyens d'existence.

Comment remplacent-elles les ressources qu'elles tiraient autrefois des grands animaux domestiques?

La tzétzé ne pourrait longtemps vivre et multiplier, aux dépens *des animaux qu'elle détruit*, elle serait promptement éliminée par sa propre action. Mais les gros animaux sauvages résistent à son venin, et elle vit spécialement sur le buffle et l'éléphant, qui n'en paraissent nullement incommodés. Ces deux extrêmes du monde animé, le gros mammifère et la mouche, se prêtent un mutuel concours, à tel point que les voyageurs supposent la présence de la tzétzé liée à celle de l'éléphant, et que la tzétzé porte le nom de *mouche de l'éléphant*[1]. En effet, le cuir épais des grands pachydermes repousse les efforts des parasites ordinaires ; il réserve à la trompe aiguë, trifide et longue de la tzétzé la provision considérable de sang nourricier qui circule sous sa dure enveloppe. D'autre part, en préservant de la dent du bétail et de l'atteinte des pasteurs les fruits et les jeunes pousses de la forêt, les baies des broussailles et l'herbe des clairières, la mouche mortifère assure aux animaux sauvages qui la supportent des vivres abondants et des retraites solitaires. Toutes les sortes de gibier profitent des réserves créées par la tzétzé, et principalement le grand gibier, qui s'alimente des ressources dont vivrait le bétail domestique.

Ainsi la tzétzé garde, contre l'invasion des races domestiquées, le domaine des bêtes sauvages, des animaux de chasse. Pourrait-on imaginer un agent mieux approprié à la transformation des *nègres à bétail* en *nègres chasseurs* ?

C'est donc la *chasse*, et spécialement la chasse aux grands animaux, qui sera appelée à combler le déficit causé par la disparition du bétail dans les ressources des noirs rejetés hors des régions de pâture. C'est le travail attrayant de la chasse qui va, dans l'ensemble de la zone du centre, déterminer et modeler l'organisation sociale.

1. Voir Livingstone, p. 292, 293.

1[1].

En vertu même de la forte consommation des produits du sol qui lui est nécessaire, le grand gibier est assez rare. Bien des jours se passent sans qu'une proie importante, comme le buffle ou l'éléphant, puisse être éventée et abattue par les chasseurs. Pour ces jours-là qui sont les plus nombreux, une fois la provision consommée, il faut en revenir à la chasse de détail, à la poursuite des animaux timides et de petite dimension; tels sont, par exemple, et pour éviter une énumération inutile, l'antilope et le phacocère parmi les quadrupèdes, et parmi les oiseaux la pintade, extrêmement commune et qui est la ressource des voyageurs.

C'est à l'exercice journalier de ce genre de chasse que la première des associations, la famille, devra emprunter sa forme. Les effets sociaux produits par la poursuite du petit gibier sont en grande partie les mêmes, dans les deux bassins équatoriaux du Congo en Afrique et de l'Amazone en Amérique, et au sein des forêts de la zone montagneuse, où nous avons déjà décrit ce genre de travail; l'imprévoyance, la supériorité accordée à la jeunesse sur la vieillesse, le développement de l'individualisme et le relâchement du lien familial; la polygamie,

---

1. A consulter pour cette section :
Livingstone, p. 301 à 303; 306, 315, 320, 332, 339, 353, 568, 577, 614 à 617, 620, 623, 625, 635, etc.; — Schweinfurth, t. I, p. 22, 23, 174, 404 à 406, 464; t. II, p. 23, 127, 168, 199, 269, etc.; — Serpa-Pinto, t. I, p. 31, 33, 225, 396; t. II, p. 21, 23, 114; — E. Reclus, t. X, p. 32, 155, 162, 283; t. XIII, p. 294, 661; — Cameron, p. 34, 233, 250, 260, 283, 287, 317, 321, 322, 327, 384, 402, 403, 522, etc.; — Stanley, *A Travers le continent mystérieux*, t. I, p. 221, ch. i à x; t. II, p. 21, 23, 114; — Marquis de Compiègne, *Gabonais*, p. 169; — Casati, p. 102, etc.

la culture par les femmes, l'indifférence du père à l'égard des enfants, l'attachement de ceux-ci à leur mère.

Mais lorsqu'on observe l'*art nourricier* d'une société, chaque détail a sa valeur. Nous venons de voir que la chasse au grand gibier est importante dans la zone équatoriale africaine : elle aussi a marqué sa trace dans l'organisation sociale des habitants. Ceux-ci sont appelés à poursuivre des animaux dangereux, dont la plupart vivent en troupe, ou sont de taille à se défendre : le buffle farouche, le rhinocéros irascible, tous deux bien armés; le lourd hippopotame, et surtout le gigantesque *éléphant*, le principal animal de chasse de l'Afrique.

D'une stature et d'un poids énormes, muni de défenses longues et meurtrières, rapide à la course et se rassemblant souvent en groupes nombreux, le colosse des forêts africaines doit être classé au nombre des animaux dont la capture est des plus difficiles et des plus périlleuses.

On chasse l'éléphant de plusieurs manières. Chez certaines peuplades, en particulier les *Djour*, on creuse au pied d'un arbre nommé *eglik*, dont les feuilles sont très recherchées par l'éléphant, une fosse proportionnée à la grosseur de l'animal, et qui est recouverte de branchages, de pailles et de feuilles. Une fois le gibier tombé dans la fosse, on le laisse s'affaiblir par le jeûne, et on le tue ensuite à coups de lance. D'autres emploient contre l'éléphant des armes empoisonnées. Les Niamniam ou *Sandeh*, incendiant périodiquement leurs savanes, réservent sur certains cantons les hautes herbes, qui doivent servir de retraite aux éléphants; ce sont les herbes gigantesques des pays équatoriaux, grosses comme de forts roseaux et hautes de six pieds. Des traqueurs rabattent le gibier vers ces réserves qui sont ensuite elles-mêmes brûlées, et les éléphants, affolés par la flamme, aveuglés par la fumée, sont attaqués à leur sortie par les chasseurs.

Plus audacieuse est la méthode employée par les gens du sud, encore imbus de la formation militaire des Cafres. Livingstone a décrit une chasse à l'éléphant entreprise par ses convoyeurs *Makololo*. Partis dès l'aube en longue file, ils arrivent près de l'animal au moment où celui-ci procède à sa toilette matinale, plongé dans une mare vaseuse. Cernée par ses ennemis, suivant la tactique de guerre, la pauvre bête entend tout à coup retentir de tous côtés les sifflements et les cris des chasseurs, « dont les uns soufflent dans un tube, les autres dans leurs mains jointes », ou hurlent la complainte de circonstance :

« O chef, nous sommes venus pour vous tuer.

« O chef, comme bien d'autres, vous allez mourir. »

Puis lorsque les assaillants ont pu s'avancer, en suivant l'animal abasourdi, presque à une vingtaine de pas, les assagaies volent de toute part. Poursuivant toujours l'éléphant, on l'accable de nouvelles blessures, jusqu'à ce qu'il succombe, hérissé de traits, à la perte de son sang, non sans avoir chargé plusieurs fois ses ennemis.

Il faut être *nombreux* pour creuser l'énorme fosse des Djour; *nombreux* aussi doivent être les traqueurs sandeh, et les hardis lanceurs de traits du haut Zambèze. Un groupement en *bande* ou *peuplade* est donc nécessaire.

Ce groupement se fait en dehors des liens du sang; car les familles sont déjà désorganisées à l'avance, soit antérieurement à leur refoulement dans les forêts équatoriales, soit par la pratique journalière de la chasse au petit gibier.

La famille ainsi désorganisée n'a pas d'action sur les

individus qui composent la bande; elle ne peut non plus leur assurer aucune protection contre le chef auquel les soumettent les nécessités de leur travail. Ce chef est naturellement vigoureux, et l'habitude du péril lui inspire le mépris de la vie d'autrui. D'ailleurs, partout où il faut agir en nombre et en armes, pour une expédition dangereuse, la discipline doit être sérieuse et la contrainte inexorable. Le pouvoir absolu du chef ne souffrira donc aucune résistance et ne rencontrera aucune opposition.

L'opération initiale, pour la chasse à la grosse bête, est le rassemblement des chasseurs. Ici, c'est par le *son* que s'opère la transmission des ordres. Le *son* voyage beaucoup plus vite que les messagers, et, dans un pays forestier, il arrive beaucoup plus sûrement que les signaux optiques. On doit choisir pour signal un son qui se distingue nettement, soit des cris des animaux sauvages, soit des bruits claquants, gémissants ou sifflants que l'on entend dans les bois.

Chaque clairière renferme un village plus ou moins nombreux, et les villages relèvent d'un chef, qui possède près de sa case un ou deux énormes tambours, abrités sous un hangar. Ces instruments sont généralement fixés à demeure, soit suspendus entre deux grands arbres, soit posés sur un socle en bois. Leur construction, variable dans la forme, repose sur une donnée constante : c'est toujours un gros bloc de bois évidé, sur l'extrémité libre duquel est tendue une peau préalablement assouplie. Des images de ces tambours de différentes formes ont été rapportées par tous les voyageurs.

On réveille la sonorité de cet instrument en le frappant, soit avec les poings, soit avec des baguettes garnies d'un tampon de cuir ou de caoutchouc. Lorsque l'appel du chef supérieur retentit dans la forêt, il est immédiatement répété au loin par le tambour de chaque village, et bientôt la troupe entière est ralliée au centre commun. Une fois la chasse commencée, la bande et ses diverses sections sont dirigées par les chefs, hors de la portée de la vue, par les batteries de tambours portatifs.

N'est-ce point à des circonstances de lieu analogues, que les habitants de certaines contrées européennes, jadis couvertes de forêts, ont dû l'usage des tambours employés dans leurs armées? Rien ne ressemble plus au tambour-major de nos régiments, que le chef de chasseurs noirs, dépassant ses hommes de toute la hauteur de sa tête empanachée, couverte d'ornements de métal ou d'ivoire, et brandissant sa lance pour donner le signal des diverses batteries.

Décorés, à cause de leur destination première, de fourrures, de griffes et de dents d'animaux, teints du sang du gibier, les gros tambours-fétiches des chefs ont encore d'autres usages que celui de la chasse; par des batteries différentes, ils rassemblent aussi les hommes pour la danse et la palabre, et pour la guerre.

On comprend que les peuplades de chasseurs, conduites et groupées comme nous venons de le dire, sont loin de vivre toujours en paix. Le gibier se déplace devant la poursuite acharnée dont il est l'objet, l'éléphant devient rare, disparaît presque dans certains cantons, précisément ceux qu'habitent les chasseurs les plus intrépides et les mieux commandés. L'occupation par ceux-ci de nouveaux territoires, la rencontre des bandes, les griefs fréquents que ces hommes violents ont à élever les uns contre les autres, la disette enfin, mauvaise conseillère, toutes ces occasions sont des causes de guerre; et la crainte des invasions est si justifiée, si répandue, qu'on se réunit immédiatement dès que l'approche d'étrangers est signalée.

Le roulement sinistre des tambours de guerre a souvent jeté l'alarme dans les cœurs intrépides de nos récents explorateurs. Appelant aux armes « tous les indigènes éloignés, ceux qui chassaient dans les bois ou pêchaient dans les criques [1] », leur tonnerre a poursuivi Stanley pendant la moitié de sa navigation sur le Congo.

Ainsi les chefs de chasseurs deviennent chefs de guerre, les bandes de chasseurs deviennent des troupes de guerriers. La guerre est pour ainsi dire perpétuelle de village à village. Disons de suite que chez de nombreuses peuplades du centre de l'Afrique, adonnées au cannibalisme, ce développement vers la guerre des institutions créées pour la chasse est des plus obvies. La guerre, pour ces peuplades, est en réalité une chasse, et c'est en criant *Bobo, Bobo* (viande, viande), qu'elles se jettent sur l'ennemi ou sur l'étranger.

Quand il ne s'agit que de l'éléphant, la chasse donne encore lieu à une autre opération qui appelle la présence du chef : le partage de la proie.

La quantité de graisse et de viande que fournit un éléphant abattu est énorme. On utilise la graisse comme condiment, et comme onguent destiné à remplacer les vêtements chez ces peuples, dont la peau est toujours exposée aux intempéries ou au soleil. Pour la viande, d'abord divisée en lanières, elle est ensuite boucanée, c'est-à-dire séchée au feu de manière à la rendre transportable, et à la conserver le temps nécessaire à sa consommation. Une part revient à chacun des chasseurs; la part du chef, fixée par l'usage au tiers ou à la moitié,

---

[1] Stanley, *A Travers le continent mystérieux*, t. I, p. 251.

est toujours une grosse provision, destinée à l'entourage immédiat du roitelet. Livingstone rencontra un chef *Am-bonda* revenant de chasser l'éléphant avec ses villageois, il était suivi de vingt-quatre porteurs ayant chacun une lourde charge de viande séchée. On prélève aussi pour le chef une portion des entrailles, mets recherché, un pied, une oreille, morceaux délicats; et enfin l'*ivoire*. C'est l'ivoire qui est « la part du lion. »

La production de l'ivoire est spécialement développée dans la zone équatoriale africaine, où l'éléphant prospère sous la protection de la tzétzé, et où ses défenses, atteignant jusqu'au poids de 80 kilogrammes, sont incomparablement plus riches que celles de son congénère de l'Inde ou de Ceylan. Le commerce de l'ivoire est fort ancien; Salomon et Hérodote le mentionnent, comme pratiqué de temps immémorial par les Hébreux, les Phéniciens et les Grecs. De nos jours comme autrefois, c'est l'ivoire qui attire en Afrique les caravanes lointaines.

Il est échangé contre les coquilles monétaires, les verroteries, les métaux en fils ou en barres, les étoffes d'Europe ou d'Amérique, les armes et munitions, tous articles dont le cours d'échange règle les transactions relatives aux denrées.

Sauf de très rares exceptions, l'ivoire, dans l'Afrique centrale, est toujours *aux mains des chefs*. Ce monopole les investit en fait d'une puissance analogue au « droit de battre monnaie. » Leur influence sur les membres de la peuplade en est fortement augmentée, et il en résulte de fort graves conséquences.

En effet, l'imprévoyance naturelle aux chasseurs, et la fréquente apparition de la disette, font naître pour les chefs une foule d'occasions d'utiliser la richesse que leur procure l'ivoire, en achetant des denrées; ils les revendent en cas de famine aux hommes et aux femmes de leur village, dont ainsi ils se rendent maîtres; ils peuvent surtout très souvent se faire céder des enfants. Les caravanes fournissent un débouché assuré pour les esclaves que le roi n'utilise pas directement. En outre, les traitants, une fois rendus dans le pays pour acheter l'ivoire, peuvent facilement s'emparer des individus isolés errants dans les bois; ou, grâce à la supériorité des armes et de la tactique, profiter des guerres incessantes entre les peuplades pour faire en grand des razzias d'esclaves.

C'est dans le commerce de l'ivoire qu'il faut chercher l'origine de la traite des noirs. Les populations de chasseurs, en Gaule, en Bretagne, en Germanie, ont aussi dans l'antiquité fourni des esclaves; mais on ne vendait généralement que des prisonniers de guerre. Les chefs de ces populations n'avaient pas en mains un moyen de domination sur leurs sujets, d'attraction pour le commerce, comparable au monopole de l'ivoire. Aussi nulle part la servitude et la traite n'ont acquis l'extension qu'elles ont atteint en Afrique, soit anciennement, soit de nos jours.

Voilà donc où aboutit, dans l'Afrique centrale, l'influence du travail de la chasse, auquel les peuplades sont contraintes de se livrer; elle modifie la constitution de la famille et des autres groupements sociaux, dans le sens de la servitude. Mais ce n'est pas tout, cette influence atteint encore les croyances, le culte en usage au sein de ces populations.

2[1].

Si l'on considère la « carte des Religions » pour l'Afrique, on aperçoit de suite que l'aire de l'islamisme s'étend sur la *zone des déserts du nord*, et se limite sensiblement aux mêmes points que cette zone parcourue par les pasteurs nomades ou peuplée de sédentaires issus de leurs tribus. C'est que l'islamisme est une *religion de pasteurs nomades*, par ses prescriptions accommodées à la famille patriarcale. Il convient à l'enfant du désert par sa doctrine fataliste : né au sein d'une vaste communauté qui le protège, mais à laquelle il ne peut échapper; trouvant dans la production constante de la steppe une ressource assurée, mais qu'il ne peut accroître, l'Arabe des différentes régions perçoit très nettement l'existence des lois providentielles et leur irrésistible application. Ainsi se forment les musulmans exaltés de l'Afrique, connus sous le nom de *Takrour* ou Soudaniens. Ils sont noirs de peau, mais ce sont des Arabes pasteurs ou descendants de pasteurs.

Quant aux nègres véritables, la carte des Religions[2] les englobe à peu près complètement sous la dénomination d'*animistes* ou matérialistes.

Des observateurs peut-être un peu superficiels ont cru trouver, entre l'islamisme des Arabes et l'*animisme* des nègres, un trait commun qui assurerait facilement le pas-

---

1. A consulter pour cette section :
Livingstone, p. 308, 340, 478, 560, 574, 673, etc.; — E. Reclus, t. X, p. 40; — Serpa-Pinto, t. I, p. 161, 168; — Stanley, *A Travers le continent mystérieux*, t. I, p. 374; — Cameron, p. 207, 239, 252, 409.

2. Voir cette carte, au tome X de la *Nouvelle Géographie Universelle* de E. Reclus, p. 40.

sage de l'un à l'autre : la polygamie. Mais si l'on envisage les choses par le côté social, on saisit bien la différence qui existe entre la polygamie du pasteur nomade, basée sur la somme des travaux à exécuter dans la famille, mais groupant les femmes et les enfants dans la communauté, sous la ferme et constante direction du patriarche toujours présent; et d'autre part la polygamie du chasseur, établissant chaque femme à l'écart, ou au moins dans une hutte séparée qu'elle habite avec ses enfants, et par là enlevant aux mères comme aux enfants la direction, l'éducation et même la protection du mari et du père.

De l'avis unanime des explorateurs, si un noir se convertit à l'islamisme, c'est tout simplement pour avoir un fusil, et pour piller avec les Arabes au lieu d'être pillé par eux; cela ne change presque rien à ses pratiques, sauf pour l'anthropophagie, et rien du tout au fond de sa croyance religieuse et de sa morale.

Mais il y a de notables différences entre tel culte *animiste* des nègres et tel autre. Examinons par exemple celui que pratiquent les « nègres à bétail » des petits plateaux herbus et des déserts du sud : nous y trouvons une conception religieuse très éloignée de l'islamisme. Ici, les phénomènes naturels sur lesquels se base l'art nourricier n'offrent plus le caractère de fixité et de constance qu'ils ont dans les steppes arabes ; il y a des alternatives; la pluie, la fraîcheur nécessaires apparaissent d'une manière imprévue et souvent se font attendre. Le pâtre noir doit bien convenir que cette rosée indispensable et variable dépend d'une puissance supérieure et invisible à ses yeux. Il l'invoque en criant *Am-Ngaï*, tournant ses regards vers les cimes élevées autour desquelles s'amassent les nuées, et qu'il assigne pour demeure à sa divinité pluviale; les ministres de ce culte sont les conjurateurs de pluie. Ils n'attribuent pas une forme humaine à cette puissance à laquelle ils s'adressent, car la disposition des météores qu'ils sollicitent échappe manifestement au pouvoir direct de l'homme. On ne trouve donc pas d'idoles chez les nègres à bétail; leur religion se rattache au système panthéistique caractérisé par la divinisation des grandes forces de la nature.

Si maintenant on pénètre dans la zone centrale africaine, déterminée par la mouche tzétzé et la disparition des troupeaux, le culte populaire change aussitôt. Dans cette partie du Continent noir, l'humidité est plus que suffisante; du reste, la pluie importe peu au chasseur; ce qui l'intéresse, c'est de rencontrer un gibier abondant, de pouvoir l'approcher et l'abattre, d'échapper aux dangers qui naissent de la force et de la férocité des animaux poursuivis. Les devins de ce pays ne sont plus des « faiseurs de pluie, » mais des fabricants de philtres et de charmes destinés à arrêter, à fasciner le gibier, à détourner ou adoucir les fauves. Ils composent avec art les poisons, dont l'emploi est lié à l'art de la chasse.

Les mystérieuses ténèbres de la forêt, dont l'impénétrable fourré peut recéler la mort à chaque pas, l'isolement et le manque d'appui résultant de la profonde désorganisation de la famille, inclinent le chasseur vers des terreurs superstitieuses, entretenues soigneusement par les devins. Ceux-ci usent de tous les moyens pour entretenir ces frayeurs, en simulant des apparitions sinistres, des fantômes bizarres; et ils se donnent ensuite comme pouvant apaiser les puissances malfaisantes dont l'imagination peuple les grands bois.

Si le travail du pâturage est dominé par des forces naturelles impersonnelles, indépendantes de l'action de l'homme, il n'en est pas de même de la chasse : le chasseur agit lui-même, directement et personnellement, sur le résultat qu'il cherche à obtenir. La force, l'adresse et l'agilité *humaines*, voilà les causes qui déterminent ostensiblement ce résultat, qui triomphent des animaux. L'homme est ce qu'il y a de puissant et de vainqueur dans la forêt. Le chasseur prêtera donc la forme humaine aux objets de son culte, en imprimant à cette forme le caractère repoussant qui convient aux mauvais génies enfantés par ses terreurs imaginaires. « Dès qu'on pénètre dans les régions forestières, remarque Livingstone, on rencontre des idoles érigées auprès des villages ; plus la forêt est vaste et épaisse, plus les idoles sont nombreuses, plus les sacrifices et les offrandes qu'on leur fait sont fréquents, plus leur aspect devient hideux et patibulaire. »

Le culte en usage chez les noirs privés de bétail se rattache donc à l'*anthropomorphisme*. Ce système, impliquant l'idée de personnifications très diverses de la puissance supérieure qui fait l'objet du culte, conduit naturellement au polythéisme. On remarquera que les peuples chasseurs, chez lesquels la désorganisation sociale annihile la tradition, et qui trouvent dans la forêt une matière particulièrement apte à être façonnée, sont plus enclins que tous les autres à l'idolâtrie.

Ainsi le *lieu* et le *mode de travail*, qui nous apparaissent comme la base de chaque forme distincte de société, impriment aussi un caractère spécial, et distinct pour chaque cas, aux efforts que font les hommes pour se relier à la divinité.

Une religion qui peut s'affranchir entièrement de ces caractères essentiellement locaux, qui soumet à sa doctrine des sociétés absolument différentes les unes des autres, et dont la durée embrasse les âges les plus divers de l'humanité, ne saurait donc être, comme celles que nous venons d'examiner, le résultat de faits purement humains. Elle doit nécessairement tirer son origine d'une révélation positive; et, pour transmettre d'une génération à la suivante cette révélation intacte, elle doit posséder un *organe de tradition* échappant à l'influence des phénomènes sociaux. La nécessité de cet organe est surtout évidente, lorsqu'il s'agit de transmettre la révélation sans mélange au sein de races désorganisées : par exemple, de maintenir hors de l'idolâtrie des peuples voués à la chasse, ou descendant de chasseurs.

On parle beaucoup, à notre époque, d'une « science des religions », il est bon de tirer de notre observation quelques données pratiques sur ce sujet.

Il y a manifestement une distinction à faire.

Lorsqu'il s'agit d'une religion basée sur la révélation et s'adressant à tous les hommes, sans acception de temps ou de lieu, on doit l'étudier dans ses preuves et dans ses résultats, à la lumière de la théologie et de l'histoire, avec l'entière bonne foi qui est la base de toute connaissance, de tout jugement raisonnable. La cause génératrice d'une telle religion échappe à l'observation des faits sociaux; si cette religion vit et se répand en tous lieux et à des âges distincts de l'humanité, c'est « qu'elle possède en elle-même une force propre, indépendante des sociétés humaines [1] ».

Mais si l'on se met en présence des religions *localisées*, enfermées dans certaines conditions de temps et de lieu, attachées à certaines constitutions sociales, on doit les

---

1. E. Demolins, *La Science sociale*, t. V, p. 131.

étudier comme des faits sociaux, par l'observation. On verra facilement alors ces diverses formes de culte, qui sont des produits purement humains, sortir, comme les autres faits du même ordre, *des circonstances du lieu et du travail.*

II.

LA CULTURE. LA RÉGION DU MANIOC [1].

La diminution graduelle du gibier dans les pays occupés par les peuples chasseurs est un fait bien constaté; au sein de l'Afrique centrale cette ressource se raréfie de jour en jour. La destruction des animaux de chasse des grandes espèces marche rapidement. Déjà l'éléphant tend à disparaître du pays des Louba, de ceux qu'envahissent les Pahouins, etc. Les populations vivant de la chasse devraient donc être très clairsemées en Afrique, comme elles le sont ailleurs.

Nous savons au contraire, par les récits des voyageurs dont les itinéraires se croisent au cœur du continent africain, qu'on y trouve un nombre très considérable d'habitants, des villages très rapprochés les uns des autres, des nations agglomérées et très denses. Et cependant ces peuples, de temps immémorial, sont décimés par la traite; on évalue à des centaines de mille individus le contingent prélevé chaque année par la traite dans les régions équatoriales.

1. A consulter pour cette région :
Livingstone, p. 295, 306 à 316, 319, 320, 327, 330, 332 à 355, 359, 363, 378, 393, 467, 505, 508, 515, 529, etc.; — Serpa-Pinto, t. I, p. 218; — Cameron, p. 323, 327, 330 à 337, 359, 366, 377, 396, 406, 516, 522, etc.; — E. Reclus, t. X, p. 13, 35; t. XI, p. 199; t. XIII, p. 64, 193, 297, 298, 307, 323, 664, 669, etc.

Pour que la population atteigne un semblable développement dans la zone infestée par la tzétzé, il faut qu'on y exerce un art nourricier autre que la chasse. Cet art nourricier qui vient au secours de la chasse, c'est la *culture*.

La chasse, travail attrayant, a tout d'abord appelé les populations de la zone équatoriale : elle a modelé leurs institutions sociales, comme nous venons de le voir.

Comment cette race de chasseurs a-t-elle été pliée à la culture? On sait quelles difficultés présente cette transformation, quelle résistance opposent, par la fuite d'abord, par la force d'inertie ensuite, les peuples chasseurs que l'on veut assujettir au travail de la terre. Dans certains cas cette résistance est poussée jusqu'au bout, jusqu'à l'anéantissement de la race, que poursuit et décime « la faim aux longues dents », témoin la race des Indiens de l'Amérique du Nord. Il a fallu ici une force contraignante d'autant plus irrésistible, qu'il s'agissait d'imposer un genre de culture plus laborieux qu'ailleurs : *la culture sans le secours des animaux domestiques*, proscrits par la tzétzé. Il y a fallu l'effort d'une ou plusieurs races dominantes, qui sont venues se superposer à la couche première des populations chasseresses, en vertu d'une organisation sociale plus solide qu'elles apportaient d'ailleurs.

Précisément, les contrées qui entourent la zone équatoriale forestière sont constituées socialement de façon à donner lieu à des émigrations, à des rejets de population : ces mouvements ont pour origine les diverses transformations de l'art du pâturage et l'état de lutte qu'elles engendrent.

Nous nous sommes rendu compte précédemment de cet ordre de faits.

Il y a intérêt à observer maintenant ces émigrants à l'œuvre sur les territoires qu'ils ont envahis, et à constater les résultats auxquels les conduisent leurs différentes formations originaires.

Les territoires limitrophes de la zone équatoriale et qui y déversent des émigrants — sans parler de l'action exercée par les Arabes des déserts du nord sur leurs confins, — sont les déserts du sud, qui envoient au loin leurs capitaines déserteurs et leurs compagnies; puis la zone montagneuse de l'est, moteur général des déplacements de peuples en Afrique, rejetant tour à tour des pasteurs guerriers, des chefs de peuplades adonnées à la cueillette ou à la culture; enfin les pays du Haut-Nil-Blanc, enclavés entre les steppes arabes et les plateaux des Galla; petite région que nous étudierons à part, comme annexe de l'Afrique centrale.

L'afflux de ces nouveaux arrivants, d'origine variée, doit produire dans les différentes parties de notre zone des résultats dissemblables : en transformant les chasseurs qu'ils ont soumis, ils les transforment chacun à sa manière.

Cette transformation, cependant, ne peut s'effectuer sans subir l'influence des conditions propres aux lieux où elle se produit. Pour se livrer à la culture, ou pour y contraindre les autres, encore faut-il que le sol s'y prête; et le travail à faire ou à imposer est nécessairement subordonné, dans ses détails pratiques, à la nature des végétaux auxquels le climat et la composition du sol sont favorables.

Cette considération nous amène à diviser la zone équatoriale de l'Afrique en plusieurs régions distinctes, d'après l'espèce végétale qui est dans chacune d'elles l'objet principal de la culture. On comprend, au surplus,

ZONE DU PLATEAU CENTRAL AFRICAIN.

Légende :

Région du Manioc.   Région des Forêts et de la Banane.
Région de l'Éleusine.   Région du Dourah.

que chaque courant d'émigration se dirige de préférence vers les contrées où l'on peut trouver un mode d'existence en rapport avec la formation préalable des émigrants.

Le plus grand des fleuves africains, le Congo, dont le lit occupe les points les plus bas du continent, enveloppe dans sa courbe immense l'ensemble des territoires qui forment les pentes du plateau des déserts du sud. Il reçoit par de nombreux et puissants affluents, et conduit à l'Atlantique, les égoûts de cette région boisée soumise aux pluies régulières.

Sauf la partie encadrée par le sommet de la courbe, classée par les géographes comme pays déserts et inconnus, le versant sud du bassin du Congo forme la région par excellence de la culture du *manioc*. Il faut y joindre le bassin de l'Ogooué ou Gabon dans la partie qui se rapproche de l'Océan et reçoit de ce voisinage un renfort d'humidité.

Le manioc appartient à la famille des Euphorbiacées. Sa tige, haute de deux à trois mètres, noueuse, tendre et cassante, est supportée par une racine charnue qui atteint souvent la longueur et la grosseur du bras d'un homme.

Il y a en Afrique deux variétés de manioc. Dans l'une la racine, au moment où on l'arrache, est amère et remplie d'un suc d'apparence lactée, très vénéneux. La racine de l'autre variété est toujours douce et inoffensive. Les noirs savent préparer la première de façon à pouvoir la consommer sans danger, il suffit pour cela de la faire macérer pendant quelque temps dans l'eau, et de l'exposer ensuite à l'air pendant vingt-quatre heures.

On lave la racine du manioc, et ensuite on la râpe. La pulpe ainsi obtenue, soumise à une forte pression, puis séchée, fournit une fécule nourrissante quoique fade, que l'on consomme en bouillie avec ou sans condiments. Les condiments varient avec les lieux; le principal est le sel, que l'on obtient par le lavage de certaines terres salines. Plusieurs chefs tirent de cette industrie de grands revenus.

Un autre condiment mérite d'être mentionné, c'est le poisson séché. Sur le faîte entre le bassin du Congo et ceux des fleuves du sud, et près du lac *Dilolo*, il existe de grandes plaines sans pentes, où l'inondation détruit la végétation arborescente. Cette inondation se produit à la saison des pluies, qui recouvre d'eau et fait revivre immédiatement, par millions et millions, les œufs de certains petits poissons blancs. Ces êtres éphémères atteignent très vite leur maximum de croissance — la grosseur d'un doigt, — et déposent d'autres œufs. Lorsque le soleil tropical absorbe l'eau répandue sur tout le pays, les poissons suivent le décours et s'entassent dans les dernières mares; les indigènes accourent alors en grand nombre, ramassent les poissons, les étendent et les retournent pour les amener à complète dessiccation. Cette sorte « d'anchois » réduite en poudre sert à assaisonner la bouillie de manioc dans toute la contrée environnante; elle est tellement recherchée, entre son lieu de production et la côte occidentale, que les caravanes s'en servent comme d'unique monnaie sur ce parcours. Sous peine de mourir de faim dans les villages commerçants, et par suite peu généreux, qu'ils ont à traverser jusqu'aux possessions portugaises, les voyageurs qui passent dans les plaines sujettes à l'inondation doivent échanger leur verroterie ou leur ferraille contre des paquets de petits poissons secs.

La culture du manioc est des plus simples : le terrain

étant divisé en couches ou plates-bandes d'un mètre environ de large sur un pied de hauteur, des boutures faites de morceaux de tiges sont plantées à peu près à 1^m,20 les unes des autres. Lors de la récolte des racines, on replace dans les trous qu'elles occupaient un fragment de la tige, nouvelle bouture, que l'on recouvre de terre, et la plantation se trouve refaite. Entre les plants on jette des grains de maïs, des haricots, des arachides, qui, joints aux feuilles légumineuses du manioc, apportent quelque variété dans l'ordinaire. On obtient aussi, en faisant fermenter la fécule, une sorte de bière assez enivrante.

Il faut de dix à dix-huit mois, selon la qualité des terres, avant de faire la récolte. Mais, pour réussir, la culture du manioc exige trois conditions principales. D'abord un climat très chaud, qui se rencontre bien dans notre région, grâce à la latitude qu'elle occupe, et à sa pente générale au nord; cette orientation, quand on a passé la ligne, joue le rôle que remplit en Europe l'aspect au midi. Ensuite, il faut au manioc beaucoup d'humidité. Cet élément lui est ici fourni par les pluies abondantes et régulières, pendant deux saisons annuelles; l'humidité sature tellement l'air, que le linge, les vêtements, les tentes, pourrissent en très peu de temps. On se rendra compte de la quantité d'eau déversée sur cette région par ce fait que le Congo, dont presque tous les grands affluents viennent du sud, débite à son embouchure plus de deux millions de pieds cubes à la seconde, en temps normal, c'est-à-dire entre les deux crues qu'il subit annuellement. « A lui seul, dit E. Reclus, le Congo roule probablement autant d'eau que tous les autres fleuves de l'Afrique [1] ».

1. T. X, p. 13.

Enfin, pour obtenir une bonne récolte de manioc, la troisième condition est de choisir un terrain ombragé, c'est-à-dire une clairière, ou mieux encore un abatis de grands arbres. On comprend que la fumure étant absente, puisque le bétail n'existe pas, il faut mettre en culture des terres largement pourvues de terreau, par la décomposition que subissent continuellement à la surface du sol les feuilles et les menus végétaux de la forêt. Sous les feux verticaux du soleil équatorial, l'ombre du matin et du soir, qui recouvre le champ, maintient l'humidité nécessaire à cette décomposition.

Quelque épaisse que soit la couche de terreau dont un champ est garni, la production du manioc, qui vit par ses énormes racines, l'épuise assez rapidement. Nous avons vu déjà les peuplades de chasseurs se déplacer après avoir détruit le gibier dans un canton; rien n'est changé sous ce rapport lorsque les chasseurs plantent des champs de manioc, la prompte usure des terres est une raison de plus pour qu'ils se déplacent. Aussi les voyageurs rencontrent-ils souvent les restes de villages abandonnés. Dans un village nouvellement établi, on commence par cultiver de préférence le manioc amer, parce qu'il croît plus vite que l'autre. Ce rapide épuisement du sol défriché, cette nécessité de changements perpétuels, s'opposent à la constitution de la propriété et contribuent à maintenir l'instabilité des familles.

La culture du manioc présente une condition tout à fait engageante pour des débutants dans l'art agricole : elle demande, d'après Livingstone, *très peu de travail*. Elle est pratiquée par les femmes des chasseurs, qui doivent se nourrir des fruits de la terre pendant les expéditions de chasse auxquelles se livrent les hommes des villages. Cette culture convient d'autant mieux pour transformer des chasseurs en cultivateurs, qu'elle donne des récoltes très abondantes, et que le manioc en fécule peut se conserver pendant environ trois ans.

Observons d'autre part que l'état social des envahisseurs cafres les rend éminemment propres à opérer chez les vaincus la transformation dont il s'agit.

D'après les meilleurs auteurs, en particulier E. Reclus, les *Bantou,* ou gens de la race des Cafres, occuperaient le centre de l'Afrique jusqu'à la rive gauche du Congo, et remonteraient même au delà, à travers le bassin de l'Ogooûé, jusqu'au mont Kameroun qui domine le fond du golfe de Guinée. Après avoir cité cette opinion autorisée, je mettrai les faits sous les yeux du lecteur.

Rappelons d'abord en quelques mots la constitution sociale des Cafres, déjà étudiée dans un chapitre précédent. Ils arrivent dans les déserts du sud avec des cadres militaires tout puissants, formés par la retraite longue et périlleuse à travers les montagnes. Le « capitaine » a seul conservé, avec la possession du troupeau et l'organisation familiale, les habitudes de prévoyance. Des produits de son bétail, il nourrit jusqu'à l'âge de douze ans les enfants enlevés aux vaincus, ou nés de ses guerriers et des femmes captives, et il les appelle ensuite, par classes d'âge, à recruter sa compagnie. Quant à la population adulte, elle vit des produits de la culture imposée aux femmes enlevées ou aux vaincus épargnés, et des tributs versés par les peuples soumis. Lorsque le capitaine est assez fort pour se rendre indépendant, il émigre au loin avec sa bande, afin de piller pour son propre compte.

Les compagnies en rupture de ban, se dirigeant toujours au nord ou au nord-ouest, ont couvert de petits états cafres toute la partie des déserts du sud qui confine à la zone centrale. Les mêmes causes de divisions et de désertion, agissant au sein de ces nouveaux royaumes, lancent encore de nouveaux essaims vers le nord. Il n'y a pas à revenir vers le midi, car les détachements qui, derrière les émigrants, viennent d'une manière incessante peupler les savanes, sont plus récemment sortis des nations-types de l'est, et ont conservé à un plus haut degré leurs qualités militaires. Grande est la différence des Ba-Kalahari aux Bechuana : plus grande encore entre les Bechuana et les Matébélé ou les indomptables Zoulou. Il faut donc se diriger vers le nord ; mais pour cela il faut « sauter le pas », et sacrifier le bétail. Force est bien de s'y résoudre quand la défense contre de nouveaux arrivants n'est pas heureuse, et que l'on tient à éviter par la fuite le sort des peuples conquis, frappés de mort nationale, réduits à cultiver pour leurs maîtres, et à élever le chien comme viande de boucherie.

D'ailleurs, en se retirant en bon ordre, en voyageant de nuit et avec précaution, en subissant des pertes énormes, on peut, nonobstant la tzétzé, faire arriver jusqu'au cœur de la zone équatoriale quelques têtes de bétail, qui seront l'ornement de la cour royale. Les deux grands chefs entre les mains desquels se partage la suzeraineté, au moins nominale, sur la majeure partie du pays entre Zambèze et Congo, nous en donnent la preuve : le puissant *Mata-Yafa* possède un troupeau de bêtes bovines, devenues, il est vrai, à demi-sauvages ; le roi *Kassongo* a quatorze vaches. Plus au sud, un des tributaires de ce dernier, Mouéné-Katema, possède trente bêtes toutes blanches qui fuient « avec l'aisance d'un troupeau de daims quand on essaye de les approcher » ; pour se procurer un bœuf, Katéma doit le chasser comme il ferait d'un buffle. Livingstone lui apprit l'art de traire les vaches, dont il avait perdu la tradition. Les autres chefs, moins heureux, mendient au voyageur une bête de son troupeau, car « ils ont la bouche amère par le besoin de manger de la viande de bœuf[1] ».

Tout ceci nous démontre l'origine pastorale des dominateurs de l'Afrique centrale. Nous voyons également ici que ces conquérants, en venant se surajouter nombreux à la population, déjà pauvre en ressources, des chasseurs, se trouvent dans la nécessité de remplacer par les produits de la culture le gibier insuffisant et le bétail à peu près disparu.

Le noyau formé par la famille du « capitaine » et le lien militaire entre elle et les guerriers n'est pas rompu par l'émigration : cette marche vers le nord succède à beaucoup d'autres déplacements, qui ont eu lieu sur les territoires exempts de la tzétzé. L'organisation militaire des envahisseurs a facilement raison des résistances locales que pourraient tenter les chasseurs dans leurs villages disséminés et divisés. Tout d'abord les vainqueurs, suivant l'habitude des Cafres, attribuent à leur capitaine devenu roi la possession du sol. Ils fondent de nouveaux villages et les peuplent soit de captifs, hommes ou femmes saisis dans les bois, soit de fugitifs qui s'efforcent d'échapper à un maître et retombent sous la domination d'un autre. Le « roi » place à la tête de chacun de ces nouveaux établissements ses principaux guerriers, et, de préférence, les membres de sa famille, même ses sœurs ou ses nièces.

Suivons, par exemple, le docteur Livingstone au moment où il quitte le pays des Cafres Makololo pour pé-

---

1. Voir Livingstone, p. 349 à 529.

nétrer dans les territoires tributaires du puissant Matiamvo (Mata-Yafa). *Shinnté*, l'un des capitaines de ce monarque, avait depuis peu d'années transporté sa résidence dans la contrée qu'abordait le voyageur; et le premier village où celui-ci reçoit l'hospitalité est un village neuf, composé d'une vingtaine de huttes avec plantations de manioc amer, et entouré de fétiches destinés à charmer le gibier. Ce village vient d'être fondé par *Nya-Moéna*, la *sœur* dudit Shinnté. A son étape suivante, le docteur se rend au village de *Manenko*, fille de Nya-Moéna et nièce de Shinnté. Cette femme-capitaine est âgée d'une vingtaine d'années; c'est une grande femme bien découplée, couverte d'ornements et d'amulettes. Fort peu vêtue comme toutes les femmes de cette nation, elle s'enduit d'un mélange de graisse et d'ocre rouge pour se protéger contre l'influence de l'air. Elle ne se couvre pas d'un manteau quand il pleut, car il est peu convenable pour un chef, dit-elle, d'avoir l'air efféminé. Accompagnée de son tambour, et de son mari, sorte de prince-consort sans dignité et sans influence, ivrogne endurci sur lequel elle passe sa mauvaise humeur, Manenko marche d'un pas élastique et si rapide que le docteur ne peut la suivre que grâce à son bœuf de selle. Prompte à la dispute, habile en diplomatie, prenant le temps comme il vient, elle excite l'admiration des Cafres Makololo qui escortent le voyageur : « C'est un véritable soldat », s'écrient-ils à chaque instant. Dans les villages qu'elle traverse, la population lui témoigne la plus grande sujétion, ou s'enfuit saisie de panique.

Telles sont les femmes, sorties des familles de capitaines, qui sont placées à la tête des villages. Il y a une raison pour que leur sexe ne soit pas mis à l'écart dans la distribution des postes nouveaux à fonder; ici le travail n'est plus le pâturage, affaire des hommes, mais la culture, pratiquée en grande partie par les femmes. On comprend qu'une guerrière soit tout indiquée pour devenir la directrice de ce travail. Les conséquences de cet état de choses se font sentir dans l'organisation de la famille, — si l'on peut donner ce nom au faible groupement par les liens du sang persistant encore chez ces noirs. Livingstone fait ressortir que chez les Betchuana, Cafres pasteurs, les fils sont attachés au père, à cause du bétail; tandis que les Ba-londa, et en général les noirs de la zone centrale, n'étant plus retenus autour du kraal, puisqu'ils n'ont plus de bestiaux, suivent *leur mère* lorsqu'elle se sépare de son mari ou lorsqu'elle va habiter un autre village. Ce lien maternel s'étend jusqu'aux nièces et aux cousines germaines, dans les familles de chefs, qui s'attribuent une certaine possession territoriale. Mais chez les gens du commun il se brise à chaque génération, parce qu'il ne s'appuie sur aucune possession du sol; la rapide usure des terres, comme nous l'avons déjà dit, empêche la constitution de propriétés particulières nées du travail; le droit territorial des chefs est un droit de guerre, il repose sur le pouvoir militaire exercé par eux.

Les femmes de la région du manioc, grâce à leur importance comme producteurs du pain quotidien, jouissent cependant d'une situation plus libre et moins effacée; elles prennent part aux cérémonies publiques, contrairement à ce qui se passe chez les Cafres à bétail, où il est interdit aux femmes de pénétrer dans la *kotla*, lieu de l'assemblée.

Homme ou femme, le chef de village ne fait pas cultiver pour lui seul : la puissance qu'il détient, il la doit à un chef supérieur auquel il est soumis; il remet au capitaine ou *kilola* une partie de la récolte; c'est même proprement en vue de la perception de ce tribut qu'il est revêtu de l'autorité. De même le capitaine est chargé spécialement de recueillir les tributs des villages pour les remettre au « roi », ou plutôt de les lui faire porter en sa présence par les députations des villages. Tout le système hiérarchique, on le voit, est une vaste machine destinée à *contraindre* le peuple à cultiver pour les conquérants.

Ce sont bien en effet les conquérants, maintenus par la cohésion militaire, qui occupent les situations dominantes. Les différents traits que je viens de citer font clairement apercevoir dans la population la superposition de deux classes distinctes : une classe *inférieure* pliée au travail et au service en sous-ordre, divisée en elle-même et incapable de résistance par la constitution sociale qu'elle tient de la chasse; et une classe *supérieure* qui contraint l'autre à la culture, dirige ce travail et en perçoit les produits. Grâce à la discipline qui la relie, à la prévoyance conservée dans les familles de capitaines, cette classe, que les voyageurs représentent comme appartenant à une race autre que celle des sujets, s'est substituée facilement aux chefs de chasseurs; elle forme des espèces de *dynasties*, qui se conservent au pouvoir avec une certaine stabilité : c'est qu'elles ont été formées d'avance en d'autres lieux et *par des travaux autres que la chasse*.

Le tribut comprend généralement un approvisionnement de manioc, destiné à la nourriture des petites gens de la cour, et un autre de maïs, de fèves, d'arachides, réservé au chef et à sa maison; les gens haut placés trouvent détestable la bouillie de manioc, elle les fait tousser et cracher continuellement. Les villages qui ont des salines apportent un fort tribut de sel, condiment très recherché.

La réception du tribut a lieu, à tous les degrés, avec un grand appareil militaire, et au bruit assourdissant des tambours. C'est bien le maître, le conquérant, qui reçoit la rançon d'humbles serviteurs; ceux-ci, les délégués des habitants des villages, se prosternent devant le chef en se frottant de poussière.

Quelquefois le roi se déplace et fait une tournée pour percevoir à domicile. En tous cas, il entreprend continuellement des expéditions dans le but de punir le retard, la négligence ou le refus de l'impôt, souvent même il prend ce prétexte pour exécuter de terribles razzias. *Kassongo*, le roi du grand pays d'Ou-roua, qui compte par centaines ses chefs tributaires, associe à ses tournées de répression les bandes malfaisantes qui escortent les *Pombeïros* ou métis portugais; avec elles, il détruit les villages de ses sujets, abat les arbres à fruit, ravage les plantations et enlève les habitants comme esclaves; il se conduit en véritable Cafre. Aussi les vivres sont rares et la population clairsemée autour de sa capitale *Kilemmba*; les villages se cachent dans des massifs de jongle, on n'y accède que par des sentiers tortueux; tout le pays tremble devant le maître barbare; et l'on comprend la plainte amère d'une pauvre négresse dont Livingstone s'est fait l'écho : « Ah! qu'il serait bon de pouvoir dormir sans rêver qu'on vous poursuit avec une lance! »

Au surplus la puissance du tyran ne se maintient que par une discipline de fer vis-à-vis des capitaines ou *kilola*; l'étiquette est sévère, et l'on punit les moindres oublis, comme par exemple de s'asseoir en présence d'un supérieur. Or il n'y a que deux genres de peine, la mutilation et la mort. On comprend aussi la perplexité d'un petit chef demandant au docteur « un livre où il puisse voir la disposition du cœur du *Matiamvo*, afin, disait-il, que je sois averti, si jamais le grand chef a résolu de me faire couper la tête. »

Ces habitudes et ce mode de gouvernement rappellent exactement les procédés de Tchaka le Terrible, le fondateur de l'empire Zoulou.

Malgré leur férocité et le peu de cas qu'ils font en toute rencontre de la vie de leurs sujets, les chefs noirs exercent cependant vis-à-vis d'eux un véritable *patronage*.

Par ce mot, en effet, nous entendons l'aide nécessaire à la masse des ouvriers pour traverser certaines crises, aide fournie par d'autres individus que leur situation met à même d'influer sur le sort des classes plus mal partagées ou moins bien douées. Le patronage ainsi entendu n'implique pas le dévouement, ce n'est qu'un mécanisme providentiel, rentrant dans la catégorie des grands faits sociaux.

Or, l'acte de contraindre les chasseurs à la culture est vis-à-vis d'eux un acte de patronage; car seule cette contrainte leur permet d'échapper à la crise aiguë et fréquente produite par la diminution du gibier. Les conquérants cafres sont sans doute de mauvais et incomplets patrons, peu préoccupés de l'élévation morale et de la meilleure condition matérielle des patronnés; mais enfin c'est à leur action contraignante que la majeure partie des habitants de cette région doit la conservation de l'existence, c'est grâce à cette action que l'on rencontre dans le bassin méridional du Congo, au lieu de chasseurs clairsemés et faméliques, une population relativement dense, dont l'alimentation est assurée par la production en grand du manioc.

A l'opposé, dans les déserts du sud, l'action des Cafres est une exploitation pure et simple des vainqueurs, par la voie militaire, n'ajoutant rien aux ressources des vaincus, déjà cultivateurs, mais tendant au contraire à diminuer la population. Cette influence ne peut être qualifiée de *patronage*.

En résumé, l'observation à laquelle nous venons de nous livrer nous montre les peuplades de cette première région centrale comme vivant d'une culture facile, faite en grande partie par les femmes, mais qui use rapidement la terre et ne constitue pas la propriété. La condition des femmes est améliorée, celles-ci s'élèvent, dans les familles de chefs, jusqu'au commandement des villages; dans le commun du peuple, l'homme s'attache à sa mère et la suit. La contrainte nécessaire pour plier les chasseurs au travail est exercée par les envahisseurs cafres, liés entre eux par la hiérarchie militaire, et suivant les mêmes usages qu'ils employaient dans les déserts du sud.

Nous ferons, en terminant, deux remarques.

La première porte sur l'*absence de cannibalisme* dans la région du manioc. Ce résultat est dû à la fois à l'abondant rendement des récoltes de manioc, lorsque cette plante est cultivée dans des terres neuves, ombragées, sous le climat qui lui plaît, et à la contrainte puissante qu'exercent, pour forcer les gens à cette culture, des envahisseurs soumis eux-mêmes à une discipline de fer.

Notre seconde remarque a trait à l'esclavage. Dressés à la culture, les noirs de la région du manioc sont pour cela même recherchés par les marchands d'esclaves. Ce commerce est ici entre les mains des *mambari*, métis portugais de la côte d'Angola. Ils fournissaient autrefois aux Antilles et à l'Amérique les nègres dits « Congo », laids, mais robustes et travailleurs. Ce débouché leur est aujourd'hui fermé; mais les *mambari* continuent l'exportation par terre sur une très vaste échelle. Ce sont les Cafres du sud, véritables « mangeurs de peuples », aujourd'hui à court de bras, qui achètent, pour de l'ivoire, les nègres de l'intérieur.

III.

LA RÉGION DES FORÊTS ET DE LA BANANE[1].

A l'heure actuelle, l'État indépendant du Congo étend ses frontières, astronomiquement déterminées, sur une partie importante de la région du manioc; il englobe, d'une manière un peu idéale et platonique jusqu'ici, de vastes territoires occupés par des chefs qui paient tribut au *Mata-Yafa* ou à son cousin *Kassengo*. On peut prévoir que les blancs qui voyagent pour le commerce ou pour l'exploration détacheront assez rapidement les capitaines de leurs suzerains respectifs; soit en fournissant des armes et des munitions, éléments de guerre et de résistance; soit en prêtant le secours effectif de leurs propres

---

1. A consulter pour cette région :
Schweinfurth, t. I, p. 17, 415, 427, 439, 475, 476, 484, 487, 488, 491, 492, 500, 502; t. II, p. 50, 57, 76 à 80; 82, 84 à 86; 104, 185, 409 à 413, etc.; — Potagos, p. 80, 282, 283, etc.; — Chaillé-Long, p. 259, 278; — Cameron, p. 263 à 352; — E. Reclus, t. XIII, p. 238, 239, 241, 251, 252, 254, 260; — D. P. Barret, t. II, p. 56 et suiv., 65, 252 à 256, 272 et suiv., 281; — Stanley, *A Travers le continent mystérieux*, t. II, p. 97, 145, 175; *Dans les ténèbres de l'Afrique*, t. I, p. 84, 99, 103, 104, 127, 145, 147 et suiv.; 155, 157 à 188, 192, 241, 243, 244, 251, 346, 356, etc.; t. II, p. 38, 57, 69, 84, 87, 91, 92, 99; — Casati, p. 60, 66, 75, 111, 114, 81 à 83, 171, 172, 180; — Binger, t. I, p. 335, 140; t. II, p. 35, 144, 210, 218, 224, 230, 243, 244, 249, 255, 257, 268, 277, 279, 291 à 296, 322, etc.

forces et de leur politique aux mécontents, ainsi que le fit César au milieu des confédérations gauloises.

Mais antérieurement aux prétentions européennes, les empires des deux souverains que nous venons de nommer s'étendaient, l'un jusqu'aux rives du Congo, l'autre jusqu'au pays de *Sankara* qui avoisine le fleuve au nord-est. C'est à la limite ainsi tracée que vient expirer l'effort des invasions cafres, c'est là que se rencontrent les « pays déserts et inconnus » qui restent encore en blanc sur les cartes.

Il y a évidemment une grave raison qui, dans l'Afrique centrale, sous l'équateur, arrête les envahisseurs guerriers venus du sud, et les empêche de pousser plus loin leur colonisation agricole.

Au bord d'une région relativement peuplée, dont les habitants, soumis à une dure contrainte par des dominateurs avides, se déplacent continuellement, si la culture s'arrête d'une façon brusque, c'est qu'elle rencontre un sol intransformable ou très difficile à transformer. Sans cet obstacle, les migrations des capitaines iraient toujours en gagnant vers le nord, avec l'espoir de se soustraire à la tyrannie des grands chefs.

Quelle est la cause qui s'oppose ici à la transformation du sol, à la culture du manioc?

On comprend qu'il convient de laisser une part à l'hypothèse, lorsqu'il s'agit de terres inconnues, situées au centre des pays noirs; j'indiquerai cependant, en utilisant les faits observés sur le pourtour des pays inexplorés, l'hypothèse qui paraît la plus probable au sujet du problème que nous venons de rencontrer.

La contrée dont il s'agit, située tout près de l'équateur, doit recevoir une grande quantité de pluie, tombant probablement en toute saison chaque jour. On remarquera que cette contrée, en outre de sa proximité de la ligne des équinoxes, est placée au point où se rencontrent les trois séries de pentes qui forment les grands accidents de l'Afrique intérieure; la courbe nord décrite par le Congo est déterminée par la ligne sur laquelle viennent mourir les pentes des plateaux des déserts du sud, la descente méridionale de l'arête entre Nil-Congo-Tchad, et les derniers contreforts de la zone montagneuse de l'est. C'est bien la position qui convient à un massif de forêts vierges. D'après la hauteur et la dimension des arbres qui composent les forêts situées vers le confluent de la Lohoua et du Congo, d'après l'inextricable sous-bois qui s'emmêle sous leur ombrage, Stanley doute qu'en cet endroit (1° 28′ sud) la rive gauche du Congo ait jamais eu d'habitants de race humaine. Le docteur Schweinfurth, en décrivant les difficultés que présente le voyage au pays des Mombouttou, à cause des ruisseaux fréquents et des forêts impénétrables ; Stanley, en peignant les fatigues et les dangers de sa traversée dans la grande forêt équatoriale, nous expliquent par là même pourquoi les pays qui avoisinent le sommet de la courbe du Congo étaient restés en dehors des explorations tentées jusqu'à eux. Ces difficultés ont arrêté non seulement les voyageurs européens, mais les « Bantou » eux-mêmes.

Une aussi grande humidité se rencontre sous la même latitude en Amérique, dans les forêts du bassin de l'Amazone, auxquelles, dit E. Reclus, « on ne peut comparer en Afrique, pour la fougue de la végétation arborescente, que les plaines entre Nil et Congo, au bord des rivières » ; c'est là précisément le pays que nous avons en vue.

Au point de vue de la culture, une difficulté considérable naît de *l'absence de saison sèche,* c'est la pousse continuelle des herbes, spécialement des hautes et fortes graminées équatoriales, dans les clairières et les abatis de la forêt. Les sarclages destinés à supprimer ces herbes sont de nul effet, car elles reprennent racine immédiatement sous l'action de l'humidité *constante* entretenue par les pluies quotidiennes, lorsque l'ombrage empêche la dessiccation rapide des plantes arrachées. Ces herbes hautes et vivaces, si l'on ne peut les détruire par le sarclage, ont bientôt fait d'étouffer les plantes à croissance plus lente que l'homme viendrait confier à la terre en concurrence avec elles.

Aussi, dans la région forestière voisine de l'équateur, le principal aliment tiré du règne végétal est fourni par une essence *arborescente*, c'est la *banane*.

Cette bande de forêts soumise au régime des pluies continuelles, dénuée de saison sèche, et par suite impropre à la culture des plantes sarclées, est l'obstacle qui a arrêté la colonisation agricole des *Bantou* venant du sud et cultivant le manioc. Telle est du moins l'hypothèse qui me semble la plus probable.

La *région des forêts équatoriales et de la banane* traverse l'Afrique entière, du pays des Grands Lacs à l'est, au golfe de Guinée. Elle sépare les contrées congolaises adonnées à la culture du manioc, des régions situées plus au nord et où domine la culture des céréales. Mais on peut encore subdiviser cette région équatoriale elle-même en deux climats distincts.

Dans sa partie méridionale, celle qui confine aux terrains à manioc et s'étend sur les parties basses de la contrée, le régime forestier pur domine; ce régime se continue avec le bas pays vers le nord et vers l'ouest. Si nous possédions une carte des courbes de niveau pour l'Afrique centrale, il serait facile de préjuger jusqu'où s'étend ainsi la forêt pure. Dans les lieux plus élevés, au contraire, où la région des forêts se rapproche des chaînes de montagnes qui accompagnent les côtes à l'est et à l'ouest, ou des lignes faîtières séparant le bassin du Congo de ceux du Nil et du lac Tchad, le versant du golfe de Benin de celui du Niger, etc., le relèvement du terrain amène un changement sensible du climat, et les moyens d'existence de l'homme se trouvent du même coup modifiés. On n'est plus sous le régime dominant de la forêt et de la chasse : ces terrains plus élevés, plus égouttés, quoique soumis aux pluies équatoriales, sont propres aux baneraies *plantées* ou *éclaircies* en vue de la cueillette des fruits. Au bananier à fruits gros ou moyens vient se joindre un autre arbre précieux, l'*Elaïs*, plus délicat d'entretien, mais fournissant des produits avidement recherchés. Il donne l'*huile de palme*, base des fritures et de toutes les préparations culinaires qui demandent un corps gras végétal; il donne en plus le *vin de palme*, qui met à la portée des noirs, au moyen d'un très simple travail de cueillette, l'ivresse journalière et générale.

La contrée inférieure et purement forestière constitue un immense territoire de chasse. C'est la lugubre et immense forêt décrite par Stanley, qui lui donne une étendue approximative de 840.000 kilomètres carrés, encore ne comprend-il point dans son évaluation l'immense prolongement de cette masse de bois vers l'ouest. Dans ces forêts vierges, dans ces lieux sombres d'où les rayons du soleil sont à jamais bannis, les oiseaux et les singes habitent les cimes des grands arbres, si hauts, qu'à peine peut-on les apercevoir ou les entendre; dans l'enchevêtrement des lianes et des sous-bois qui entoure la base de ces géants du monde végétal, le voyageur se traîne affamé, empoisonné par les émanations putrides, se creusant péniblement un « tunnel » et perdant à chaque pas sa direction. Tels sont les traits principaux sous lesquels le voyageur américain et le capitaine français Binger dépeignent les portions de forêt vierge qu'ils ont traversées, l'un sur les rives de l'Arrouhimi, l'autre sur le versant méridional du pays de Guinée [1].

Au sein de ces bois inextricables et qui semblent sans limites, errent les hordes menaçantes des sauvages Avissiba, des chasseurs plus ou moins anthropophages, que groupent le son éclatant des cors d'ivoire ou le roulement des tambours; du fond de ces retraites inexplorées sortent les bandes féroces des Pahouins, Fans ou Ossyéba, voisins et envahisseurs de nos colonies du Gabon et du Congo français. Une autre race, curieuse à plus d'un titre, a été retrouvée de nos jours dans les ténèbres de la grande forêt africaine : je veux parler des *Pygmées*.

Il est question des Pygmées, au pays où vont les grues, dans Homère (*Iliade*, 3º chant); dans Hérodote (livre II, § 32); dans Aristote (*Histoire naturelle*, livre VIII, chap. XI). Les voyageurs modernes, Schweinfurth, Chaillé-Long, Stanley, Emin-Pacha, Casati, etc., ont vécu avec des nains, les ont interrogés et mesurés; ils ont constaté que leur stature varie de 1^m,20 à 1^m,40 environ.

Suivant le Dr Schweinfurth, les *Akka* ou Tiki-Tiki, peuplades de race naine, habitent sous le 1er et 2e degré de latitude nord. Ces peuplades de petits hommes sont en rapport avec les Mombouttou et les Niamniam; c'est à la cour du roi monbouttou *Monza* que le docteur les a vus. Ce sont de hardis chasseurs; ils plantent une flèche dans l'œil de l'éléphant, puis, s'approchant par le côté

---

1. Voir Stanley; *Dans les ténèbres de l'Afrique*, t. II, p. 69 à 87; — Binger, t. II, p. 269 à 292.

où l'animal ne peut plus voir, ils se glissent sous lui et lui percent le ventre d'une lance empoisonnée. La traite de l'ivoire chez les Niamniam et les Mombouttou doit à ces petits hommes à grosses têtes une partie importante de ses approvisionnements : ils chassent pour les Mombouttou qui les protègent. Ils paient tribut à ceux-ci en ivoire, en esclaves, et en sel qu'ils tirent du sud.

D'après Stanley, qui a rencontré un grand nombre de leurs villages dans sa traversée de la grande forêt, les pygmées s'attachent aux villages de culture établis dans les clairières ou sur les bords de la forêt; ils servent d'« éclaireurs » aux cultivateurs, qui les redoutent à cause de leur agilité, de leur adresse et de leurs flèches empoisonnées, et leur laissent emporter de leurs champs ou de leurs bananeraies diverses denrées, quelquefois payées en gibier, en ivoire ou en pelleteries. Les nains vivent de la chasse comme ressource fondamentale et les femmes les accompagnent à la guerre ou à la chasse, ce qui prouve qu'en dehors du gibier ou des bananes volées, la nourriture est bien rare chez eux. On comprend du reste que les pygmées conservent leur indépendance vis-à-vis des noirs groupés dans les villages à banane. Ceux-ci n'ont pas la puissance militaire et l'organisation hiérarchique au moyen desquelles les « Bantou » ou émigrants cafres ont plié à la culture les indigènes de la région du manioc; d'autre part, les clans à banane, même nombreux et forts comme les Mombouttou, n'ont aucune envie d'attirer parmi eux, d'y voir résider ces étrangers peu sociables, avec lesquels ils ne se soucient pas de partager le travail si peu pénible de la cueillette, parce qu'il faudrait alors les admettre aussi régulièrement au partage des fruits. Ainsi chacun conserve le genre de vie qui lui est propre.

Schweinfurth déclare que l'on rencontre des peuplades de nains en Afrique, vers l'équateur, « d'une mer à l'autre »[1]. Stanley remarque la mobilité de leurs villages; lorsque leurs flèches empoisonnées ont détruit le gibier dans un canton, les petits hommes abandonnent leur campement et vont s'établir à des distances quelquefois fort grandes. En avançant vers l'ouest, nous nous trouvons, en effet, en présence d'autres pygmées, les A-Bongo ou Akoua, décrits par MM. Marche, Falkenstein, du Chaillu, etc. Peuple timide et fugitif, ces nains de l'ouest sont plus déchus que les Akka du centre : errants « dans les forêts inextricables où le chasseur se fraye un chemin avec peine », ils sont contraints de se diviser en petits groupes numériquement très faibles, ce qui les amène à se marier entre eux, cousin et cousine, frère et sœur. Leurs huttes de branchage, basses et exiguës, sont dissimulées dans les fourrés et les rochers, tellement qu'on peut passer à côté sans les apercevoir. Les hommes sont continuellement absents du campement pour poser ou lever leurs pièges, car ils vivent surtout de petit gibier et sont fort habiles trappeurs. Les femmes déterrent des racines, cueillent des baies sauvages; mais tous souffrent souvent de la faim, et se jettent avec avidité sur les os déjà rongés ou sur tous les débris d'aliments qu'ils rencontrent.

En somme, dans ces forêts ténébreuses, les Akka, et surtout les A-Bongo, sont soumis au même régime que les Bushmen du désert Kalahari, avec lesquels ils présentent au physique de nombreux rapports. Or, ce mode d'existence est propre à des pays intransformables ou très difficiles à transformer.

1. Schweinfurth, p. 113, 116, 120.

Mais il y a une différence notable à signaler dans le traitement que reçoivent de leurs voisins ces deux races analogues, les Bushmen et les nains de la forêt. Les premiers sont tenus pour suspects, on leur court sus à première vue, on les détruit comme des êtres malfaisants. Les pygmées de l'équateur, au contraire, trouvent chez les peuples qui les environnent, et dont ils approchent les établissements, un certain accueil qui va quelquefois jusqu'à l'hospitalité. Loin de les repousser, de les traquer, les chefs puissants leur accordent leur protection, les noirs des villages leur font des cadeaux de maïs, de bananes ou d'autres comestibles; les nains viennent aux marchés échanger leur gibier ou leurs fourrures, et l'on fait commerce avec eux.

Ces dispositions opposées vis-à-vis de deux races de chasseurs errants et misérables peuvent s'expliquer. Les voisins des Bushmen vivent de leur bétail pauvrement nourri par le steppe aride, et à peine suffisant. Ce bétail est une proie convoitée, souvent volée, par les enfants de la brousse. Dans la zone centrale africaine, les noirs, dépourvus d'animaux domestiques, n'ont pas à redouter d'être ruinés par les chasseurs, quand même ceux-ci prélèveraient une dîme un peu forte sur leurs champs et leurs bananeraies. Ils utilisent comme « éclaireurs » ces coureurs des bois qui connaissent et gardent tous les sentiers battus par les pistes du gibier, et peuvent les prévenir de l'approche d'un ennemi à travers la forêt; ils sont débarrassés par les chasseurs de l'excès des animaux sauvages qui nuirait aux plantations ou aux récoltes, et ils se laissent aller à l'attrait du commerce « avec ces petits hommes qui viennent de loin ».

Par la disposition des soulèvements du sol en Afrique,

la contrée où prospèrent ensemble le bananier et l'élaïs se trouve placée, soit au nord et à l'est, soit au sud-ouest de la grande forêt dont nous venons de parler. Je laisserai de côté l'îlot de bananeraies formé par le soulèvement qui longe la côte portugaise et gabonaise, pour envisager seulement la contrée où le phénomène se développe en grand et à l'abri des influences côtières, au-dessus de l'équateur.

Suivant exactement les alternances de dépression et d'élévation du sol, les deux variétés de terrain, ceux propres à la cueillette du bananier et de l'élaïs, et ceux qui comportent la culture des céréales, se compénètrent sur mille points, comme les doigts entrelacés de deux mains qui se croisent. Il en résulte une sorte de « pays de transition[1] », qui s'étend de l'Ou-Ganda jusqu'à l'extrême-ouest africain.

Ces pays de transition entre la forêt et la culture, au nord de l'équateur, s'étendent jusque vers le 7° degré de latitude, sans que l'on puisse trop préciser. Ils doivent être classés parmi les régions de *cueillette*. La banane et l'huile de palme y donnent le fonds de l'alimentation journalière, en s'associant à des degrés divers avec les produits cultivés que le sol peut supporter : maïs, igname patate douce, etc., et avec les produits de la *chasse*, ce fait constant de toute la zone centrale africaine.

Sur le cours de l'Arrouhimi, un point bien déterminé par les observations de Stanley fixe la séparation du régime de la forêt pure et du régime de la cueillette, c'est la cataracte de Panga, située par 20° 21' 50' E. de Paris et 1° 55' de latitude nord. La série de rapides qui, à partir de ce point, interrompent la navigation sur la ri-

1. Schweinfurth, t. I, p. 476.

vière, l'apparition de minces strates de schiste un peu plus haut, à la chute de Ba-Findo, tout montre que l'ascension commence là pour le voyageur allant vers l'est, bien qu'il soit toujours enveloppé dans les ombres de la forêt. Immédiatement au-dessus des chutes de Panga, la banane, dans les villages, prend le pas sur le manioc presque abandonné, et l'élaïs apparaît. Immédiatement aussi, l'attitude des indigènes, jusque-là doux et confiants, subit un changement complet : les flèches volent sous bois et atteignent les fourrageurs, sans qu'on puisse apercevoir les archers; et on éprouve une vive résistance pour pénétrer dans les villages.

A ces traits, on peut reconnaître les populations vivant en clans basés sur le travail de la cueillette.

Les territoires « de transition » dont nous parlons sont en somme fort peu connus et presque inexplorés, sauf aux extrémités opposées, à l'est et à l'ouest; là se rencontrent deux sociétés curieuses en elles-mêmes et remarquables par les rapports qu'elles présentent entre elles, malgré la distance qui les sépare : le Dahomey et le royaume des Mombouttou.

Situé au cœur de l'Afrique, enveloppé de forêts presque impénétrables, et limité au nord par le large fleuve Ouellé, le pays des Mombouttou est difficile à aborder. Une fois arrivé, le voyageur rencontre des obstacles sans nombre s'opposant aux moindres déplacements. Ces obstacles consistent surtout en ruisseaux coulant à pleins bords au milieu d'un fouillis de verdure, entre des berges à pic dont la hauteur s'élève souvent à deux cents pieds. Le Dr Schweinfurth, auquel on doit les renseignements les plus circonstanciés sur cette contrée, eut à franchir en douze milles jusqu'à douze de ces ruisseaux.

C'est auprès des principaux cours d'eau que sont établis, en rangées interminables, les villages populeux des Mombouttou. Leurs cabanes sont disséminées par groupes au milieu de la verdure. Entre les cases et tout autour s'élèvent les élaïs; au-dessous de la ligne des maisons, les bananeraies s'étendent comme un rideau, présentant à la fois, vu l'uniformité du climat, des fruits naissants, des fruits verts et des fruits mûrs : au-dessus des villages, des terres plus hautes et plus sèches, véritables clairières ensoleillées, produisent la patate; on y voit aussi quelques essais de maïs et d'éleusine. A l'ombre des arbres géants qui remplissent le fond de la vallée, on rencontre encore quelques petites plantations de manioc.

Dans quelle catégorie de travailleurs faut-il ranger cette population? D'après le voyageur qui les a visités, les Mombouttou ne sont pas des *agriculteurs*, mais plutôt des *chasseurs;* et cependant, au dire du même voyageur, leur population est une des plus denses du centre africain; elle s'élèverait à un million d'habitants, sur un territoire de 4.000 kilomètres carrés. De plus, ces *chasseurs* ne détruisent pas l'éléphant de manière à compromettre l'existence de la race, comme leurs voisins les Niamniam ou leurs congénères les Pahouins. Enfin ils tuent peu de gibier, car ils se vêtent d'écorce de figuier battue, le roi conservant les fourrures comme objets rares et précieux.

Manifestement, ce n'est pas de la *chasse* que ce peuple nombreux et aggloméré tire son principal moyen d'existence. C'est la banane qui forme le fond de l'alimentation des Mombouttou[1].

Nous sommes donc en présence d'une société adonnée

1. Voir E. Reclus, t. XIII, p. 252.

à la chasse, mais *vivant principalement de la cueillette*. Suivons les conséquences de ce fait fondamental.

Comme dans toute la zone centrale africaine, la famille, chez les noirs à banane, ne présente qu'un minimum de cohésion et de fixité; le principe du groupement n'est point pour eux précisément la tradition patriarcale, c'est le *travail de la cueillette*, auquel concourent très utilement les enfants et les femmes. Le concours précieux de ces dernières est reconnu chez les Momboutou par l'attribution d'une part de revenu et d'une indépendance dont elles font assez souvent mauvais usage. En outre, il faut être forts pour défendre, contre le passant ou les voisins d'abord, puis contre l'envahisseur que l'abondance attire, une récolte *toujours pendante*, qui ne coûte pas de peine à faire croître et qui assure largement le pain quotidien. Il faut être nombreux pour être forts; on se groupe dans de grands villages, les clans s'organisent et se serrent en corps de nation autour d'un chef dont la nécessité justifie la puissance; d'une part il réprime les délits, assurant ainsi la paix intérieure; d'autre part, il rassemble tous ses sujets et les unit contre l'étranger.

Cette nécessité du groupement en nombre dans les pays à banane se traduit par un détail particulier, qui a frappé tous les étrangers, c'est la dimension, beaucoup plus grande qu'ailleurs, des cases servant à l'habitation. « Je l'ai toujours observé », dit Stanley, justement à ce propos, « à un changement d'architecture correspond un changement dans la manière de vivre [1] ». A partir de la cataracte de Panga, les cases cessent d'affecter la forme conique et étroite en usage dans les autres parties de

---

[1]. Stanley, *Dans les ténèbres de l'Afrique*, t. I, p. 179.

l'Afrique centrale, elles présentent la forme quadrangulaire avec des toitures à deux eaux, surbaissées, et recouvrant des espaces relativement considérables. Cette disposition particulière des habitations se prolonge vers l'est chez les Mombouttou, les Manyéma, etc.; elle se reproduit, en tirant à l'ouest, chez les Bakalais, les Isogho, les Mponguié du Gabon, chez les Pahouins, ainsi que dans les pays qui avoisinent la forêt vierge de la Guinée. En ce qui regarde les Mombouttou, cette largeur et cette grandeur des logements affectés aux simples particuliers sont encore dépassées de beaucoup dans les bâtiments luxueux qui servent de résidence aux rois. Le palais du soi Monza, outre des magasins immenses, comprenait une *salle des fêtes* admirablement construite en pétioles de raphia agencées avec art; elle mesurait 30 mètres de long sur 15 mètres de large et 12 de hauteur; elle était parfaitement décorée. C'était bien beau pour un sauvage, mais on comprend ce luxe de construction, lorsqu'on sait que ce sauvage était un roi absolu, tirant de ses sujets de fortes contributions en nature assises sur les cultures et les bananeraies, entouré d'une garde formidable, d'une légion de fonctionnaires, d'une cour où figuraient plus de 80 femmes, etc.

Nous pouvons à ce sujet faire une observation générale qui complète celle de Stanley. La toiture des habitations, par la forme qu'elle affecte, se rattache d'ordinaire aux dispositions des bâtiments. Tel genre de toiture convient aux constructions étroites, tel autre genre aux constructions larges ou profondes. Or la forme des habitations occupées par les ouvriers ruraux[1] est liée à

---

1. On comprend que les milieux urbains, variables et soumis aux influences du commerce, conservent beaucoup moins que les cam-

l'organisation des familles. Si le groupement au foyer est nombreux, pour une cause quelconque, l'habitation affectera des dimensions larges[1]. Si au contraire les ménages sont réduits, l'habitation tendra vers l'étroitesse. Dans une grande partie de l'Europe, on peut reconnaître ainsi, en voyageant, les limites qui séparent des régions distinctes; celles où les foyers réunissent, suivant la coutume, plusieurs ménages, et celles des foyers à ménages séparés. Dans le premier cas, on observera l'usage de la tuile creuse ou « tuile romaine », qui permet de donner aux toitures une forme basse, et d'utiliser par suite la longueur moyenne des bois de charpente sur la plus grande largeur possible. Dans le second cas, on remarquera l'emploi de la tuile plate ou « tuile-feuille », de l'ardoise, du bardeau, du chaume, qui se prêtent aux toitures aiguës recouvrant des bâtiments sans profondeur et utilisant la longueur des bois pour donner aux couvertures, par un surcroît de pente, plus de résistance et d'imperméabilité.

Les lignes de rencontre de ces deux modes de couverture sont faciles à constater en France. Elles n'ont rien de commun avec la différence des climats, et ne sont pas déterminées absolument par la proximité des matériaux. La tuile creuse est employée à 30 kilomètres au sud des ardoisières d'Angers, dont les produits remontent vers le nord jusqu'en Normandie et aux environs de Paris. On peut observer l'usage de la tuile creuse et des toits abais-

---

pagnes les usages de ce genre; néanmoins, la plupart des petites villes, et même beaucoup de grandes, suivent à l'égard des toitures les usages des campagnes environnantes.

1. Parfois aussi ces dimensions sont dues, comme dans les chalets suisses, à l'avantage qu'il y a d'abriter le troupeau avec la famille, à cause de la rigueur du climat.

sés près de la frontière espagnole, et près de notre nouvelle frontière allemande. La tuile creuse émerge du milieu des oliviers et des orangers, dans les stations d'hiver de l'heureuse Provence, comme elle apparaît à travers les châtaigneraies, sur les plateaux humides et froids du Limousin. Chaque région porte, pour ainsi dire, « écrite sur son chapeau, » la constitution intime des familles qui l'habitent.

Mais revenons chez les Mombouttou. Pour ceux-ci, le principe du groupement qui motive la largeur des habitations est, nous l'avons dit, le travail de la *cueillette*. Ce principe domine toute leur constitution sociale, et les distingue de tous les autres noirs habitant les contrées environnantes. « Les Mombouttou, dit Schweinfurth, sont une noble race, des hommes bien autrement cultivés que leurs voisins, à qui leur régime fait horreur. Ils ont un esprit public, un orgueil national... Les Nubiens qui résident chez eux n'ont pas assez d'éloges pour vanter la constance de leur affection, l'ordre et la sécurité de leur vie sociale, leur supériorité militaire, leur adresse, leur courage. — Tu ne les crains pas, disent-ils au nouvel arrivant; moi, je les crains; ils sont redoutables pour tout le monde. »

Cette force que donne le groupement en grand nombre, ces moyens d'action puissants et rapides que procure un état centralisé, ne sont pas employés seulement à la défense. On comprend qu'un peuple adonné, en même temps qu'à la cueillette, à la chasse de l'éléphant et du buffle, toujours armé, toujours sur le qui-vive, doit entreprendre volontiers des expéditions chez les nations voisines. A l'est et au sud des Mombouttou, dans les contrées que bordent le Bomocandi et le Kibali, habitent des nègres adonnés à la culture, possédant quelques chèvres, et dénués de chefs puissants. Ils sont désignés par les nations limitrophes sous le nom de Monvou ou Monfou, et considérés comme une race inférieure. De même qu'ils ordonnent des battues contre le buffle et l'éléphant, les princes Mombouttou, à des intervalles assez rapprochés, convoquent les guerriers pour les mener en razzia chez ces sauvages méprisés. On se précipite au combat en criant : « Viande! viande! » et on revient en traînant à sa suite des chèvres et des captifs.

Que deviendront ces captifs? Vont-ils, comme dans la région colonisée par les « Bantou », servir à cultiver la terre et à recruter l'armée?

Les Mombouttou n'ont pas besoin de serviteurs pour leurs très faibles cultures; les semences confiées à la terre en très petites quantités viennent chez eux sans travail sérieux. Ils n'ont point envie, pour augmenter le nombre de leurs guerriers, que des gens étrangers au clan soient admis à partager la cueillette de leurs bananiers et de leurs élaïs. Le sort des prisonniers chez eux est tranché d'une façon plus radicale : *on les mange*.

Je ne décrirai pas ici la hideuse opération du « boucanage » qui suit le combat, ni les trophées de crânes qui bordent littéralement les longues rues des villages. Mais nous devons pourtant chercher à nous rendre compte de la cause qui développe le cannibalisme, au sein d'une société où la question alimentaire semble ne pas se poser, la cueillette et la chasse paraissant assurer une nourriture suffisante, et même plantureuse.

On ne m'accusera pas d'émettre, sans égard pour la méthode d'observation, une théorie vague et systématique, si j'avance que la pratique de l'anthropophagie suppose un mépris intense de la dignité et de l'existence humaines, un manque absolu d'amour pour ses semblables. Or, rien n'est plus propre à pousser une société dans cette voie, que la constitution en *clan défensif,* qui est pour ainsi dire imposée aux noirs vivant de la banane. Cette forme de société, je l'ai déjà fait remarquer, est plus particulièrement utile sous le climat équatorial à saison unique, où la récolte des fruits est perpétuellement pendante. L'exclusivisme engendré par ce mode de groupement, le mépris souverain pour tout être qui ne fait pas partie du clan, percent à l'envi dans cette réponse faite à Stanley par un naturel de Manyéma : « Ça prend nos bananes, — disait-il en désignant des nègres de la brousse — ça prend nos bananes; on les tue, et nous les mangeons. »

Je reconnais que ces sentiments féroces, tout en expliquant parfaitement pourquoi l'on tue l'étranger, ne font pas aussi bien comprendre pourquoi on le mange. Il est besoin ici d'une autre raison; elle se trouve également dans une autre réponse d'anthropophage, cherchant à excuser le cannibalisme de sa nation. « C'est seulement, disait une femme akka, quand la viande est rare, et que la nature exige une nourriture plus variée que le régime de la banane [1] ». Or, les Akka sont des chasseurs. Si nous examinons successivement les peuples qui font de la banane leur principal aliment, nous reconnaîtrons en effet que tous ajoutent à ce régime quelque chose de plus substantiel : l'Ou-Ganda possède des bœufs, et le roi, à intervalles fixes, en ordonne l'abattage et la distribution; le Dahomey et les peuples du Bénin font cultiver en grand par leurs captifs le maïs, « le soutien du peuple [2] ». Les autres peuples à banane sont mangeurs

---

1. Chaillé-Long, p. 278.
2. L'abbé P. Bouche, *La Côte des Esclaves,* p. 59 à 63.

d'hommes, y compris les nations pahouines, malgré l'immense destruction qu'elles font de l'éléphant.

Il semble donc avéré que « la nature exige quelque chose de plus substantiel que le régime de la banane ». Ce régime, pour la masse du peuple, se compose de bananes de la grosse espèce, cueillies vertes et bouillies. Ces fruits ainsi traités rentrent dans la catégorie des aliments farineux; et, comme Le Play l'a observé pour la châtaigne, ils veulent « *être associés avec un corps gras* »[1]. On doit remarquer aussi, comme poussant à l'anthropophagie, l'absence de *sel* dans la région des Mombouttou; ce condiment est au contraire répandu dans l'Ou-Ganda, où on le tire des salines du lac Albert, et dans le Dahomey, où il vient de la côte.

Le royaume des Mombouttou s'est effondré, comme l'Ou-Ganda, sous la pression des trafiquants nubiens et de leurs bandes armées, auxquelles se sont jointes parfois les troupes des gouverneurs égyptiens du Bahr-El-Ghazal. De même, à l'autre extrémité de la région de la banane, la vaillance de nos soldats et l'habile stratégie du général Dodds ont réduit à néant la puissance du tyran dahoméen. Le contact des races étrangères est fatal à ces grands chefs africains; mais il ne modifiera pas probablement, de longtemps encore, les mœurs des populations noires qui leur étaient assujetties. Il y a donc un intérêt réel à rechercher les causes *vraies* de ces coutumes étranges et souvent horribles. En observant les faits qui influent positivement sur les sociétés, nous nous rendons compte de ces causes; nous sommes amenés à comprendre la cohésion qui relie les sociétés adonnées à la cueillette, le pouvoir étendu, absolu, centra-

---

1. *Ouvriers européens*, t. I, p. 310.

lisé entre les mains des chefs qui s'élèvent au-dessus d'elles, la férocité et les appétits répugnants des noirs à banane. Par l'exemple des Mombouttou, et de l'Ou-Ganda, nous nous expliquons assez clairement toute la constitution sociale du Dahomey : le groupement d'un grand nombre de femmes autour d'un chef de maison perpétuellement ivre de vin de palme, les razzias de captifs aux alentours du royaume, la police rusée et partout présente, le grand nombre des *cabécères* ou fonctionnaires et l'instabilité de leurs situations, la garde du roi et ses régiments de guerriers et d'amazones, les hideux trophées de crânes qui entourent le palais royal, enfin les sanglantes orgies et les massacres des « coutumes », qui conservent le cannibalisme à l'état traditionnel et pour ainsi dire rituel [1].

D'après les anciens historiens, et aussi d'après les traditions locales, le royaume du Dahomey et les autres peuplades du même genre qui résident actuellement à l'ouest de l'Afrique, doivent leur origine à d'anciennes et formidables migrations venues par les forêts équatoriales. On a surtout gardé le souvenir d'une invasion nombreuse et irrésistible qui se serait produite dans le cours du seizième siècle. Les envahisseurs portaient alors le nom de *Galla*. Un fait analogue se reproduit de nos jours par la poussée constante des chasseurs pahouins qui arrivent sur la côte de l'Atlantique, venant de l'est et suivant la bande de forêts et de bananeraies qui traverse le continent.

Les traditions de ces Pahouins ou *Fans*, sur leur pays d'origine, ont été recueillies par le D\u1e57 Paul Barret, médecin de la marine française et explorateur du Gabon. Leur

1. Voir dans la revue *La Science sociale*, t. III, p. 94 à 96, 99, 100, 104 à 106.

voyage vers les terres de l'ouest aurait duré, selon leurs anciens, « onze lunes », c'est-à-dire onze mois; d'autres prétendent que le pays des Pahouins s'étend vers l'intérieur à une distance de cent lunes de marche. « Lorsqu'on leur demande d'indiquer d'où ils viennent, ils montrent l'*Orient;* précisément la direction de ces grandes peuplades de Mombouttou et de Niam-Niam qui habitent, au centre du continent, le plateau d'où sourd l'innombrable chevelu des affluents du Nil... Les rudes immigrants arrivent en bandes serrées; ils se disent eux-mêmes aussi nombreux que les blancs dont on leur parle. Ils ont passé comme une avalanche sur le corps des tribus rencontrées sur la route, détruisant pour se nourrir gens, bêtes et plantations, écrasant sous la presse du nombre les villages guerriers qui tentèrent de les arrêter. Maintenant nous les trouvons étendus et groupés sur les limites les plus prochaines de notre possession, et prolongés dans le nord-est de la solitude, à une profondeur ignorée, toujours poussés vers la côte par la masse qui est derrière[1]. »

L'avis formel de Schweinfurth est aussi que les Pahouins sont des émigrants de la même race que les Niam-Niam, et que ce sont eux qui, au commencement du dix-septième siècle, ont ravagé le Loango.

Ainsi la direction du mouvement est évidente, elle va du pays des Mombouttou et des Niam-Niam vers le Dahomey et le Gabon. Quelle peut être la cause de ce mouvement continuel, de ce déplacement de nombreuses populations à travers la région de la banane? Les Mombouttou eux-mêmes, dans la contrée qu'ils occupent maintenant, ne sont encore que des envahisseurs de

---

1. Dr. P. Barret, *L'Afrique occidentale*, t. II, p. 252 à 256.

fraîche date, déjà attaqués par de futurs successeurs. Il n'est guère admissible que les Pahouins, ou les autres envahisseurs venant de l'est, aient volontairement quitté ces pays du bananier et de l'élaïs, ces lieux où la vie est si facile, et qui ont la réputation d'un éden africain. Dirat-on que c'est l'excès de la population qui a motivé leur exode? Mais des espaces déserts, de deux jours de marche et plus, se trouvent communément entre les villages de ces pays à banane, isolant chaque district; ils pourraient en grande partie, aussi bien que les lieux déjà habités, être aménagés, éclaircis, complantés, et offrir le même bien-être à un nombre immense d'habitants. Il faut donc chercher plus loin, plus à l'est, la cause de ces migrations en masse, composées de nations entières.

Cette cause, c'est le rejet, le refoulement produit par l'arrivée dans les pays à banane d'autres nations, de nations que nous avons vues dans la région montagneuse de l'est, plus fortes et mieux organisées pour la guerre.

Du haut des collines élevées que l'on rencontre à l'orient des pays occupés par les Mombouttou et par leurs congénères les Makaraka Niam-Niam, on voit apparaître au loin les cimes bleuâtres de puissantes montagnes. Ce sont les sommets sourcilleux et inexplorés du Rouvenzori, du Mfombiro, du Karagoué, le pays des pasteurs Wa-Houma. Là commence la zone des hautes terres de l'est, où, comme nous l'avons précédemment expliqué, la guerre s'allume perpétuellement pour la possession des petits plateaux herbus, et où de temps à autre une poussée irrésistible se produit, par l'épanchement d'un flot de pasteurs Galla en quête de pâturages.

Nous avons déjà décrit les conséquences de ces invasions. Tandis que les sociétés les plus strictement constituées au point de vue militaire sur les plateaux de pâture battent en retraite avec leur bétail vers la zone des déserts du sud, les peuplades moins fortes ou moins chanceuses se voient refoulées, soit sur les pentes qu'elles convertissent en pâturages artificiels, soit *vers les pays de forêts et de cueillette,* situés à la base des monts, et dont elles chassent les anciens possesseurs.

Le mouvement se propage dans le sens où s'accentue, avec la modification du travail, la désorganisation sociale. Les compagnies formées chez les pasteurs transhumants par la jeunesse dressée à la discipline guerrière et au maniement des armes, poussent devant elles les bandes nombreuses, mais désordonnées, que peuvent leur opposer les clans groupés par la cueillette. Ceux-ci, grâce à leur constitution cohésive, sous les ordres de leurs chefs puissants et absolus, rejettent hors des meilleurs cantons de chasse et des bananeraies que l'on peut éclaircir les habitants de la forêt, dont les groupements ont été relâchés par la nature même de leur travail de chasseurs. Ainsi, semblable aux ondes concentriques que produit une pierre jetée dans l'eau, le refoulement se transmet de proche en proche jusqu'aux rivages de l'occident, le plus fort chassant devant lui le plus faible.

Arrivées après mille péripéties au terme de leur long voyage, sur le versant du golfe de Bénin ou sur la lisière des forêts gabonaises, les hordes cannibales africaines conservent encore des traces visibles de leur origine dans leurs caractères physiques : la prestance générale, la nuance de la peau, la longueur relative de la chevelure. On voit encore reluire entre les mains de leurs guerriers la pique au large fer que manœuvrent avec aisance les *El-moran* des petits plateaux herbus.

IV.

LA RÉGION DE L'ÉLEUSINE [1].

La marche vers l'ouest, dans la direction où s'allonge la région de la banane, paraît bien être la règle générale pour les peuples refoulés des pentes des montagnes vers le centre de l'Afrique. Il semble cependant y avoir des exceptions à cette règle, si l'on s'en rapporte aux traditions des *Sandeh* ou Niam-Niam, qui, eux, prétendent venir de l'ouest. Au lieu de suivre le grand courant de migration, ils auraient été jetés à la rive vers le nord. En tous cas, la région particulière qu'ils habitent, différant par ses produits de celle que nous venons d'examiner, a imprimé un tout autre caractère à la forme de leur société.

Dans les terres basses de la Guinée, la production *en grand* de la banane et de l'huile de palme peut s'étendre jusqu'au 7ᵉ degré de latitude nord, et remonter même en certains lieux jusque vers le dixième; mais dans la partie orientale de la région propre à ces deux produits végétaux, le 4ᵉ degré de latitude nord paraît arrêter leur développement. On conçoit que l'altitude générale du pays des Sandeh, qui est de 2.500 à 3.000 pieds, doit influencer le climat, et par suite la végétation. Dans cette dernière contrée, l'élaïs ne franchit guère l'Ouellé. Sitôt qu'on dépasse ce fleuve, les bananiers n'apparaissent

---

1. A consulter pour cette région :
Schweinfurth, t. I, p. 17, 170 à 174, 241, 244, 415 à 419, 425, 428, 429, 431, 434, 439, 448, 451, 453, 454, 460, 467, 469, 492, 495, etc.; t. II, p. 2, 3, 9 à 13, 21, 35, 79, 83, 84, 169, 171, 176, 350, etc.; — E. Reclus, t. X, p. 223; t. XIII, p. 260 à 262, 267, 287; — Potagos, p. 260, 282 à 285, 288 à 295, 301; — Stanley, *A Travers le continent mystérieux*, t. II, p. 86, 140; — Chaillé-Long, p. 287; — Casati, p. 41, 58, 60, 61, 77, 102, 103, 106, 138 à 141, 145, 149, 171, 186, 195, 206, etc.

plus en masses, bientôt après ils disparaissent. Nous avons quitté les pays de cuillette, nous sommes chez les *Niam-Niam*.

Dans l'idiome du pays, ce nom par lequel on désigne les *Sandeh* a un sens assez caractéristique, il signifie « mangeurs. » Les Niam-Niam sont des gens d'un grand appétit; il s'agit de savoir par quels procédés ils arrivent à le satisfaire.

On remarquera d'abord que s'ils ont mérité cette épithète de « mangeurs » ou de « voraces, » c'est probablement parce qu'il leur est difficile, à certains moments, de trouver à assouvir leur faim. L'examen des lieux qu'ils habitent, des moyens d'existence qu'ils peuvent y trouver, nous fixera sur cette question.

Le cœur du pays des Sandeh est l'arête faîtière qui sépare les affluents du Nil-Blanc de ceux du lac Tchâd et de ceux de l'Oubanghi. Privés de bétail, comme tous les habitants de la zone centrale, à cause de la mouche tzé-tzé, les habitants ont recours à la chasse. Par sa situation géographique, qui la soumet aux pluies équatoriales pendant presque tous les mois de l'année, et par suite des pentes qui s'y croisent en plusieurs sens, la contrée présente un assemblage de fonds très boisés et de crêtes plus éclaircies, où les diverses sortes de gibier peuvent trouver chacune leur site préféré. Dans les parties basses et forestières, on rencontre en abondance le phacochère ou sanglier à verrues, les singes comestibles, plusieurs espèces d'écureuils et de grimpeurs. La pintade se plaît en vols nombreux sur les grands arbres au bord des eaux. L'éléphant et diverses variétés d'antilopes apparaissent en troupes, en certaines saisons, sur les plateaux. Le léopard, plus terrible, dit-on, aux hommes qu'aux animaux, et dont la fourrure fait l'ornement des princes, occupe les massifs impénétrables, dont l'aspect est celui des parties de forêt décrites par Stanley sous le nom de *Mitammba, Mtambani,* c'est-à-dire « couvert, enchevêtré. »

Au milieu de toutes ces richesses, le chasseur peut varier ses plaisirs, et rapporter à ses femmes la matière d'un ordinaire qui n'est pas trop monotone, et qui vient

Le pays des rivières.

s'ajouter au fonds commun de la nourriture animale en Afrique, la viande d'éléphant. Des meutes de chiens d'une race spéciale entourent généralement l'habitation des roitelets niam-niam; elles sont utilisées pour la chasse de ces différents gibiers.

La chasse de l'éléphant se pratique chez les Sandeh au moyen de la battue, et par l'incendie des hautes herbes sur les plateaux. Elle donne de grands produits, si l'on en juge par l'énorme quantité d'ivoire qui attire chez les rois du pays des nuées de trafiquants nubiens, grands et petits. Elle va jusqu'à faire craindre la destruction totale du précieux pachyderme. On fait sécher la viande découpée en lanières, et par le moyen de ce boucanage, on la conserve quelque temps.

Mais il vient une époque, chaque année, où l'éléphant quitte les plateaux et s'enfonce dans les forêts, peut-être pour y vivre de fruits. Alors se produit une *morte-saison* de chasse. Il est très difficile d'aller tuer l'éléphant dans les fourrés profonds où il fait sa retraite : la disposition des forêts en longueur, suivant le cours des vallées, rend les battues infructueuses; les traqueurs seraient toujours distancés par la course rapide de l'éléphant.

D'autre part, la présence de l'énorme animal au milieu des bois prive les habitants de la chasse de détail au menu gibier, dans laquelle ils trouvent d'habitude une grande ressource. Tous les animaux timides sont troublés dans leurs gîtes par le bruit que fait l'éléphant en s'ébrouant, se vautrant dans les mares, en brisant les branches sèches sur son passage, en secouant les arbres auxquels il se frotte. Le gibier inoffensif fuit alors la contrée, il disparaît, et les quelques individus qui demeurent isolés sont tellement effarouchés qu'il est presque impossible de les atteindre. Alors le vide se fait devant le chasseur, il n'y a plus rien à manger dans la forêt; les crânes d'animaux qui chargent les pieux ou les arbres « votifs » se dessèchent et blanchissent, attendant en vain leurs remplaçants.

Il se produit donc en cette saison, que le Dr Schweinfurth appelle le printemps, une disette de gibier; et comme la prévoyance est très peu développée chez les chasseurs, que d'ailleurs les provisions de gibier ne se conservent pas longtemps, on voit les Niam-Niam, les

« mangeurs, » se livrer alors à la recherche de toutes sortes de moyens de subsistance. Rien n'est épargné ni dédaigné. On déterre l'igname et la colocase, venus sans soins, et d'autres racines comestibles ; on dévore les ruches sauvages, miel et cire, arrêtant ainsi leur reproduction ; on consomme le peu de manioc amer que renferme le pays ; enfin on se jette sur toutes les proies, si minimes et si peu engageantes qu'elles soient : rats, grenouilles, chenilles, etc.

Arrivé le soir chez le roi *Roua,* le voyageur grec Potagos se vit offrir un repas composé de différents mets du pays ; et malgré sa méfiance, il voulut goûter de l'un, « qui exhalait une odeur exquise, et qui avait l'apparence d'une anguille écorchée et coupée en morceaux, dont la tête et la queue manquaient. » Il demanda si cet animal vivait dans l'eau ; et, ne pouvant comprendre la réponse, se rassura et en mangea avec plaisir. Le reste fut consommé avec délices par les interprètes, les savants du lieu. Après le repas, voulant connaître la manière dont avait été pêchée cette anguille, le voyageur apprit qu'elle avait été, la veille, *tuée sur un arbre* par le roi !

Pour suppléer au défaut de graisse, on extrait de la fourmi ailée ou termite une huile brillante et sans mauvais goût, fort recherchée dans le pays. Enfin on tue et on consomme les chiens, qui se sont engraissés aux époques de belles chasses. C'est aussi au moment de la disette qu'on prend, sous l'aiguillon de la faim, la monstrueuse habitude du cannibalisme, habitude qui se perpétue ensuite pendant le reste de l'année.

Plusieurs auteurs ont remarqué que les peuplades cannibales mangent le chien, tandis que celles qui sont éloignées de l'anthropophagie ont ordinairement en horreur la viande du fidèle compagnon de l'homme. Cela s'explique, sans mettre en jeu l'attachement que provoquent chez les âmes sensibles les qualités de ce dévoué quadrupède. Le chien n'est mangeable que s'il est gras, et c'est l'alternance de la chasse fructueuse avec la disette, qui d'une part permet d'engraisser le chien, et d'autre part pousse à le manger. Cette alternance n'est-elle pas aussi la cause qui développe le cannibalisme chez les chasseurs?

Souffrant réellement de la famine, les Niam-Niam sont cependant beaucoup moins anthropophages que leurs voisins les Mombouttou au milieu de leurs opulentes bananeraies. Le cannibalisme des premiers ne s'attaque guère qu'aux morts, aux enfants sans protecteur, aux vieillards abandonnés, et ne peut être d'un très grand secours contre la disette. Ce n'est point par tempérance ou par modération que les Sandeh en agissent ainsi; divisés en petits groupes, ces chasseurs ne sont pas nombreux et forts comme les clans vivant de la cueillette. Les razzias lointaines, l'enlèvement de troupeaux de captifs et de leurs chèvres, ne sont pas à leur portée. A peine peuvent-ils saisir de temps à autre, à la lisière des forêts, quelque noir isolé des peuplades Krédis ou Fertites, déjà suffisamment exploitées par les Arabes chasseurs d'esclaves.

Tel est le résultat des conditions sociales différentes imposées par leur genre de travail à deux races également convaincues d'un ignoble penchant. Ici, chez les chasseurs, malgré la bravoure, la férocité et la famine, on trouve la division et la faiblesse; là, avec la cueillette, se forment les clans redoutables, puis la nation centralisée, assez puissante pour se permettre d'affreuses hécatombes.

N'oublions pas de vérifier en passant la « loi des toitures »; les cabanes des Sandeh, régulières et artistement bâties, affectent l'étroitesse et la forme aiguë propres aux petits groupements.

Voilà donc un peuple adonné à la chasse, et, comme tous les chasseurs, réduit à la famine d'une manière périodique. Le fait que nous avons signalé déjà pour la région du manioc se reproduit cependant ici, la population du pays des Sandeh ne tend pas à disparaître; elle vit, elle se multiplie, malgré les disettes et les causes d'affaiblissement que nous venons de montrer. Elle arrive à se maintenir au chiffre d'environ deux millions d'hommes sur un territoire de 150.000 kilomètres carrés. Il y a donc dans cette région une ressource alimentaire qui ne provient pas de la chasse. Cette ressource, c'est un grain, petit il est vrai et de mauvaise qualité, l'*éleusine coracana*, cultivée par les femmes.

L'*Eleusine* est une plante de la famille des graminées. Elle n'appartient pas à la tribu des *panicées*, comme les différentes sortes de millet cultivées en Afrique, on la range dans la tribu des *chloridées*, dont les principaux représentants croissent dans l'Amérique du Sud, dans l'Amérique du Nord, au Cap de Bonne-Espérance et aux Indes Orientales. Elle fructifie par des épis terminaux à épillets latéraux, sans bractées ou écailles. Son chaume, haut de 1 mètre à $1^m,20$, est droit, articulé, garni de grandes feuilles raides et pileuses. L'éleusine est cultivée en Abyssinie, où, sous le nom de *dakoussa* (tsada-agoussa), elle avait autrefois le privilège de fournir le pain consommé à la table des rois. Mais on ne doit pas la confondre avec le *teff* d'Abyssinie, qui est un *poa* ou paturin. Aux Indes, dans les années de disette, l'éleusine remplace le riz pour la nourriture des pauvres.

Grâce à l'obligeance de la maison Vilmorin et Cie de Paris, j'ai sous les yeux un échantillon d'éleusine coracana. Le grain est dur, petit, rond, semblable à un grain de millet, mais d'une couleur brune ou rougeâtre, d'un aspect terne, et d'une saveur légèrement amère. Ce grain contient peu de farine. Les Arabes nubiens qui composent l'escorte des voyageurs ou qui forment les caravanes de commerçants dans les pays nègres, donnent à l'éleusine le nom de *téléboun*, et la maudissent comme un détestable aliment, auquel ils préfèrent de beaucoup leur *kisséré* ou galette de dourah. C'est aussi l'avis de sir Samuel Baker.

Le blé des Sandeh est donc un pauvre blé. On le cultive sur les terres trop peu fertiles et *trop humides pour donner autre chose*. C'est là la caractéristique de la *Région de l'éleusine*, pays intermédiaire entre les contrées absolument équatoriales, où aucune céréale n'est récoltée par suite de l'excès des pluies, et les territoires plus septentrionaux qui conviennent au *dourah* et produisent d'abondantes moissons. La brièveté des saisons sèches est la cause qui réduit les Sandeh à ne cultiver que l'éleusine ; cette plante, parmi toutes les céréales, est celle qui s'accommode le mieux des terrains à luxuriante végétation forestière. « Partout, rapporte Schweinfurth, en parlant de cette région, le bois est si abondant, qu'à toutes les haltes nous étions enfouis dans la feuillée, comme des œufs dans la salade. Qu'un champ reste une couple d'années en jachère, et il se transforme en un taillis épais [1]. »

L'éleusine est donc par excellence le blé des chasseurs, d'autant mieux que sa culture, très facile et très simple sous ce climat, peut être presque entièrement faite par

---

1. Schweinfurth, t. I, p. 425. Voir aussi t. II, p. 169.

les femmes. On ne laboure pas le terrain; on se borne, avant de répandre la semence, à arracher les herbes, à couper les arbres ou les buissons à fleur de terre, et à ameublir très légèrement le sol, qui par lui-même a peu de consistance. Parmi ces opérations, une seule requiert le secours d'un bras masculin, l'enlèvement des arbres d'une certaine taille. La moisson, le battage, sont dévolus aux femmes, ainsi que le concassement grossier du grain.

La farine qui résulte de cette dernière manipulation n'est pas blutée; on la convertit telle quelle en bouillie, réduite jusqu'à consistance de pâte. Elle est accommodée ensuite avec différentes sauces que composent des jus d'herbes, des tranches de viande boucanée et des graisses ou huiles diverses, — celles que l'on peut se procurer.

C'est là le « principal menu, » le fond de la nourriture en pays Sandeh. Aussi chacun tient à surveiller sa récolte, et s'établit au milieu de ses cultures. Il n'y a ni villes ni villages, chaque hameau contient seulement deux ou trois *familles,* et par là il faut entendre deux ou trois cases dans chacune desquelles une femme vit avec ses enfants; plus la case du mari, près de laquelle se dressent trois greniers, deux pour l'éleusine conservée en grain, et un destiné à celle qui a été convertie en malt pour la fabrication de la bière. La bière d'éleusine, blonde, parfumée, capiteuse, est la meilleure de toute l'Afrique. Elle remplace le vin de palme, que l'élaïs ne fournit plus.

Il est clair que si ces hommes voulaient, diminuant leurs expéditions de chasse qui ne peuvent les nourrir, se mettre courageusement à défricher les plateaux que séparent leurs rivières, ils pourraient vivre de l'éleusine, et éviter les pénibles disettes auxquelles ils sont en proie. Mais la nature humaine n'est pas ainsi faite; on ne se décide à cultiver que si l'on y est contraint, et dans la mesure imposée par la contrainte.

Nous avons observé précédemment que c'était l'invasion militaire des Cafres « bantou » qui avait imposé aux peuplades de la région du manioc la servitude agricole. Cette invasion n'a pu traverser les forêts, et atteindre la région de l'éleusine ; et cependant, l'importance de la culture est telle chez les Sandeh, que ceux qui les décrivent se demandent s'il les faut classer parmi les chasseurs ou parmi les agriculteurs. Cela dénote que, chez eux aussi, une notable contrainte a été exercée en vue de faire produire à la terre un supplément de nourriture reconnu indispensable. Quels sont les auteurs de cet acte de patronage? et comment ce patronage est-il exercé?

La ligne de faîte qui partage entre le Nil-Blanc et l'Ouellé les nombreux ruisseaux du pays Sandeh est un prolongement des hautes terres de l'Est. De cette arête se détachent vers le sud et vers le nord d'innombrables contreforts séparés entre eux par les vallées profondes, les « abîmes de verdure » aux raides falaises, auxquelles le voyageur a donné le nom de « galeries[1]. » Ces ravins forestiers, que parcourent des ruisseaux profonds et pérennes, sont des fortifications naturelles, et en même temps des obstacles emprisonnant chaque contrefort ou plateau isolé. Avec cette disposition naturelle des lieux, l'action dissolvante que produit le travail de la chasse a formé un royaume ou une vice-royauté distincte sur chacun de ces plateaux. Un explorateur compte trente-cinq princes régnants chez les Sandeh, sans parler des grands vassaux; le Dr Potagos, à chaque jour de marche, reçoit l'hospitalité chez un nouveau roitelet. Souverains ou vice-

---

[1]. Schweinfurth, t. II, p. 9.

rois, tous ces petits chefs gouvernent leurs petits peuples chacun à sa manière, dans une réelle indépendance, et vident souvent par les armes les querelles qui naissent entre eux. Nous sommes bien loin de la forte « unité nationale » qui relie les clans mombouttou et centralise toutes leurs forces.

Aussi n'a-t-il pas été besoin de longues intrigues, de coalitions et de coups de main hardis pour asseoir au milieu des Sandeh l'influence des traitants arabes. « Chaque roitelet, nous dit le plus récent explorateur de cette contrée, est soumis à la direction du chef de poste Danagla (Dongolais) de son voisinage, dont il reconnaît l'autorité et favorise de son mieux le commerce. »

C'est de ces petits chefs Sandeh que nous allons voir venir la contrainte qui a créé la culture de l'éleusine. Qu'il soit *bié* (roi) ou *bainki* (vice-roi), le chef se taille au milieu du plateau une vaste propriété, cultivée par ses femmes, qui sont au nombre d'une douzaine, et par des captifs appartenant aux peuplades inférieures; car il n'y a guère dans le pays qu'un tiers de véritables Sandeh, le reste de la population se composant de races soumises. La *Mbanga,* ou résidence du roitelet, se reconnaît tout d'abord entre les différents groupes de cases épars sur le plateau, aux nombreux boucliers appendus dans le voisinage à des arbres ou à des poteaux, à la sonnerie des cors d'ivoire, au retentissement de l'*ongara* ou gros tambour fixé sur la place. Quelques guerriers d'élite, nuit et jour aux ordres du chef, montent la garde sur cette place, qu'entourent les bâtiments royaux; des cases rondes avec des toits coniques d'une hauteur et d'une acuité exceptionnelles, servent d'habitation au roi et à chacune de ses femmes, ou bien de corps de garde, de trésor ou de greniers. Aucun insigne personnel ne distingue de ses soldats le monarque campagnard, dont les attributions sont cependant nombreuses et sérieuses. C'est lui qui surveille l'apparition des bandes d'éléphants, fait donner par le tambour le signal de la battue, et s'approprie pour cela l'ivoire avec la moitié de la chair. [L'ivoire existe entre les mains des chefs Sandeh en quantités énormes.] Le roi conduit les fréquentes expéditions de guerre contre les villages voisins; il donne l'exemple de la culture en faisant valoir ses champs, en vivant d'éleusine, en offrant à ses visiteurs l'excellente bière dans de grands vases à quatre goulots. Enfin, il fait les mariages.

Quand un homme désire se marier, il en fait la demande au souverain, qui aussitôt lui cherche une épouse convenable. Les parents ne sont pas consultés, ils ne reçoivent rien du futur époux. La chose, comme le remarquent les voyageurs, est contraire à ce qui se passe généralement en Afrique; c'est un cas particulier. La seule raison qu'on puisse donner de cette manière de former des unions, qui généralement sont constantes et heureuses, c'est que la femme est vouée au travail de la culture, dont le roi est l'initiateur; en cette qualité, le chef est le haut patron des ouvriers agricoles, c'est-à-dire des femmes, et il les place, pour le bien public, là où le besoin s'en fait sentir.

Mais d'où proviennent ces chefs, qui réunissent entre leurs mains de telles attributions? Ce ne sont pas des individus élevés subitement au-dessus de la masse par la vigueur du corps et la détermination, comme le sont les chefs issus du seul travail de la chasse; ils forment de véritables dynasties, pour l'une desquelles le docteur allemand nous a donné un arbre généalogique complet. Ce sont des conquérants, des vainqueurs, qui se considèrent comme maîtres de leurs sujets, et dont le commandement est d'ordinaire dépourvu d'aménité. « Le chef

Moukia, dit Potagos, fit venir les hommes qui devaient m'accompagner ; les ayant jetés à terre, il les frappa impitoyablement, leur ordonnant de combattre jusqu'à la mort, si besoin était ; pour moi et pour son frère cadet qui devait le remplacer auprès de moi ; il ajoutait que s'ils nous abandonnaient, il les ferait périr, eux, leurs femmes et leurs enfants [1]. » Et ce n'était pas une vaine menace, « la crainte qu'ils inspirent à leurs sujets est incroyable ; on raconte que, dans le simple but de rappeler le droit de vie et de mort dont ils sont investis, ils simulent des accès de fureur, choisissent une victime dans la foule, lui jettent un lasso autour du cou et lui abattent la tête de leur propre main [2] ». Ce genre de césarisme africain, ajoute Schweinfurth, rappelle les derniers temps du règne de Théodoros, le cruel Négus d'Abyssinie. Et en effet, il n'y a pas si loin qu'on pourrait le croire des castes belliqueuses abyssiniennes aux roitelets indépendants des Sandeh ; un autre trait commun entre eux décèle leur commune origine ; et ce trait tout spécial appartient à un ordre de faits très important dans la vie des sociétés, la *succession,* c'est-à-dire le rattachement des générations les unes aux autres.

Nous avons rencontré dans la zone centrale africaine divers ordres de succession, dont la coutume se maintient au sein des familles de chefs, moins instables que les autres familles de ces peuplades si désorganisées.

La transmission du pouvoir s'y effectue soit par le partage, soit par l'attribution au fils de la sœur maternelle, soit par l'élection confiée à certains dignitaires : c'est, notamment, en vertu d'une élection de ce genre

---

1. Potagos, p. 288.
2. Schweinfurth, t. 1, p. 21.

que se transmet le pouvoir du plus grand souverain établi au sud du Congo, le *Mouata-Yafa*. Aucun de ces divers modes de succession n'est admis chez les chefs Sandeh, le fils aîné du *bié* ou roi est le seul héritier de la situation dominante et des biens paternels; les frères cadets occupent la position de *bainki* ou vice-rois dans les différents districts qu'ils vont gouverner. Souvent ces derniers cherchent à se rendre complètement indépendants et y réussissent, mais c'est par la force des armes et au mépris du droit coutumier : on a vu aussi cela ailleurs.

Cette coutume du droit d'aînesse chez les Sandeh, qui sont venus en envahisseurs dans le « Pays des Rivières », doit nous guider dans la recherche de leur origine. Nous avons rencontré cet usage au sein de la zone montagneuse de l'est; nous savons comment elle y prend naissance sur les petits plateaux herbus, envoyant au loin des cadets émigrants formés à la guerre, habitués à l'éleusine, très capables de s'implanter en maîtres au milieu des chasseurs et de les contraindre à la culture usitée sur les pentes de leurs montagnes natales. Tandis que la masse des chasseurs niam-niam, entraînés d'abord par le grand courant de migration, sortaient de la grande forêt et se trouvaient rejetés dans le Pays des Rivières, les cadets des petits plateaux herbus venaient se superposer à leurs bandes faméliques. Avant d'atteindre ce territoire déjà fort éloigné de leur point de départ, les émigrants montagnards ont rencontré sur leur chemin de nombreux prédécesseurs, établis dans les régions où l'on peut encore conserver du bétail; ils ont, de père en fils, entretenu avec eux de bonnes relations, précieux renfort pour la coutume. Ces bonnes relations sont marquées par des échanges de présents, et les chefs sandeh reçoivent quelquefois en cadeau quelques vaches qu'il leur faut abattre promptement, car elles ne peuvent vivre longtemps dans leur pays. Fait intéressant à noter, ces vaches n'appartiennent point à la race toute voisine des bestiaux du Nil-Blanc, dont nous allons prochainement entretenir le lecteur, elles proviennent d'une autre race, celle des *Galla*, ou du Nil-Bleu.

Ainsi les mouvements incessants auxquels sont soumis les peuples noirs n'ont pas lieu par pur hasard : ils obéissent à des causes, à des lois providentielles, qui tendent au peuplement du vaste continent africain. Ces lois, nous avons cherché à les reconnaître, en examinant suivant un ordre méthodique les différents *travaux* qui partagent l'Afrique en différentes *régions*. Jusqu'à présent, nous avons trouvé le principal moteur de ces migrations dans les montagnes de l'est, *chez les nègres pasteurs du Nil-Bleu.*

Le cycle de leur action se ferme sur la Région de l'éleusine.

CHAPITRE VI

LA RÉGION DU DOURAH, ET LES PASTEURS DU NIL-BLANC.

Nous avançons dans notre voyage d'exploration à travers l'Afrique noire, il ne reste plus qu'une étape à franchir pour rejoindre la frontière des *Déserts du nord*.

Parmi les peuples rejetés dans l'aire qu'infeste la mouche *tzétzé*, et par là même privés de bétail, nous avons observé jusqu'ici que la chasse, se substituant au travail du pâturage rendu impossible, forme au point de vue social un fond commun, une sorte de trame générale, sur laquelle viennent pour ainsi dire se broder les modifications apportées par les autres influences. Dans les régions que nous venons de parcourir, celle du *manioc*, celle *des forêts et de la banane*, en dernier lieu celle de l'*éleusine*, l'humidité du climat et la brièveté des saisons sèches développent la végétation arborescente de préférence à toute autre ; elles engendrent la *forêt*, et donnent par là même à la chasse le pas sur tous les autres genres de travail.

Ce lieu principal de la chasse en Afrique a une limite, à laquelle nous touchons, et qui est caractérisée vers le nord de la zone centrale par l'arrêt des peuples cannibales et de leurs cultures d'éleusine.

Il est fort difficile de tracer au juste cette limite, les contrées qu'elle traverse étant en grande partie inexplorées. J'ai dû, sur la carte, comprendre seulement dans son enceinte les territoires qu'occupent les sociétés formellement reconnues comme répondant au type de la région. Mais il est à présumer que des peuplades analogues s'étendent à travers le centre africain, dans la direction de l'ouest, jusque vers les bords de la Benoué, affluent du Niger, dans les pays soumis à la domination des sultans de l'Adamaoua. Cette présomption est basée sur quelques faits mentionnés par les explorateurs qui ont le plus récemment poussé de ce côté des reconnaissances. Je citerai, d'après le voyageur A. Burdo, les Akpoto, les Mithsi, et autres nations de la rive gauche de la Benoué, comme positivement anthropophages et se livrant à la culture de l'éleusine[1].

1[2].

Au sortir des forêts vierges et des bananeraies, la récolte du *mauvais petit blé des chasseurs* est déjà un indice de la modération des saisons humides, qui laissent au grain le temps de se former. A mesure qu'on avance vers le nord, on peut compter dans l'année un plus grand nombre de beaux jours, donnant moyen de lutter par les sarclages contre l'invasion des plantes adventices dans les champs cultivés, et permettant à

---

1. A. Burdo, p. 157, 177, 262, 273, etc.
2. A consulter pour cette section :
Schweinfurth, t. I, p. 180, 238 à 242, 250, 251, 257, 258, 263, 264, 266, 268, 274, etc.; — Galliéni, p. 330, 375, 383, 384, 385, 387, 388, 391, 449, 450, etc.; — Capitaine Binger, t. I, p. 14, 16, 17, 18, 19, 24, 29, 33, 34, 70, 71, 82, 123, 133, 150, 166, 170, 193, 212, 245, 246, etc.; t. II, p. 210, 215, etc.

certaines céréales de se couronner de lourds épis. On en vient même, à l'approche des déserts, à ne plus trouver, qu'au temps des pluies, l'humidité du sol nécessaire à la germination. La balance du climat penche alors définitivement, au préjudice de la forêt, en faveur de la culture. L'objet principal de cette culture est le *dourah*.

Connu et cultivé en Europe par petites quantités et surtout comme fourrage, sous le nom de *sorgho* ou millet d'Inde, le dourah est la céréale dominante, en Afrique et en Asie, sur toute l'aire comprise entre les pays équatoriaux et les déserts desséchés qui traversent ces deux parties du monde. A l'entrée de ces déserts, ou du moins des régions que parcourent les Chevriers et les Chameliers, la sécheresse du climat arrête toute culture, sauf dans les territoires arrosés. Si l'on passe plus au nord, l'orge et le froment apparaissent.

La portion du globe qui produit en grand le dourah est ainsi bien déterminée. Dans toute cette vaste contrée, ce grain peut être considéré comme la base de l'alimentation végétale pour l'homme. Même chez les pasteurs arabes du Soudan, la galette de dourah est d'une extrême importance, à plus forte raison chez les populations nègres que nous allons observer, et surtout chez celles qui sont entièrement privées de bétail.

Le dourah est une graminée appartenant au genre des Houques (*Holcus*). Dans le pays qui lui est propre, sa tige s'élève jusqu'à dix et même quinze pieds de hauteur; elle est forte, raide, celle surtout des variétés tardives, que l'on emploie à faire des claies et des palissades. Cette hampe vigoureuse se garnit de feuilles simples, pointues, traversées en long par une nervure blanchâtre, ressemblant assez à la feuille du maïs. Au sommet, s'étalent les larges panicules qui se couvriront de grains.

Il y a une quinzaine de variétés de dourah, dont la semence est plus ou moins teintée, la pellicule plus ou moins résistante. Une de ces variétés, nommée sur le Nil *fétérita*, fournit un grain très blanc à écorce mince; elle est considérée comme « première marque », et fixe le prix des autres sortes.

Cette belle variété elle-même est loin d'avoir les qualités alimentaires du froment, mais la récolte fournie par quelques pieds seulement de dourah est considérable; la qualité est compensée par la quantité. C'est une céréale à très grand rendement.

La farine de dourah ne peut servir à faire un véritable pain, « à cause de la faible proportion d'amidon soluble qu'elle contient[1] ». C'est, du reste, le cas général pour les grains récoltés dans les pays intertropicaux. Le dourah, écrasé par la pression et le glissement entre deux pierres plates, ou broyé dans un mortier à l'aide d'un lourd pilon de bois (suivant que la contrée fournit le bois ou la pierre), est mis en pâte et fermente. Si on laisse lever la pâte, il faut ensuite l'étendre en minces galettes que l'on fait cuire dans la poêle à la façon des crêpes, c'est le *kisséré* des Soudanais. Chez les noirs, on n'attend pas si longtemps la fermentation; la pâte est pétrie en boules, enveloppée de feuilles et cuite sous la cendre. Cette préparation demande l'emploi de grandes et larges feuilles; elle ne peut convenir aux peuples dont le seul ombrage est fourni par les maigres acacias du Soudan; mais elle est exactement la même que celle de l'*eko* ou *akassa*, boule de maïs, que l'on consomme sur la côte de Guinée, près du bananier et de l'élaïs.

Voici en résumé les conditions qui déterminent le tra-

1. Schweinfurth, t. I, p. 212.

vail de l'homme dans la Région du dourah, la plus septentrionale de la zone centrale africaine : la présence de la mouche tzétzé s'oppose à l'élevage du bétail; elle ne laisse vivre que quelques chèvres, des chiens et des volailles. La forêt s'éclaircit, se fractionne, rendant la chasse incertaine et insuffisante. Enfin, les plateaux secs s'élargissent, et permettent la culture d'une céréale à produit abondant.

Si l'on trouve dans une telle région des populations nombreuses et denses, c'est la culture du dourah qui les nourrit.

En effet, c'est bien là le principal travail auquel s'adonnent les noirs de cette contrée; soit que, vaincus et réduits par les Arabes Vachers, ils se voient contraints de nourrir les conquérants, et d'alimenter par leurs tributs en grains les caravanes qui se dirigent vers le Sahara; soit que, défendus jusqu'ici par l'éloignement et par la tzétzé contre l'envahissement des pasteurs du désert, ils n'aient à souffrir que des razzias intermittentes des nomades et des réquisitions des « seigneurs marchands ». A l'ouest de la région, les nègres Bambarra se trouvent dans l'une et l'autre de ces deux situations. A l'est, le second cas, celui de la moindre oppression, est celui des *Mittou*, des *Bongo* et d'autres peuplades semblables.

La première conséquence des conditions du lieu que nous venons de décrire, est celle-ci : par l'absence du pâturage et de la chasse, du moins comme moyens sérieux d'existence, les hommes ne peuvent se livrer qu'à la culture; ils travaillent aux champs avec les femmes et les enfants. Dès lors, la polygamie illimitée en usage chez les chasseurs n'a plus sa raison d'être, le nombre *maximum* des épouses chez ces peuples agricoles semble

1. Schweinfurth, t. I, p. 242.

être de trois. Dès lors aussi le lien social qui réunit les ménages les uns aux autres est basé *sur les nécessités de la culture*.

D'une manière générale, on sème à la fin de la saison sèche; le dourah lève, grandit et mûrit pendant la saison des pluies, à l'expiration de laquelle a lieu la récolte. On jette la graine, parfois en quantité assez forte, dans des trous creusés à l'avance, très peu profondément, dans les champs, à distance d'environ un mètre; la terre est ramenée par-dessus et foulée avec les pieds. Aussitôt la graine levée, on l'éclaircit en arrachant les plants trop nombreux, qui sont repiqués plus loin. Puis, dans les premiers mois, a lieu un labour ou sarclage, suffisant tout juste pour détruire les mauvaises herbes qui croissent avec vigueur. Ces différents travaux sont faits, chez les Bambarra, à l'aide d'une petite pioche rectangulaire à manche court; chez les Bongo et leurs voisins on utilise une bêche arrondie que les Nubiens nomment *molotte*, et les indigènes *loggoh*.

L'importance de ces instruments est considérable à plusieurs points de vue. D'abord, la fabrication d'outils en fer amène dans le pays une sorte d'industrie; il y a des forgerons de profession, qui sont en même temps commerçants de toutes denrées; un commerce assez actif est basé sur le trafic des objets en fer. Puis, la monnaie, étalon de valeur pour tous les produits, est dans le pays Bongo le *loggoh-kollouti*, ou fer de bêche dégrossi. Nous sommes bien en pleine région agricole : ce n'est plus en bétail, ni en pelleteries, ni en pointes de flèches, ni en perles ou autres ornements, que se solde le prix d'une fiancée, c'est en fers de bêche [1].

[1]. Chez les Bambarra, l'ancienne unité monétaire était la *bariferi* ou barre de fer.

Les procédés usités pour la culture du dourah paraissent assez rudimentaires. Y aurait-il avantage à perfectionner cette méthode par des labours profonds, par le défonçage du sol? Le docteur Schweinfurth pense que non : « Tout projet d'améliorer la condition des naturels par l'accroissement des récoltes est, dit-il, une illusion : la partie peuplée de leur territoire ne peut pas nourrir plus d'habitants qu'elle n'en compte aujourd'hui. » En veut-on savoir la raison? « En l'absence de fumure, dont les éléments sont peu communs dans le pays par l'absence du bétail, une meilleure pratique agricole ne servirait qu'à doubler la quantité de paille, sans aucun bénéfice sous le rapport du grain. La terre, qui en beaucoup d'endroits se fatigue dès la seconde année, s'userait encore plus vite [2]. »

Cette rapide usure du sol, que justifie l'abondance des récoltes, impose au cultivateur la nécessité de varier l'emplacement de ses champs. Il lui faut donc souvent reprendre la lutte contre la végétation spontanée, forestière ou herbacée. Il a intérêt à ne pas trop laisser vieillir la jachère, afin de trouver moins de plantes sauvages à détruire, et de les détruire plus efficacement. C'est donc autour des villages, « dans un rayon de quatre à

---

2. Schweinfurth, t. I, p. 240. — On trouve, en Chine particulièrement, des exemples de populations très denses vivant de céréales sur un territoire restreint, toujours utilisé, sans le concours du bétail, et sans usure apparente du sol, grâce à l'« engrais humain ». Je ne crois pas que ces exemples infirment la théorie émise par le savant allemand en ce qui concerne des pays secs et chauds, où les engrais forts ne sont jamais utilisés, parce qu'ils *brûleraient la terre* et nuiraient à la récolte. Les terrains où une fumure puissante peut produire une fertilité continue, sont des sols frais, ou périodiquement inondés, et situés sous un climat où l'on n'a pas à craindre l'excès de la chaleur.

cinq kilomètres », que se trouvent les territoires alternativement en culture et en savane, affectés spécialement aux habitants. Au delà, jusqu'aux confins des villages voisins, s'étend la brousse déserte.

La destruction des végétaux adventices, à la reprise de la culture, se fait au moyen du feu; on incendie la savane au commencement de la saison sèche, alors tout le pays semble en feu, une fumée noire emplit l'atmosphère; les moissons sont rentrées à ce moment et n'en subissent par conséquent aucun dommage. Sous ce chaud climat, c'est là le moyen le plus facile et le plus expéditif de nettoyer le sol. Cette méthode de défrichement a de sérieuses conséquences au point de vue social.

On comprend d'abord qu'il est impossible à un particulier de songer à se bâtir une habitation isolée, d'installer où bon lui semble sa case, son grenier et ses cultures. Si chacun voulait allumer de son côté son petit incendie personnel, il s'en suivrait un embrasement général, irrégulier, imprévu, dont d'innombrables sinistres seraient le plus clair résultat. De même, le feu régulièrement mis à la savane par les habitants d'un village ne saurait épargner l'habitant isolé. Il y a donc nécessité de se grouper en villages, et de grouper également les cultures. Aucun indigène ne peut s'affranchir de cette règle, il appartient toujours à tel ou tel village.

C'est donc en commun qu'on allume l'incendie, en commun aussi qu'on le gouverne et qu'on l'arrête. Cette opération nécessite un assez grand nombre d'associés. Elle est l'origine de la fête du *Koumou*, préalable aux semailles, décrite par le colonel Galliéni. Dans cette cérémonie, tous les hommes du village, après avoir enfermé dans les cases les femmes et les enfants sous les menaces les plus terribles, de crainte d'accident, sacrifient à leur fétiche des calebasses de miel et un grand nombre de poulets; puis, suffisamment rafraîchis de bière et d'eau-de-vie de grains, ils courent en groupe à travers les champs, faisant mille contorsions et danses extravagantes, et frappant continuellement le sol de grandes branches dont ils sont armés, comme pour abattre le feu.

Le résultat de l'entreprise *en commun* de l'incendie, c'est que le sol ainsi livré à la culture sera le *champ commun* du village. La place est large, et tout chef de ménage peut ensemencer ce qu'il veut comme étendue.

Chacun récoltera en effet ce qu'il aura semé. Dans les villages voués à la culture du dourah, on se marie vers dix-sept ans, et chaque homme marié vit en maître avec ses femmes et ses jeunes enfants dans une petite case conique dont le diamètre ras terre n'excède pas 20 pieds. Ordinairement, cette étroite habitation est encore encombrée d'une grande jarre en vannerie enduite d'argile, où l'on serre la récolte du ménage; sur quelques points, le grand vase à grain est érigé près de la case, sur des poteaux, et recouvert à part d'un toit aigu. Mais enfin chaque ménage a sa *culture*, son *habitation* et sa *provision* particulières. La communauté du champ, dont nous venons de parler, n'est donc pas une communauté de famille, reliant plusieurs ménages entre eux par le lien du sang, c'est une association issue des nécessités du travail, et ne s'étendant qu'aux intérêts communs développés chez ces cultivateurs : la première préparation du sol, la protection du territoire, et une certaine police.

Nous sommes ici en présence d'une société où l'on se livre à la culture, en ménages séparés, et en villages à banlieue morcelée. Il est intéressant de la comparer aux populations du même genre qui sont répandues en France, notamment en Champagne, le pays classique de ce type d'installations [1].

Il y a d'abord une différence considérable à relever : le paysan du village à banlieue morcelée est, en France, propriétaire du fonds, quant aux parcelles qu'il détient, c'est sa situation légale ; tandis que la banlieue morcelée du village africain n'est attribuée en pleine propriété à personne dans aucune de ses parties ; le droit de propriété y est remplacé par la jouissance annuelle ou bisannuelle du sol emblavé. Cette jouissance, on le conçoit, n'exerce pas sur la *prévoyance* de la masse une action aussi puissante que la possibilité d'acquérir le plein domaine, loin de là ; il y a de la terre pour tout le monde, on en acquiert l'usage sans lutte et presque sans sacrifice, et non pas à force d'épargne, de privations et de dur labeur, comme est acquise la petite propriété du paysan français. Aussi le noir n'est pas incité à la limitation de la population : les familles des Bongo sont fécondes.

A part cette considération qui porte sur le fond même des choses, la condition du cultivateur africain en ce qui concerne la vie de chaque jour se rapproche sensiblement du sort que les coutumes de partage ont fait au paysan champenois.

En Afrique, l'incendie du sol se substitue au pâturage communal des jachères, au droit de vaine pâture que pratiquent nos villages à banlieue morcelée, et il produit les mêmes effets. L'assolement se divise en plusieurs sections, dont l'une, en jachère, destinée à être incendiée pendant l'année courante, et les autres réser-

---

1. L'étude du village à banlieue morcelée en Champagne a été faite par M. E. Demolins, dans la revue *La Science sociale*, t. V, p. 18 et suiv.

vées pour l'être à la suite, périodiquement. Il n'est pas loisible au cultivateur, pas plus dans un cas que dans l'autre, de se dégager de l'assolement réglementaire. Ne pouvant limiter la pâture ni traverser les parcelles emblavées par ses voisins, le cultivateur champenois est obligé de prendre sa terre à blé annuelle dans le quartier de la banlieue que l'usage indique à tous; de même, ne pouvant incendier seul, à part, où bon lui semble, le noir devra, pour profiter de la terre renouvelée, ensemencer sa portion du terrain qui vient d'être brûlé en commun l'année précédente, sarcler, monter la garde contre les oiseaux pillards, enlever sa récolte, en même temps que ses compagnons; enfin, « suivre servilement la culture de son voisin, sous peine de voir le fruit de son travail compromis ou même détruit. » C'est là une des plus fortes raisons qui maintiennent, dans notre région de dourah, comme dans les plaines de Champagne, une pratique agricole routinière et rebelle aux perfectionnements.

Une pareille réglementation, en outre de l'entassement forcé de tous les habitants dans les villages, nécessite l'action d'une *autorité*. Cette autorité surgit encore des conditions du travail. Nous ne la voyons pas ici se fixer, comme parmi les chasseurs, sur la tête d'un chef courageux, fort, adroit, et choisi dans la jeunesse; elle s'incarne, par la force des choses, en des hommes de tout autre caractère.

Parmi les chefs de ménage que nous rencontrons vivant chacun dans sa case, possédant son grenier à part, la masse est imprévoyante, c'est là une règle générale au sein de l'humanité, et les noirs n'y font pas exception. Après la récolte, durant la saison sèche où l'on n'a rien à faire, le plus grand nombre des habitants vit largement de son grain, sans souci de l'économie. Les femmes, tout le long du jour, manœuvrent le pilon et font cuire les boules de pâte. Une bonne quantité du grain, qui devrait durer jusqu'à la moisson suivante, est mise à fermenter à part pour fabriquer une forte provision de bière, que font désirer à la fois la chaleur et l'oisiveté du moment. On s'enivre, on joue, on perd; et avant la fin de l'année les grandes jarres sont vides, la semence elle-même a disparu. Il faut alors chercher à vivre sur d'autres ressources; l'imprévoyant se jette sur tout ce qu'on peut avaler pour se nourrir. Il n'est pas difficile, il mange de tout : « Tout, dit le Dr Schweinfurth, excepté l'homme et le chien. » Nous avons vu précédemment la cause de cette dernière exception.

Lorsque revient la saison des pluies, et l'époque où l'on confie le grain à la terre, il faut se pourvoir de semences, sans quoi l'on n'aurait plus tard rien à récolter. C'est alors qu'intervient l'indispensable « patronage ». L'homme économe, *rara avis*, fournit à l'emprunteur ce dont il a besoin, mais à de justes conditions de retour et de profit; l'obligé devient pour un certain nombre de jours le serviteur du créancier, qui ayant su garder beaucoup de semence, a par là même besoin de bras supplémentaires pour la bien utiliser. Ce pacte, il faut le croire, n'a rien d'absolument draconien, car la richesse, chez ces noirs, n'est guère acquise qu'à ceux qui atteignent un âge avancé, et ils sont peu nombreux.

Le vieillard, lorsqu'il a été prévoyant et n'a pas de dettes, est en situation d'épargner; il voit chez lui le nombre des bouches à nourrir diminuer par l'établissement des jeunes, qui font ménage à part. Sur sa provision de grains, il reste donc un stock disponible. En outre, quand il a marié ses filles, la monnaie en fers de bêches s'est entassée dans son trésor. Il est alors entouré d'une clientèle d'emprunteurs qui deviennent ses journaliers; il a des loisirs qu'utilisent la réflexion et l'observation, facilitées par l'expérience de la vie. Ces qualités accroissent encore son prestige. On le suppose en rapports directs avec le « fétiche », avec les esprits bons et mauvais, puissant moyen d'action pour la police, dont le vieillard aisé se charge, parce qu'il y a le plus grand intérêt.

A proximité du village s'élève un bouquet de bois, ou au moins un grand arbre, garanti de l'incendie par un « chemin de ronde, » soigneusement entretenu et bordé lui-même d'une levée de terre avec une petite haie. C'est le temple du « fétiche ». Après le travail de la journée et le repas du soir, les habitants du village, assis près de leurs cabanes, jouissent — tout en fumant leurs énormes pipes — d'un instant de repos, et de la fraîcheur délicieuse qu'amène le crépuscule. Tout à coup, des sons extraordinaires se font entendre dans la direction du bois sacré, tous les yeux se tournent de ce côté. Des lumières mobiles, des têtes hideuses, des ombres menaçantes apparaissent en ce lieu, que protège une terreur superstitieuse. Parfois une voix étrange se fait entendre, dénonçant un vol ou quelqu'autre délit, avec de terribles imprécations, adressant des sommations aux coupables. C'est le forgeron du village qui, sur l'ordre du vieillard-chef, *son principal client,* simule l'apparition du fétiche. Le lendemain il trouvera près du bois sacré les offrandes des gens intimidés, des calebasses pleines de mil et quelques poulets.

Tel est l'un des procédés de gouvernement du vieillard riche ou *nyéré*. Un *nyéré*, s'il est seul dans un village, ou les *nyéré* réunis en conseil quand il y en a plusieurs;

forment le pouvoir public du lieu. Ces *nyéré* sont simplement des patrons dont on ne peut se passer, parce que seuls ils ont la prévoyance suffisante et sauvent la population, chaque année, de la famine. Ce ne sont point des conquérants, des dominateurs; leur gouvernement est doux, libéral, même un peu craintif; ils n'agissent que par persuasion et par influence. Ils ne sont pas revêtus du pouvoir judiciaire. Leur situation politique est précaire; et « la plupart des résolutions graves intéressant le village sont prises dans des *palabres* où tout homme libre peut se faire entendre ». On le voit, ce pouvoir public est tout autre que celui de l'irascible roi *Moukia* chez les Sandeh, ou du chef *Voua-Touta* siégeant sur un tabouret d'airain, avec son conseil derrière lui, et transmettant ses ordres au moyen d'un sifflet de fer.

Au sortir des pays de batailles et de cannibalisme, n'est-ce pas une véritable idylle que nous trouvons là en action, chez ces bons cultivateurs?

Hélas! la médaille a son revers! Pour l'apercevoir, il suffit de pousser un peu plus loin l'observation des faits concernant la *vie publique* chez les noirs vivant du dourah. La famille du *nyéré* suit le sort commun à toutes celles du village : les enfants se sont établis à part dès leur jeunesse, et aucun d'eux ne recueille exclusivement la situation créée par le père *sur ses vieux jours*. Sous ce rapport comme sous plusieurs autres, — le lecteur le saisit comme moi, — le *nyéré* rappelle dans les grands traits de sa condition quelqu'un de nos paysans économes, parvenu dans sa maturité à se constituer un petit avoir, élu maire ou conseiller de sa commune; les enfants de ce petit capitaliste finaud, à la fois influent et redouté, procéderont après son décès au partage obligatoire, et chacun d'eux, ayant retiré sa part, se trouvera propriétaire indigent, artisan, ou même simple manœuvre, suivant ses charges et sa capacité. La petite situation patronale instable, chez les noirs comme chez les blancs, est périodiquement rasée par la mort. Elle est encore plus radicalement détruite chez les noirs, qui ne possèdent même pas le sol qu'ils cultivent ou font cultiver. Aucune influence sérieuse ne saurait donc se perpétuer dans le village et encore bien moins s'étendre d'un village à un autre, nouer entre ces minuscules sociétés éparses les relations que peut créer et maintenir l'existence d'une aristocratie rurale, transmettant intégralement l'héritage paternel à une suite d'héritiers choisis, dressés au gouvernement des affaires locales.

Aussi les villages de la région du dourah sont-ils constitués isolément, et la race qui les habite ignore tout lien national. Aucune cohésion, aucune entente n'existe de village à village : « tout le pays est divisé en petites communautés indépendantes et vivant entre elles dans une anarchie complète ». Par suite, rien ne fut plus facile pour les Arabes Vachers que de fonder au sud de leurs déserts les sultanats de Wadaï, Baghirmi, Kanem, Bornou, Adamaoua, Sokoto, etc., englobant des milliers et des milliers de villages nègres soumis au tribut et aux razzias d'esclaves ; rien n'est plus simple à expliquer que la domination des Toucouleur d'Ahmadou, des bandes de Samory et de tous les Hadji musulmans du Soudan occidental, au milieu des municipes isolés des Bambarra ; que l'établissement des magasins fortifiés (zériba) au moyen desquels les négriers de Khartoum et de la Nubie ont réduit en servitude les *Bongo* et leurs voisins.

Dans la zone centrale africaine, c'est bien la région du dourah qui est le principal théâtre de la traite des noirs. Non seulement les femmes et les enfants y peuvent être comme ailleurs pris et livrés aux trafiquants; les hommes aussi, *habitués à la culture,* sont recherchés et enlevés en masse pour les travaux agricoles des oasis, quand ils ne sont pas réduits sur place à la plus dure servitude. La race des *Bongo,* des *Mittou,* des *Belanda,* a presque disparu devant une exploitation effrénée et des dévastations inouïes. Les captifs Bambarra figuraient jadis en grand nombre à bord des bâtiments négriers chargés pour le Nouveau-Monde. Ils cultivent aujourd'hui les champs du Dahomey et les oasis de l'Adrar ou du Maroc. Non seulement les Arabes et leurs métis musulmans, mais aussi les rois nègres de la côte de Guinée, exploitent ces populations dont le fractionnement paralyse la résistance. Ce fractionnement est le résultat direct d'une constitution sociale qui mène à l'instabilité de toutes les situations. Devant l'oppression, les massacres, la peste et la famine, qui accompagnent les envahisseurs, l'idylle que nous avions cru entrevoir tourne à la tragédie.

2 [1].

Avec la région du dourah, nous terminons l'étude de la zone centrale. Quittant les frontières de la mouche tzétzé, nous rentrons dans les territoires à bétail. Il y a dans le continent africain un de ces territoires, où nous sommes conduits tout naturellement en accompagnant la culture du dourah, c'est un pays de *pasteurs sédentaires,* qui s'avance comme un coin entre la zone mon-

---

1. A consulter pour cette section :
Schweinfurth, t. I, p. 66, 69, 78, 81, 86, 97, 154, 157, 158, 159, 161, 162, 164, 223, 224, 225, 296, etc.; t. II, p. 234, 254, 388 à 394: — E. Reclus, t. X, p. 32, 189 à 191.

tagneuse de l'est, pays de transhumance, et les déserts du nord occupés par les nomades.

Sous les noms de *Dinka, Nouër, Chillouk,* ces pasteurs sédentaires et cultivateurs occupent les terrains d'alluvion créés par le Nil-Blanc ou ses affluents, et les plaines avoisinantes. Un grand nombre de caractères sociaux sont communs entre eux tous; ils se différencient surtout par l'importance plus ou moins grande accordée dans leurs moyens d'existence à l'exploitation du bétail. Ce dernier genre de travail, en effet, plus attrayant que la culture, est pratiqué de préférence, et sur une aussi grande échelle que la nature des lieux le permet.

Pour faire connaître le mode d'existence des Dinka, que nous prendrons pour type, nous donnons d'abord la parole à dom Daniel Soroûr-Dharim-Dên, le premier prêtre catholique nègre du centre de l'Afrique, qui est originaire de cette nation.

« *Denka,* dit-il, est une réunion de vingt-quatre tribus échelonnées sur le rivage du Nil-Blanc, depuis le sixième jusqu'au douzième degré de latitude. Le peuple denka est un peuple pasteur et laboureur à la fois; ce sont là les principaux travaux auxquels l'enfant est exercé à mesure qu'il grandit. Devenu à son tour chef de famille, il s'établit dans ses champs, les cultive avec sa femme, tandis que les enfants gardent le troupeau... Les enfants doivent rester sous le toit paternel jusqu'à leur mariage; libres alors, ils ne pensent plus qu'à augmenter leur troupeau, à acquérir de nouveaux champs.

« Les parents de l'époux doivent offrir dix vaches et un taureau au père de la fiancée, cinq à la mère et aux frères; aux sœurs, des perles et des bracelets... Chacun peut avoir autant de femmes qu'il veut et que ses moyens le lui permettent; tous les honneurs cependant sont réservés à la première femme, dont les enfants mâles sont seuls reconnus comme héritiers légitimes.

« Nous n'avons aucun roi, aucun ministre, pour ce qui concerne la direction générale de la tribu, mais chaque père est maître absolu. Le seul chef que nous reconnaissons est un vieillard chargé des affaires en temps de guerre; hors cette éventualité, il redevient simple citoyen. Ce commandement même n'est pas héréditaire, le peuple peut, à son gré, ôter le pouvoir et le remettre entre les mains de celui qu'il juge capable [1]. »

Ces extraits de la description que nous a donnée de ses compatriotes dom Daniel Soroûr, montrent que les pasteurs dinka ne s'établissent pas sous le régime patriarcal. Ils vivent en ménages séparés. Chaque chef de ménage, — bien plus, chaque membre de la famille, — possède à part ses animaux. Aussitôt établi, il n'a plus qu'une préoccupation : « augmenter son troupeau ». Contrairement à la possession du bétail nomade, indivis, qui impose à la famille le moule patriarcal d'où résulte l'imprévoyance, la possession du bétail sédentaire, qui se divise entre les personnes, développe la prévoyance et l'économie chez celles qui s'en trouvent capables. Cette disposition est encore accrue par le fait que le bétail *sert de monnaie* chez les Dinka. Le troupeau, c'est un capital qui s'accroît par la reproduction; de même que la parcelle de terre acquise par le paysan est un capital au soleil, et qui fructifie.

Le pasteur Dinka n'arrive à la situation de propriétaire d'un troupeau qu'à force d'économie. Il ne peut compter sur le vol de bétail comme dans le désert, au

---

[1]. *Annales de la Propagation de la Foi*, t. LX, n° 356, p. 51 et suiv.

contraire, c'est lui qui est razzié par l'Arabe ; ni sur l'appui de la maison paternelle, qui disparaîtra à la mort du père ; ni sur le patronage d'un puissant chef de tribu, ce rôle ici n'est rempli que provisoirement, en temps de guerre, par un fonctionnaire révocable issu de la démocratie.

C'est pourquoi le pasteur sédentaire s'abstient de toucher à son capital vivant ; on ne mange que les bêtes crevées, et encore le propriétaire de l'animal défunt ne s'assoit-il pas lui-même au festin : « il est trop affligé pour y prendre part ». « Le chagrin qu'éprouve un Dinka de la perte de son bétail, soit par la mort, soit par le vol, est indescriptible. Il fera pour le racheter les sacrifices les plus lourds, car il le préfère à tout, même à ses femmes et à ses enfants[1]. »

Pendant que nous en sommes aux repas, il n'est pas inutile de savoir comment sont réglés chez les Dinka, ces actes journaliers. « Un grand plat de farine ou de gruau bouilli est posé à terre ; les convives s'accroupissent autour, chacun ayant son écuelle de lait, ou mieux son écuelle de beurre, à côté de lui. Le premier verse son lait sur la portion de farine à laquelle il va toucher ; quand il en a pris suffisamment il passe le plat à son voisin, qui fait de même, et tous mangent ainsi les uns après les autres. » Ce procédé indique parfaitement quels sont les rapports entre les convives. La farine, produit du travail commun exécuté par la famille, forme le fonds commun du repas, elle est mise à la disposition de tous ; chacun y ajoute et consomme à lui seul le lait, produit des bêtes qui lui appartiennent en propre.

---

1. Schweinfurth. t. I, p. 161, 162.

Les Dinka n'habitent pas dans des villages proprement dits, mais dans des hameaux séparés composés généralement de trois bâtiments qu'entourent les cultures de dourah. De ces trois bâtiments, celui du milieu, à double entrée, est la case du chef de famille; celui de gauche est la case des femmes. Celui de droite, le plus spacieux, le *plus beau*, est une infirmerie pour les bêtes malades que l'on ne peut laisser parquées avec les autres. Un petit parc à chèvres complète l'installation. Il est destiné à fournir un peu de lait si l'on en désire à toute heure de la journée.

Quant aux bêtes bovines, quand elles ne sont pas à l'infirmerie, toutes celles de la « tribu », c'est-à-dire *d'un groupe de population assez fort pour défendre le bétail*, sont réunies pour paître en un seul et immense troupeau. Le soir venu, on les fait rentrer dans de vastes enclos appelés *mourah*, où chaque bête a son piquet particulier et son licol en cuir. Cette attache journalière est indispensable. Elle est la reprise de possession de chaque propriétaire, qui vient s'asseoir, à l'heure de la rentrée, à côté des piquets qui lui appartiennent. Il fait attacher ses animaux et relever les bouses sèches, auxquelles on met le feu pour chasser les moustiques, si communs dans ces lieux bas et humides; il assure ainsi le repos de la nuit à son bétail. Le lendemain matin, vers six heures, on trait les vaches; puis le départ pour les pâturages a lieu vers dix heures, quand la rosée a disparu.

Les troupeaux de bêtes à corne sont immenses, le pays contient réellement, comme quantité, tout le bétail qu'il peut nourrir. Les pâturages sont rasés de si près, qu'ils semblent toujours avoir été fauchés la veille. Dès lors, le nombre des bestiaux ne pouvant s'accroître, les gens les plus prévoyants arrivent à s'emparer de la totalité, ce sont les chefs de ménage installés dans les « fermes » à culture de dourah, dont nous venons de parler, et qui rayonnent à 3 ou 4 millés autour de chaque *mourah*. Ce phénomène social est le même que celui qui constitue, dans les villages à banlieue morcelée, la classe des paysans avaricieux dont l'épargne accapare toutes les parcelles de terre mises en vente; il ne reste rien, ou peu de chose, pour ceux qui ne sont pas aussi énergiquement économes, et c'est le grand nombre. Ainsi se forme une classe de salariés, de « petites gens », exclus de la propriété. Chez les Dinka, l'immensité des troupeaux prive ces « petites gens » même des ressources que pourraient offrir les productions spontanées.

Pour garder, pour soigner ces animaux si nombreux, qu'il faut traiter avec beaucoup de délicatesse, attacher tous les soirs à la même place, et par conséquent nettoyer, etc., il faut en effet beaucoup d'ouvriers, de « journaliers », qui servent les possesseurs de bétail et vivent au jour le jour d'un salaire quotidien; ce fait n'a pas échappé à l'observation du Dr Schweinfurth.

Nous avons étudié la culture du dourah chez les *Bongo* privés de bétail; puis le pâturage sédentaire chez les *Dinka*, ceux de tous les nègres du Nil-Blanc qui possèdent les plus importants troupeaux. Ces deux ordres de travaux sont menés de front avec une égale intensité par la nation des *Chilouk*, qui occupe au nord des Dinka la vallée du grand fleuve, devenue déjà plus étroite. C'est, en descendant du centre de l'Afrique vers l'Égypte, le dernier échantillon de la race nègre.

E. Reclus donne une jolie description du pays des Chilouk; elle est courte, la voici : « Les *Chilouk*, qui peuplent la rive gauche du Nil, en aval du Joug des courants et du Sobat, jusqu'à l'île Adda, sur une longueur qui dépasse 600 kilomètres, sont par le nombre une des grandes nations de l'Afrique... La zone riveraine habitée par les Chilouk n'a qu'une faible largeur, de 15 à 20 kilomètres, car les plaines de l'intérieur sont occupées par les Arabes baggâra ou « vachers ». Suivant le recensement sommaire que fit dresser le gouvernement égyptien en 1871, après la conquête du territoire, la population chilouk serait, proportionnellement à la surface du sol cultivé, une des plus denses qu'il y ait sur la terre; elle habite environ trois mille villages, chacun renfermant de quarante-cinq à deux cents familles; ensemble, la nation comprendrait au moins douze cent mille individus. En Europe, les alentours de nos grandes cités et les pays industriels ont seuls des foules aussi compactes. C'est qu'il y a peu de contrées où la terre fournisse en aussi grande abondance aux besoins de l'homme. Sur la rive, les bourgades se suivent en une longue cité, les intervalles les plus grands entre les villages ont moins d'un kilomètre; vues du fleuve, ces agglomérations de cabanes, toutes semblables les unes aux autres, ressemblent à des traînées de champignons dans les prairies : le cylindre blanchâtre de l'édifice, la toiture sphérique et grise qui le couvre, prêtent singulièrement à l'illusion »[1].

Le trait distinctif de la nation Chilouk est donc l'*agglomération*. Partout, les herbages viennent confiner aux champs cultivés; le bétail est parqué la nuit dans les villages, autour des cases des possesseurs, au moyen de vastes claies, car la place manque pour établir des enclos. Tout est mis à contribution pour faire vivre ce

---

1. E. Reclus, t. I, p. 190. Voir p. 199, la carte des villages.

peuple nombreux réuni sur l'étroite bande de terre que lui laissent les nomades Vachers; des milliers de canots ou plutôt de flotteurs légers, formés d'*ambatch* ou roseau creux, et montés par des pêcheurs, couvrent le fleuve; les territoires dinka de l'autre rive sont exploités par la chasse; comme conséquence, nous voyons reparaître sur la place ronde du village les énormes tambours suspendus. C'est qu'avec l'agglomération, la lutte pour la vie devient de plus en plus âpre. Malgré tous ses efforts, l'homme prévoyant et économe n'arrive plus à se constituer qu'un petit domaine et un petit troupeau, sur cette mince coulée de terre féconde resserrée « entre l'aride rocher et le sable plus aride encore. » Les salaires sont faibles, puisque l'employeur est peu aisé; le *journalier*, si bien occupé chez les Denka, est souvent réduit à rechercher dans le fleuve ou sur la rive opposée les moyens de vivre aléatoires, que le nombre des exploitants rend plus hasardeux encore. La société se complique; seule, sur les bords du Nil-Blanc, la nation chilouk reconnaît un *bando* ou roi commandant à l'ensemble des villages, et « vendant comme esclaves ceux que frappe sa justice ou sa colère »[1].

La race de bétail du Nil-Blanc est homogène, elle est la même chez les Chilouk, chez les Dinka, etc. Leurs bœufs, de pelage grisâtre, aux cornes effilées, d'aspect léger mais harmonieux, ne vivent qu'à force de soins délicats. La faiblesse de leur constitution est extrême, elle ne comporte pas une once de graisse par animal. Porter un fardeau, traîner un char, sont des travaux au-dessus de leurs forces; ils peuvent à peine voyager d'un pâturage à un autre. Les vaches ont très peu de lait, « tout

---

1. E. Reclus, *ibid.*

au plus ce que peut donner une chèvre ». En somme, c'est une race anémique et dégénérée ; il faut en chercher la cause dans la mauvaise qualité des herbages aqueux dont elle se nourrit, en particulier dans l'absence complète de sel.

Comment ces nombreux pasteurs sédentaires, qui comptent parmi eux tant d'hommes prévoyants et intéressés, en ont-ils été réduits à occuper de si pauvres pâturages ? Il n'y a guère à cette question qu'une solution acceptable : repoussés des plateaux herbus de la zone montagneuse, dont ils ont dû tenter l'accès, les nègres à bétail du Nil-Blanc ont été forcés de revenir sur leurs pas, en suivant les rives du Sobat, c'est expressément la tradition des Chilouk. Ils ont dû alors chercher sur les alluvions du grand fleuve, dédaignées par les Vachers arabes, la nourriture de leur bétail.

Ils auraient pu s'étendre au nord-ouest, au delà de la vallée, mais là commence le *désert*, où l'on ne vit qu'en nomades, où par conséquent le groupement patriarcal est de rigueur. Si les nègres du Nil-Blanc n'ont pu aborder les steppes pauvres du nord, ou s'ils n'ont pu s'y maintenir, c'est que cet élément essentiel, *la famille patriarcale*, leur faisait défaut. Telle est l'origine du tassement subi par les Chilouk, probablement les premiers des noirs arrivés à la limite des déserts ; telle est la raison déterminante de cette agglomération vraiment pénible, dont la conséquence a été le développement, chez eux, de la culture.

Une seconde conséquence de la situation faite aux nègres du Nil-Blanc, c'est l'émigration qu'elle provoque encore aujourd'hui, qu'elle a provoquée de tout temps. La plupart des voyageurs considèrent les Chilouk « comme le type de ce groupe de nations nigritiennes dont le domaine est limité au sud par les Bantou, à l'est par les Galla et les autres populations de race éthiopienne, au nord par les Nubiens[1]. »

Appuyés sur les phénomènes du *lieu* et du *travail* antérieurement décrits, nous inclinons à ne pas étendre aussi loin vers le sud l'aire de colonisation des nègres du Nil-Blanc, et à lui assigner plutôt comme limite la rencontre du grand courant d'émigration dirigé de l'est à l'ouest à travers la région des forêts et de la banane. Mais il semble plausible de rattacher au mouvement envahissant des Chilouk et de leurs congénères, les populations asservies aux vainqueurs dans le pays de l'éleusine ; les cultivateurs de dourah privés de bétail dans la zone centrale, qu'un explorateur assimile « aux tribus du lac Tchâd » ; enfin, avec ces dernières peuplades, tous les noirs agriculteurs soumis aux Arabes des déserts et de leurs confins.

Nous arrivons ainsi à exposer d'une manière complète les migrations des peuples qui, peu à peu, ont colonisé l'Afrique noire. D'une part, les nègres du Nil-Blanc, qui ont peuplé de leurs essaims tous les lieux où règne la culture des grains, ont été primitivement *arrêtés au pied des plateaux éthiopiens*[2]. D'autre part, les races qui vivent de chasse et de cueillette, dans la zone équatoriale, ont été *rejetées de la zone montagneuse, vers l'Occident*, tandis que les peuplades Cafres ou Bantou qui viennent se superposer les unes aux autres dans les pays à manioc et dans les déserts du sud, *sont sorties de ces mêmes montagnes, par le sud*.

1. E. Reclus, t. X, p. 191.
2. Je dis *arrêtés* et non *refoulés*, parce que la race de bétail très homogène que possèdent les pasteurs du Nil-Blanc diffère entièrement des races de bestiaux abyssins, galla, cafres, etc.

Nous connaissons maintenant le point initial à partir duquel s'est opérée la diffusion de la race noire dans le continent africain : c'est le massif montagneux d'où descendent le Nil-Blanc et le Nil-Bleu. Dans cette contrée elle-même, la cause de toutes ces migrations nous est apparue, c'est la présence des hordes Galla, et leur poussée perpétuelle vers de nouveaux lieux propres à la transhumance.

Mais comment la race noire, ou plus exactement la race *nègre* s'est-elle avancée jusque-là, jusqu'au cours supérieur du Nil-Blanc et du Nil-Bleu? Nous avons réservé jusqu'ici cette question, voulant connaître la race elle-même avant de rechercher son origine ; car c'est par la connaissance des institutions sociales en usage chez elle, qu'on peut arriver à juger des circonstances qu'une race a dû traverser. Nous nous servirons donc des caractères particuliers à la race *nègre*, que nous avons relevés au cours de cette étude, pour résoudre, dans la mesure où il nous sera possible, le problème de son origine, problème qui de tout temps a piqué la curiosité des blancs.

Ce sera le sujet du chapitre suivant.

CHAPITRE VII

L'ORIGINE PREMIÈRE DES RACES AFRICAINES.

Aidée par toutes les branches des connaissances humaines, qui lui apportent un indispensable contingent de matériaux, la *Science sociale*, suivant les procédés de laquelle nous avons entrepris l'étude de l'Afrique, peut fournir, en retour, des éléments de solutions aux problèmes qui intéressent les autres sciences. Elle fait particulièrement cet échange de services avec l'histoire. Je suis amené aujourd'hui à tenter un essai de ce genre de résultats, sur un sujet des plus curieux. Le voici :

Nous avons distingué nettement entre elles, sous le rapport des faits sociaux, les multiples populations qui se rencontrent dans le continent africain. Or, il se trouve que nous avons à tirer de nos simples constatations actuelles une série de conclusions relatives à cette question d'histoire considérable et peu éclaircie : *D'où sont venues à l'origine les races qui ont peuplé l'Afrique ?*

I.

Au point de vue social, qui diffère du point de vue anthropologique, une *race* est un ensemble d'hommes qui, ayant été soumis à des circonstances communes, en ont reçu une formation particulière.

Ce qui différencie entre elles les races africaines, ce sont donc les diverses circonstances de *lieu*, de *travail*, qui se sont imposées à elles, soit en Afrique même, — ce que nous avons déjà vu, — soit avant leur entrée sur ce théâtre, — ce que nous avons à examiner.

En laissant de côté les colons européens, et avec eux les Hottentots du sud, sur l'origine desquels nous avons donné déjà quelques indications, on distingue à première vue, parmi les races africaines, deux grandes variétés : la *blanche* et la *noire*.

Si l'on s'en tenait à la couleur de la peau, on pourrait commettre de graves erreurs dans la classification des populations africaines. Les blancs vraiment blancs sont faciles à reconnaître ; mais il y a lieu à distinction parmi les nations, de couleur plus ou moins foncée, que l'on trouve dans tout l'extrême sud de l'Asie, de l'Arabie, de l'Inde, et en Océanie, comme dans l'intérieur de l'Afrique. Beaucoup de ces peuples n'offrent aucun trait particulier qui les différencie de la variété dite *blanche,* si ce n'est la coloration, effet probable du soleil torride combiné avec certaines conditions de vie. Pour le reste, au physique, au moral, au point de vue social, et enfin par les données authentiques de l'histoire, ils diffèrent du *noir* proprement dit, du nègre. Ces peuples-là, quoique diversement teintés, peuvent se rattacher aux deux grandes familles dont la masse presque totale est blanche, la *sémitique* et l'*indo-européenne*.

Un certain nombre de ces nations teintées, mais de race blanche, appartiennent à l'aire africaine que nous avons tout d'abord étudiée et délimitée sous le nom de zone des Déserts du nord, ou aux confins de cette zone : tels sont les Maures, les pasteurs et commerçants du Sénégal et du Soudan compris sous le nom de Peuhl,

Fellata, Manding, Baggâra, etc., et les Somâli de l'est. On y rencontre parfois, il est vrai, des individus assez nombreux qui se rapprochent en quelques points du type nègre proprement dit, ce sont des produits du métissage, du mélange avec le sang de certains noirs soumis ou importés. Entraînés dans le mouvement des communautés dont ils font partie, ces métis, quelques nombreux qu'ils soient et quelque apparence physique qu'ils présentent, ont subi la formation qui résulte de l'ordre social patriarcal. Ils appartiennent donc en réalité, non à la race nègre, mais bien à la race pastorale qui les a incorporés.

D'où sont parties originairement les populations pastorales des déserts du nord africain ?

En observant cette zone de l'Afrique, nous avons constaté qu'elle se divise en quatre régions distinctes, propres chacune à des troupeaux composés d'une espèce dominante : cheval, chameau, chèvre, bœuf; et à un mode spécial de travail accessoire imposé par la pauvreté de la steppe, pour compléter les ressources insuffisantes que donne l'art du pâturage. Nous avons montré que ces quatre régions se prolongent d'Afrique en Asie, et à travers l'Asie jusqu'aux pentes du grand plateau central asiatique. Il est par là même facile de déterminer le lieu d'origine des races pastorales africaines, c'est-à-dire le point à partir duquel elles se sont trouvées engagées sur les territoires qui ont imprimé à chacune d'elles son caractère distinctif, sa *formation*. Ce point de départ est le revers occidental du grand soulèvement central asiatique. Nous sommes ici pleinement d'accord avec les conclusions de la science anthropologique. M. de Quatrefages, dans son *Introduction à l'étude des races humaines* (2º partie), établit *que tout se passe comme* s'il s'était formé, à l'ouest du haut massif asiatique, un grand centre ethnique du type *blanc*, assez étendu du nord au sud pour donner successivement naissance aux trois centres secondaires finnois, sémitique et aryan. — C'est du type sémitique qu'il s'agit ici.

Mais disons plus expressément *comment cela se passe*, même aujourd'hui, en ce qui concerne spécialement notre zone africaine des déserts du nord.

Considérons une grande et nombreuse famille, une *tribu* si l'on veut, faisant son entrée dans une quelconque des quatre régions des steppes pauvres, où le travail du pasteur nomade est la base nécessaire de l'existence, en même temps que le travail le plus attrayant. Immédiatement cette tribu se trouve fixée dans le moule patriarcal. Car c'est au milieu des déserts que retentit le plus solennellement cette grande parole : « *Væ soli!* » Malheur à l'homme isolé, à l'indépendant qui s'écarte de la tribu, au révolté qui en est banni, ils sont voués dans la solitude à une mort certaine, car on n'y peut vivre sans posséder le troupeau qui convient à la région. Le groupe familial est donc maintenu intact et au complet, l'autorité de son chef est assurée, par la contrainte inévitable du *lieu*.

Si ce groupe devient trop nombreux, une division est concertée en conseil entre les vieillards; l'un d'eux est placé à la tête d'une fraction, nouvelle communauté semblable de tous points à l'ancienne, qui s'avancera sur les territoires libres, c'est-à-dire *vers l'ouest*. Émigrer au nord ou au sud est impossible, il faudrait changer de région, c'est-à-dire changer à la fois et la nature du troupeau, et l'art qui procure les ressources accessoires [1].

---

1. Le mouvement du nord au sud, *dans les limites de la région*,

C'est là l'*essaimage régulier* des tribus.

Ainsi encadrées dans leurs régions respectives par la nécessité de conserver leurs moyens d'existence, les races pastorales dont nous parlons ont vu souvent leur mouvement vers l'ouest accéléré par la guerre. Ici, l'effet de la guerre est de répartir plus également les populations sur toute l'étendue de la région, en les poussant, des lieux où leur densité trop grande occasionne la gêne et les conflits, vers les territoires qui, pour le moment, ne sont pas encore occupés.

Si nous comparons entre elles les différentes routes de steppes ouvertes à la surface du globe, et qui ont été de grandes voies de peuplement, nous devrons remarquer que la pauvreté des pâturages, la rareté des points d'eau, sont, pour chaque région de steppe, des facteurs qui tendent à imposer aux tribus une plus fréquente division, et par conséquent au mouvement migratoire une plus grande rapidité. Il est donc *très probable* que la zone entière des déserts en steppes pauvres a été parcourue par les hommes jusque vers ses extrémités occidentales, avant que le même phénomène se soit produit pour les voies de steppes plus riches. Il est en outre *très probable* aussi que parmi les régions des déserts, les plus stériles et les plus sèches, celles des *Chevriers* et surtout des *Chameliers*, ont été les premières occupées jusque dans leur partie africaine, c'est-à-dire jusque dans leur portion la plus éloignée du point initial, du plateau asiatique. Ce sont ces régions qui contiennent en plus grande quantité que les autres les populations dites *Berbères*.

est le parcours effectué par les pasteurs pendant la révolution annuelle des saisons; ce n'est pas un mouvement migratoire, c'est un déplacement pastoral.

Nous voilà donc nettement fixés sur la patrie originaire, sur la provenance des premières races africaines du nord, des races du genre berbère, qui peuplent, non seulement certaines régions de steppes, mais encore la plupart des oasis, où elles ont fondé une civilisation extrêmement ancienne.

Le fait est très simple, et je n'ai pas à y insister davantage. Dans le long parcours effectué à travers ces déserts uniformes, même par les tribus dont l'établissement actuel est le plus distant du point de départ, rien n'est venu modifier les causes originelles qui leur ont imposé, à l'entrée des steppes, leur première formation. Pour cette raison, il y a peu de difficulté à reconnaître l'origine des races qui sont demeurées jusqu'à nos jours adonnées à l'art pastoral nomade comme principal moyen d'existence. Mais il n'en va pas de même pour celles que des circonstances tout autres de *lieu* et de *travail* ont pu modifier profondément; notamment en Afrique pour les races *noires*.

II.

A côté des races pastorales, qui se rattachent à la variété blanche, l'autre variété humaine, la *noire*, occupe la partie de l'Afrique située au sud des déserts.

Indépendamment d'une nuance plus fuligineuse de la peau, les nègres se distinguent encore des blancs par d'autres caractères physiques plus notables : la dépression prononcée du front, le prognathisme ou développement exagéré de la mâchoire, une chevelure laineuse, etc[1]. Ces caractères semblent se propager héré-

1. Voir Hovelacque, *Les Nègres de l'Afrique sus-equatoriale*, p. 239 et suiv.

ditairement; une fois acquis, ils demeurent sensiblement les mêmes sous tous les climats; le métis en conserve et en transmet une grande partie.

Mais en examinant successivement, dans nos études précédentes, toutes les fractions de la race nègre, nous avons dû reconnaître que les noirs et les blancs obéissent exactement de la même façon aux règles générales qui gouvernent les sociétés humaines. Ce n'est pas pour le vain plaisir de rapprochements plus ou moins ingénieux que nous avons souvent mis en lumière l'égalité de tous les hommes, blancs ou noirs, devant l'application des lois sociales; il en ressort une des preuves les plus palpables de l'unité de l'espèce humaine.

Néanmoins, une différence *sociale*, tout aussi marquée que celle qui résulte des caractères physiques, distingue les peuples noirs des autres peuples blancs ou teintés : *Nulle part le nègre ne s'établit sous le régime patriarcal de la famille*. Nous l'avons vu précédemment en détail, et nous avons constaté que, ni au nord ni au sud de l'Afrique, les sociétés nègres ne pénètrent *dans les déserts où l'organisation patriarcale est rendue nécessaire par les conditions de la vie*.

Ce trait social caractéristique des nègres provient évidemment *des circonstances particulières qu'ils ont traversées;* il doit donc nous guider dans la recherche du chemin qu'ils ont parcouru pour se rendre en Afrique, chemin dont le point initial serait le lieu de leur origine.

Le problème de l'origine des nègres se pose donc en ces termes : *Quelles sont les circonstances spéciales par lesquelles a dû nécessairement passer la race nègre, étant donnée sa méconnaissance du régime patriarcal?* Quels sont les lieux qui engendrent ou permettent ces circonstances? Quelle est la détermination historique des hommes qui, dans les âges primitifs, ont précisément été soumis à ces circonstances?

Les races, même noires de peau, qui entourent les nègres et les pressent de toutes parts, ont conservé comme caractère social dominant l'organisation patriarcale : comment, eux, l'ont-ils perdue? Voilà la question.

Examinons les diverses hypothèses que l'on peut faire à ce sujet.

Serait-ce que les nègres auraient traversé dès l'abord des régions forestières semblables à celles de l'équateur?

La vie de la forêt désorganise, il est vrai, une race; mais elle la fait *chasseresse*, et les chasseurs purs ne peuvent ensuite *être pliés à la culture*. Si les nègres avaient été d'abord désorganisés par la forêt, ils n'auraient pu ensuite, non plus que les Caraïbes, non plus que les « Indiens » de l'Amérique, accepter le travail agricole; ils auraient, eux aussi, dépéri graduellement par suite de la diminution constante du gibier; ils auraient, eux aussi, finalement disparu devant l'éviction absolue pratiquée par leurs vainqueurs et le pénible labeur imposé par ceux-ci. Mais, tout au contraire, les nègres forment dans l'intérieur de l'Afrique un immense réservoir d'hommes, où les races voisines vont sans cesse puiser des sujets qu'elles exportent, sans réduire notablement la densité de sa population, et cette population est *agricole!*

Sans doute, nous avons fait ressortir l'importance de la *chasse* à l'intérieur de l'Afrique; mais, sauf dans certaines portions de la grande forêt centrale, où tout autre occupation est impossible, — et où des nations à peu près inconnues ne font vraisemblablement que passer, — nous avons vu, sur tout le vaste espace infesté par la mouche tzétzé, le travail de la chasse constamment uni au travail de la *culture*. Le nègre se plie facilement à ce dernier travail, plus facilement que le pasteur nomade. Seul peut-être, il peut soutenir le labeur agricole sous les feux verticaux du soleil équatorial, et sans le secours des animaux de trait. Et dans ces conditions extrêmement défavorables, non seulement il vit de ce travail, mais il s'y attache profondément. « Tous les noirs de l'intérieur, a écrit le docteur Livingstone, *aiment passionnément la culture*[1]. » Aussi le nègre ne recherche-t-il pas l'isolement comme le chasseur, il s'agglomère en villages, il montre un grand esprit de sociabilité.

Concluons : la désorganisation primitive des nègres par la forêt vierge en aurait fait de purs chasseurs, et non des hommes propres au travail de la culture. Il faut donc écarter cette hypothèse.

Peut-on, en second lieu, admettre que les nègres auraient primitivement occupé les déserts du nord de l'Afrique, et qu'ils auraient plus tard été subjugués, puis refoulés au sud, par les races pastorales conquérantes? Auraient-ils ainsi perdu leur organisation patriarcale, soit par un effet de la *conquête*, soit par le *refoulement* en des lieux où l'art pastoral fait place à un travail indépendant du régime de la communauté familiale?

Examinons d'abord la première de ces deux suppositions, celle qui se réfère à la *conquête*.

Les races pastorales occupent les déserts depuis les temps les plus reculés. En supposant qu'elles aient trouvé devant elles de plus anciens occupants, les effets produits sur ces derniers par l'invasion des pasteurs nomades doivent être considérés comme analogues à ceux qu'ont amenés les invasions plus récentes de peuples patriarcaux, car rien n'est constant comme les phénomè-

---

[1] Livingstone, p. 532.

nes sociaux qui se réfèrent aux sociétés pastorales : elles sont immuables dans leurs mœurs aussi bien que dans leur art nourricier.

Or, nulle part on ne voit la conquête, effectuée par des pasteurs nomades, enlever aux vaincus leur organisation patriarcale, lorsqu'ils la possèdent. Les victorieux se superposent aux indigènes; ils les contraignent, suivant la nature du territoire, soit à des travaux de pâturage dans une condition subordonnée, soit à la culture, qui n'exige pas l'abandon du régime des communautés, soit à des tributs, généralement onéreux, mais qui reposent précisément sur la solidarité des communautés. Les familles patriarcales, et par suite fermées, des envahisseurs, ne se mêlent point à la race assujettie; mais celle-ci, dans son forprivé, conserve de son côté et à sa manière les coutumes et les mœurs qu'elle avait avant l'invasion. Les exemples abondent sous la plume; il me suffira d'appeler l'attention du lecteur sur l'état social de la race hindoue avant la fondation et après la disparition de l'empire Mogol, il est exactement le même. Considérez les communautés grecques, rouméliotes, bulgares, syriennes, adonnées à la culture et tombées sous le joug des Osmanlis, elles sont restées profondément patriarcales. Un exemple encore plus frappant, parce qu'il est africain, est celui des Kabyles, cantonnés dans les montagnes par l'invasion arabe, devenus purement cultivateurs, et qui sont demeurés en familles patriarcales.

Si donc les nègres avaient été simplement conquis par les pasteurs nomades, ils seraient bien devenus cultivateurs, mais ils seraient restés à l'état patriarcal; *on les trouverait encore,* en cet état, dans les déserts.

L'hypothèse de l'expulsion et du refoulement des nègres, vers le sud, hors des déserts, mérite aussi une courte discussion. J'ai exposé plus haut en quels sens peut avoir lieu un mouvement migratoire de peuples à travers les déserts, il doit suivre les *régions,* dirigées de l'est à l'ouest par le sens même dans lequel souffle l'alizé terrestre, qui détermine la condition des steppes pauvres. Or, dans chaque région, l'art pastoral, tel qu'il est prescrit par la nature de cette région, est la base *nécessaire* de l'existence. Un peuple refoulé du nord au sud, d'une région dans une autre, verrait périr son troupeau, et périrait avec lui. Tel eût été le sort des nègres, s'ils avaient dû entreprendre *en masse*, à l'état de peuples battant en retraite, l'affreux voyage que font maintenant, en sens contraire, mais *isolément,* les victimes de la traite. Encore celles-ci font-elles ce voyage, passées de main en main à des caravanes dont le personnel change *en même temps que les montures,* et dont la subsistance n'est assurée que grâce au commerce.

Si les nègres avaient subi le refoulement du nord au sud à travers les déserts, ils auraient disparu, ils auraient été anéantis.

Et pourtant, le nègre se retrouve partout au sud des déserts africains. On peut dire qu'il borne exactement sur tous les points, au midi, les territoires affectés aux races pastorales. Et pourtant, si nous consultons l'histoire, les traditions unanimes de ses voisins blancs, gris ou noirs, qui occupent ces déserts, le nègre *n'est pas de leur race*: c'est un étranger, un inconnu, que leurs premiers immigrants ont trouvé là, *occupant d'avance les lieux où la vie est difficile et repose sur le pénible labeur de la terre.* Dès les temps les plus reculés, les monuments de l'antique Égypte nous montrent le nègre au nombre, soit des captifs ramenés du sud, soit des limitrophes auxquels de dures conditions sont imposées. On le maintient sur ces territoires méridionaux où les autres races trouvent l'existence trop pénible; on ne va l'y chercher que pour le vendre, ou pour s'approprier le fruit de son travail. C'est, si je puis m'exprimer ainsi, la couche humaine la plus profondément enfouie au centre de l'Afrique; elle était là, déjà appliquée au travail de la culture, quand les autres sont survenues; elle apparaît par conséquent comme la plus ancienne des immigrations africaines.

Mais par quel chemin et par quelle série de faits les nègres sont-ils donc arrivés jusque-là, *dès l'origine des temps, à l'état de cultivateurs, sans traverser les déserts?* Car c'est dans ces termes que se précise le problème, après les observations que nous venons de faire : ce sont là les traits que n'explique aucune des hypothèses que nous venons d'examiner. Il faut d'abord que les nègres soient sortis de l'état patriarcal autrement que par la *chasse;* il faut ensuite qu'ils soient arrivés en Afrique *par une voie autre que les déserts,* par des *territoires cultivables,* et par un chemin *ouvert aux hommes des premiers âges.* Ce chemin existe.

Pour pénétrer d'Asie en Afrique, il y a historiquement deux issues principales, qui demeurent ouvertes aux peuples à travers tous les âges : l'isthme de Suez et le détroit de Bab-el-Mandeb. Ces portes du continent africain font communiquer entre elles les contrées situées dans les deux parties du monde que sépare la mer Rouge. Elles ont servi de passages aux migrations des pasteurs comme aux invasions des conquérants; n'est-il pas, *a priori,* infiniment probable que les nègres, eux aussi, les ont utilisées?

Mais il importe ici de ne pas perdre de vue la conclusion déjà établie par nos observations antérieures faites au sein même du continent africain : *Le point initial à* partir duquel s'est opérée la diffusion des noirs en Afrique, est la haute contrée d'où découlent à la fois le *Nil Blanc et le Nil Bleu*. Or, à ce point particulier de l'Afrique aboutissent deux grandes voies migratoires, traversant les deux passages historiques que nous venons d'indiquer, et précisément exemptes, par les conditions de sol et de climat qu'elles présentent, de la stricte loi qui s'applique aux régions des déserts, c'est-à-dire que ces deux voies n'exigent pas de ceux qui les suivent l'organisation patriarcale, ni la direction invariable de l'est à l'ouest.

L'une, par la vallée du Nil, *coupe et franchit toutes les régions des déserts, sans participer à leurs conditions;* elle se dirige sur l'isthme de Suez, atteint les collines de l'Idumée, les monts de la Palestine et du Liban, les côtes syriennes, et les plaines cultivables d'Antioche et d'Alep, l'ancienne « Syria Euphratensis ». *Tous ces lieux permettent un genre de travail différent de celui des pasteurs nomades.*

L'autre voie, par le détroit de Bab-el-Mandeb, ou par d'autres points rapprochés sur la côte, va communiquer avec les rivages méridionaux de l'Arabie. Ces rivages, terres basses et arrosées par l'égouttement des plateaux, ont été toujours considérés comme éminemment favorables à la culture. Ils rejoignent, au fond du golfe Persique, l'embouchure de l'Euphrate, dont la vallée, comme celle du Nil, *traverse toutes les régions des déserts sans participer à leur nature.*

Par la haute vallée de l'Euphrate, on ferme le circuit, en rejoignant le nord de la Syrie et les dernières pentes des montagnes de l'Arménie.

Les lieux traversés par ces deux routes représentent, en somme, entre le versant sud-occidental du grand plateau asiatique et les pays nègres de l'Afrique, *la série des territoires où l'on peut concevoir l'homme vivant en dehors des communautés pastorales.*

Quel est le régime social qu'appelle la nature de ces lieux?

L'Euphrate, avec le Tigre son principal affluent, prend sa source dans le massif montagneux arménien, entre les derniers contreforts du Caucase, et va se jeter dans le golfe Persique après un cours de 2.200 kilomètres. Sa vallée occupe le fond de la dépression qui sépare les plateaux iraniens du soulèvement arabique. Comme la vallée du Nil, elle réunit trois conditions remarquables :

D'abord, la *fécondité* des terres alluviales, accrue encore, sous les climats chauds, par la facilité des irrigations ou par les débordements réguliers. Toutes les fois qu'elles se sont trouvées aux mains de peuples agricoles, ces deux vallées ont été considérées comme les greniers du monde.

Ensuite, l'*étroitesse* au moins relative de leurs territoires, resserrés des deux côtés entre les steppes arides impropres à la culture, et que nous avons reconnues infranchissables pour les désorganisés.

Enfin, la présence d'une voie fluviale navigable, qui relie facilement entre eux tous les points occupés, et sert naturellement à l'échange. Cet échange porte, soit sur les productions des pays situés au nord et au sud des déserts, soit sur les différents objets provenant des travaux accessoires auxquels ont recours, dans chaque région, les nomades des steppes pauvres; soit enfin sur les fruits de la culture pratiquée dans la vallée.

Il est facile de saisir les conséquences de ces trois conditions; ces conséquences sont : la richesse des cultivateurs, leur agglomération forcée, puis le développement du commerce.

Comme résultat général de cet état de choses, nous

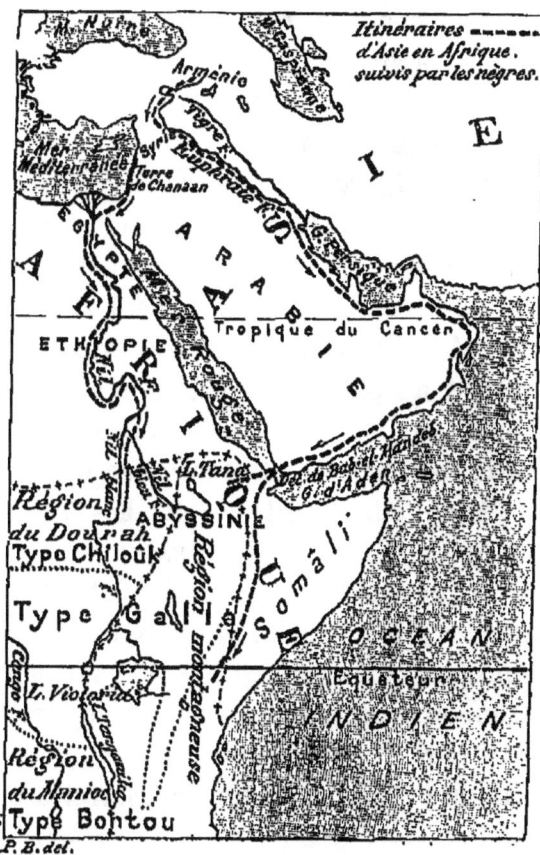

Les deux itinéraires de la race noire.

voyons de suite apparaître *le régime urbain;* les Chilouk nous en fournissent encore aujourd'hui un exemple, dans la vallée même du Nil, et leur émigration très notable, de bannis ou de déshérités, peut nous aider à comprendre ce qui se passait dans les grandes vallées fluviales, dès les temps primitifs. Le régime urbain dont nous parlons est précisément celui des Chilouk; mais nous remarquerons qu'effectivement les grands empires formés un peu plus tard dans les vallées de l'Euphrate, du Tigre et du Nil, ont été soumis au régime urbain; l'influence des conditions du lieu tend à déterminer cette manière de vivre.

Ceci nous fait remonter à la cause originelle de la désorganisation chez les noirs.

Le régime urbain, avec ses dégradations forcées dans l'ordre moral, social, familial, fournit une quantité d'individus isolés que la misère ou l'autorité expulsent, incapables de reconstituer une société stable; incapables par conséquent de coloniser les steppes intransformables vouées au pâturage nomade et aux institutions patriarcales. Ces émigrants isolés et contraints sont, d'autre part, fort capables de continuer l'œuvre de défrichement à laquelle ils ont été attachés tout d'abord. Car ce genre de travail n'exige pas une organisation stable, ni même quelconque, de la famille : nous le voyons tous les jours dans les pays neufs, qui reçoivent comme immigrants les désorganisés des sociétés soumises au régime urbain. C'est après avoir supporté ce régime, c'est-à-dire l'agglomération et le commerce joints à la culture, que les races d'abord patriarcales arrivent à donner, au lieu de l'essaimage régulier des tribus, une *émigration irrégulière*, composée d'individus propres à tous les travaux des sédentaires, mais impropres à reproduire au loin l'image de la vie patriarcale. C'est au moyen de ces éléments facilement mobilisables et toujours poussés de proche en proche, que les groupes urbains, ancêtres des nègres, ont pu successivement mettre en valeur par le défoncement, l'assainissement, l'irrigation, toutes les terres productives qu'ils trouvaient à leur portée : à l'est, jusqu'à l'Indus et au delà ; à l'ouest, sur les deux routes migratoires conduisant en Afrique. Et cette première mise en rapport explique la rapidité avec laquelle les grandes sociétés chaldéenne et égyptienne, par exemple, venues après les noirs sur le même terrain, se sont développées en population et en richesse.

Il est assez facile d'arriver à l'assimilation historique des hommes que nous considérons ici comme les ancêtres des nègres : les terres qu'ils ont défrichées ont conservé historiquement les noms de ceux qui les ont mises en culture : terre de *Chus*, terre de *Misraïm*, terre de *Phut*, terre de *Chanaam* : ce sont les noms des quatre fils de *Cham* [1].

Tout ce que l'on sait de l'histoire primitive, par la Bible, par les traditions orientales et les plus anciens textes, tout ce qu'on en découvre encore de nos jours par les recherches de tout genre, montre à l'origine une race humaine qui a adopté le régime urbain, avec la fabrication et le commerce, tandis que deux autres familles de peuples adoptaient, l'une le grand art pastoral, l'autre le petit art pastoral avec l'agriculture rudimentaire. Rien n'est plus démonstratif à cet égard que le choix même des territoires que chaque famille occupe.

La première de ces familles est celle qu'on nomme *chamite* [2], elle a occupé dès l'origine ces deux longues bandes de terres cultivables et fécondes qui, partant de l'Arménie méridionale, vont gagner l'Afrique centrale, l'une par l'Euphrate et les rivages arabiques, l'autre par les rivages méditerranéens et le Nil. Elle a donné nais-

1. Cf. *Genèse*, ch. x, versets 6 à 17.
2. Nemrod, le premier fondateur de villes et d'empire, est dit *fils de Chus*.

sance, par le *régime urbain* et *l'émigration irrégulière*, à des races désorganisées.

Les deux autres races portent les noms de *sémite* et de *japhétite* ou indo-européenne. Elles ont occupé à l'origine les pays de steppes transformables ou intransformables; elles ont donné naissance, *par l'essaimage régulier de leurs communautés*, à des populations profondément imbues de la formation patriarcale.

C'est là que se trouve, au point de vue social, la grande différence entre les noirs et les blancs; ceux-ci comptent comme trait dominant de leur formation un long apprentissage de l'organisation patriarcale; les nègres, dès le principe, en ont été dénués.

L'histoire à la main, nous voyons les premiers habitants de la vallée de l'Euphrate, cultivateurs soumis au régime urbain, envahir les contrées cultivables de l'Arabie et de la côte méditerranéenne, en laissant aux terres qu'ils ont défrichées les noms des fils de Cham. Nous voyons ensuite les premiers possesseurs de la terre de Chanaan [1], et ceux des cultures arabiques, — les *premiers Adites* [2], — chassés de leurs possessions, exterminés. Le refoulement des premiers occupants de l'Arabie eut lieu environ dix-huit siècles avant notre ère, et les poussa vers les points de l'Afrique qui font face à leurs anciennes résidences, c'est-à-dire vers ces plateaux situés au nord de la zone montagneuse, où nous avons reconnu le point initial de la diffusion des noirs à l'intérieur.

Mais en examinant les choses de près, il y a lieu de distinguer à certains égards entre les migrations qui ont suivi la route de l'Euphrate et des rivages arabiques, et

---

1. Le nom même de la *Pentapole* rappelle le régime urbain.
2. Tirant leur nom d'*Ad*, petit-fils de Cham.

celles qui ont suivi la voie des rivages méditerranéens et du Nil. Portons encore notre attention sur ce sujet.

III.

La haute vallée de l'Euphrate, d'où descendirent les populations qui gagnèrent les rivages de l'Arabie, est aussi très probablement le pays d'où sortirent les premiers cultivateurs de la Syrie et de la Palestine, que les découvertes récentes identifient avec les Chamites.

La route par les bords de l'Euphrate traverse un territoire homogène, fécond en tous points, propre aux vastes entreprises de culture et de commerce qui peuvent tenter un *fondateur de villes et d'empire*, un conquérant et un dominateur. La route par la Syrie au contraire, présente les sites les plus divers; tous les travaux par lesquels l'homme peut se soutenir en dehors de la communauté patriarcale y trouvent leur place. Non loin des régions forestières qu'illustrent les cèdres fameux, le bétail transhumant peut descendre des plateaux herbus du Liban vers les vallons verdoyants, ou vers les plaines du Jourdain et de l'Oronte; « le blé, le vin et l'huile », dûs aux efforts du cultivateur, se rencontrent avec les produits spontanés de la cueillette, au sein de la *Terre Promise*[1]. Il y a là, en même temps qu'un moindre attrait pour un fondateur d'empire, plus de ressources et plus de sécurité pour les individus expulsés de leur milieu originaire. Des conditions de travail si variées offrent asile à toutes sortes de gens; elles occasionnent en outre la division des peuples en types très divers, comme on peut le voir encore aujourd'hui.

1. Cf. Nombres, ch. xiii, versets 22 à 30.

La « Terre de Chanaam » nous apparaît, au point de vue social, comme un lieu semblable à la zone montagneuse de l'est africain; elle admet la même diversité de travaux.

Par le fait même des ressources variées qu'elles rassemblent côte à côte sur une étendue restreinte, les contrées montagneuses en général jouissent d'une propriété remarquable, ce sont de véritables *classeurs* pour les populations qui les envahissent. Suivant qu'elles sont douées d'une organisation préalable plus ou moins résistante, les sociétés qui sont entrées dans les pays de montagnes finissent par accéder chacune à un certain territoire plus ou moins avantageux. Les plus fortes rejettent les plus faibles : nous l'avons vu en étudiant la zone montagneuse en Afrique, et il en est forcément de même pour la terre de Chanaan. En outre des groupes qui demeurent dans les montagnes, il y a les groupes *expulsés*, qui représentent la partie la plus désorganisée des premiers immigrants.

Or, pour les nègres venus en Afrique par l'Euphrate et l'Arabie, ce classement s'est opéré à leur arrivée sur les plateaux éthiopiens; c'est sur le sol africain même qu'ils se sont triés par la lutte, et les plus forts sont restés en possession des lieux de choix, des régions vouées au pâturage transhumant. Au contraire, sur la route migratoire venant de la Syrie par l'isthme de Suez, l'ordre des choses se présente en sens inverse; c'est en tête de l'itinéraire que se trouve placé le lieu qui détermine le classement des populations. Les éléments les plus vaillants sont demeurés en maîtres dans cette contrée de Chanaan[1], « où coulent des ruisseaux de lait et de miel; »

---

1. Cf. Nombres, chap. XIII, versets 29 à 34.

la portion inférieure a seule été refoulée vers la vallée du Nil.

Par suite, des races *inégalement désorganisées* par les circonstances différentes qui ont concouru à leur formation, viennent de deux côtés différents aborder ce point, situé entre les deux Nils, où siège le grand moteur de l'Afrique noire.

L'une y arrive par le nord : elle est dépourvue de ses éléments supérieurs, restés bien loin en arrière. L'accès ou le séjour de la zone montagneuse africaine est le prix d'une lutte à laquelle nous la voyons bien mal préparée. Elle demeurera, ou sera rejetée, vers le nord et l'ouest, dans les forêts ou dans les pâturages défectueux du *Nil-Blanc*, et dans la *région du dourah*. Telle est l'origine des nègres du type *Chilouk*.

L'autre race pénètre par le sud-est dans la région des plateaux herbus en Afrique. Elle a subi également une déformation profonde; mais elle est au complet, et parmi les éléments qui la composent aucune sélection préalable n'est intervenue. Ses contingents d'élite lui assurent la possession de la zone montagneuse. C'est là qu'elle subira le triage; et les diverses modifications qui lui seront imposées en ce lieu l'amèneront à se répandre jusque dans les *déserts du sud* et la *région du manioc*, où domine le type *bantou*.[1]

L'aire de colonisation dévolue à ce dernier type est plus étendue que celle réservée au type chilouk; cependant les mouvements des peuples y sont plus rapides, les chocs plus violents. La cause de cette agitation se trouve dans l'introduction d'une troisième race

---

1. Voir Hovelacque, *Les Nègres de l'Afrique sus-équatoriale*, p. ix et x, note, p. 235.

dans la partie nord de la zone montagneuse, celle des Abyssins et des Galla, ou des *Éthiopiens*.

Pendant un laps de temps évalué à dix siècles par M. Lenormant, les restes nombreux des Chamites demeurés sur les basses terres d'Arabie virent arriver et croître près d'eux les tribus pastorales arabes des *Jectanides* ou *Cathânites*; un certain mélange des deux races se forma sur les territoires cultivables, par l'accession chez les Chamites de certains éléments sortis des tribus : une race intermédiaire ou métisse fut créée. Puis, par la force des choses, les nomades patriarcaux en vinrent à déposséder complètement les cultivateurs de sang-mêlé : les gens de la tente, venant des plateaux de steppes, « achevèrent de descendre sur toutes les terres de la postérité de Cham ». Chassée de l'Arabie, la race intermédiaire, la race mêlée, que l'on peut appeler les *seconds Adites*, vint à son tour chercher un refuge sur le continent africain. Plus forts, mieux organisés que leurs prédécesseurs bantou, ces métis *sémo-chamitiques* se frayèrent facilement une place de choix sur les plateaux éthiopiens, occupés encore aujourd'hui par leurs descendants.

Cette race est unanimement reconnue comme différente de la race nègre [1], comme différente aussi de la race pastorale des déserts. On peut se rendre compte de son caractère particulier en observant les circonstances qui ont présidé à sa formation.

Nous avons déjà parlé de certains métis, qui figurent en assez grand nombre dans les tribus patriarcales des déserts; ces individus, quelle que soit leur masse,

---

1. Hovelacque, *Les Nègres de l'Afrique sus-équatoriale*, p. XII, 219. Voir aussi E. Reclus, t. X, p. 229 et suiv.; — Vivien de Saint-Martin, *Dictionnaire géographique*, articles *Abyssinie* et *Galla*.

avons-nous dit, sont incorporés dans la race dont ils ont subi la formation. Nés sous la tente au sein de la communauté nomade, englobés par elle, élevés avec les autres enfants de la tribu, ils sont devenus comme ceux-ci des pasteurs nomades.

Tout au contraire, les métis nés en Arabie au milieu des restes des *Adites*, sur les territoires de culture, se sont eux-mêmes confondus dans ce qui subsistait de cette population soumise au *régime urbain;* car ils ont été élevés sous ce régime, et non sous les tentes des pasteurs cathânites. C'est le milieu urbain qui, dans ces familles mixtes, a fait ce que n'aurait pas produit par lui-même le seul travail de la *culture*, il a *corrompu*, et non pas seulement *modifié* la tradition. Aussi, tout en conservant, à raison des bons éléments sortis de la société pastorale, une supériorité sur les nègres arrivés antérieurement en Afrique, la race métisse ne pouvait se reformer en communautés patriarcales; elle était privée par là de la condition nécessaire à la vie pastorale nomade, elle s'est vu fermer l'accès des déserts.

Une fois établies sur le sol africain, les diverses fractions de cette race *éthiopienne*[1] se sont modifiées les unes par rapport aux autres, suivant les circonstances locales. Plus éloignés que les *Abyssins* de la florissante Égypte et des grandes voies du commerce primitif, et parfaitement isolés de leurs anciennes villes d'Arabie par le désert Somâl, les *Galla* devinrent plus pauvres et plus simples en leurs mœurs. L'art nourricier qui s'imposait dans leur seconde patrie, le *pâturage transhumant*, source de luttes perpétuelles et de nombreuses émigrations, est précisément l'un des principaux facteurs du

1. Voir Stanley, *Dans les ténèbres de l'Afrique*, t. I, p. 356.

classement des peuples opéré par l'envahissement des montagnes ; nous avons montré cela en détail en étudiant la zone montagneuse, et nous avons insisté sur deux points : l'émigration des cadets, et le refoulement des peuplades vaincues.

Le cadet émigrant des plateaux herbus ne cherche pas une terre à posséder et à cultiver, mais bien une population à exploiter, au milieu de laquelle il s'installe en maître. Fort de l'appui de ses camarades déjà pourvus dans le voisinage, doué par sa formation originaire d'une prévoyance supérieure à celle des *Bantou,* il fournit aux peuples de cette race soit les chefs sédentaires, soit les familles de « capitaines » qui président à leurs destinées et les mènent, nous l'avons vu, assez loin et assez durement.

Quant aux peuplades entières refoulées des petits plateaux, elles laisseront de préférence aux nègres les territoires de culture pour se jeter dans les pays où l'on cueille la banane. Ce travail, en effet, est plus attrayant ; il se rapproche des conditions de vie auxquelles est habitué le pasteur transhumant ; enfin l'on trouve dans le voisinage des petits plateaux, comme par exemple au pays d'Ou-Ganda, des lieux propres à la cueillette de la banane et où l'on peut garder du bétail, tandis que les terres cultivables du même rayon sont déjà infestées par la mouche tzétzé. C'est donc vers la région de la banane, et par suite vers les forêts équatoriales, que se sont en général dirigées les peuplades de race galla expulsées de leurs premières positions. Ici l'exploitation du nègre par l'Éthiopien est encore plus complète, puisqu'elle est poussée jusqu'à l'anthropophagie.

J'ai rendu compte précédemment de la direction qu'affectent les mouvements migratoires des populations poussées à travers les régions équatoriales par l'invasion des vaincus des petits plateaux ; rejetés par ces derniers, les peuples consistants que forme la cueillette sont réduits à vivre de la chasse, et refoulent eux-mêmes de plus en plus vers l'ouest les autres chasseurs, en raison du plus ou moins de cohésion qu'ils présentent. Dans ce long exode des « seconds Adites » à travers les forêts africaines, les groupes arrivés les premiers à l'extrémité du parcours, vers le golfe de Guinée, sont très probablement les premiers sortis des petits plateaux des montagnes ; ceux par conséquent qui sont demeurés *le moins longtemps* sur ces pâturages, et y ont le moins perdu leur formation primitive due au *régime urbain*. On retrouve au Dahomey et chez les peuples voisins, à côté des *coutumes* sanguinaires, des rites extravagants et obscènes qui portent la trace plus marquée des superstitions monstrueuses attribuées aux nations sabéennes et à tous les peuples issus de *Cham*.

Je termine ici l'exposé des conclusions auxquelles arrivent les études sociales sur les origines des races qui se partagent le continent africain. Ces études, on le voit, jettent un jour nouveau *sur les causes* de faits déjà établis par les constatations positives des autres sciences, avec lesquelles elles demeurent d'accord. La vérité est une, mais elle veut être complète.

Nous nous trouvons maintenant en face d'un tableau général des races africaines ; tableau animé, parce qu'il montre en action et en mouvement ces populations si diverses, en faisant voir comment elles vivent et comment elles se sont formées. Devant ce spectacle, nous ne pouvons mettre en oubli le principal caractère qui distingue entre elles toutes ces races ; l'organisation ou les multiples désorganisations de la famille. En considérant la triste situation des nègres à cet égard, nous ne pouvons écarter de notre esprit un rapprochement qui s'impose de lui-même à la pensée.

N'est-ce point contre le respect du père, n'est-ce point contre cette autorité paternelle, base de l'organisation familiale, que fut commise la faute de Cham?

Dès lors, il n'y a rien de surprenant à ce que la postérité de celui-ci ait éprouvé, bien plus que celles de ses frères, la difficulté de conserver la tradition originaire et l'autorité patriarcale; il n'y a rien de surprenant à ce qu'elle ait choisi de préférence les territoires à défricher, où l'existence de l'homme n'est pas liée à la constitution patriarcale de la société, laissant aux fils de Sem et de Japhet les parties du globe où cette constitution sociale, dans les temps primitifs, s'imposait avec la vie pastorale.

Ne semble-t-il pas qu'on aperçoive, au-dessus des longues et étroites vallées qui traversent les déserts, la main providentielle étendue, montrant à la postérité du mauvais fils l'Afrique lointaine où l'expiation l'attend? Ne voit-on pas cette main vengeresse jeter derrière les Noirs, comme un filet, l'impénétrable réseau des tribus pastorales; et pousser d'un bord à l'autre du continent mystérieux les chefs féroces, les hordes cannibales, qui complèteront le châtiment?

En résumé, nous sommes fondés à voir dans la race nègre un rameau qui s'est détaché de la souche primitive patriarcale (pastorale ou agricole)[1], dans la contrée du Haut-Euphrate. Cette séparation s'est accomplie dès les premiers âges du monde. Avant la fondation des nations patriarcales historiques qui occupèrent dans la haute

---

1. Cf. Genèse, ch. VIII, verset 18, ch. IX, verset 20.

ZONES ET RÉGIONS SOCIALES EN AFRIQUE.

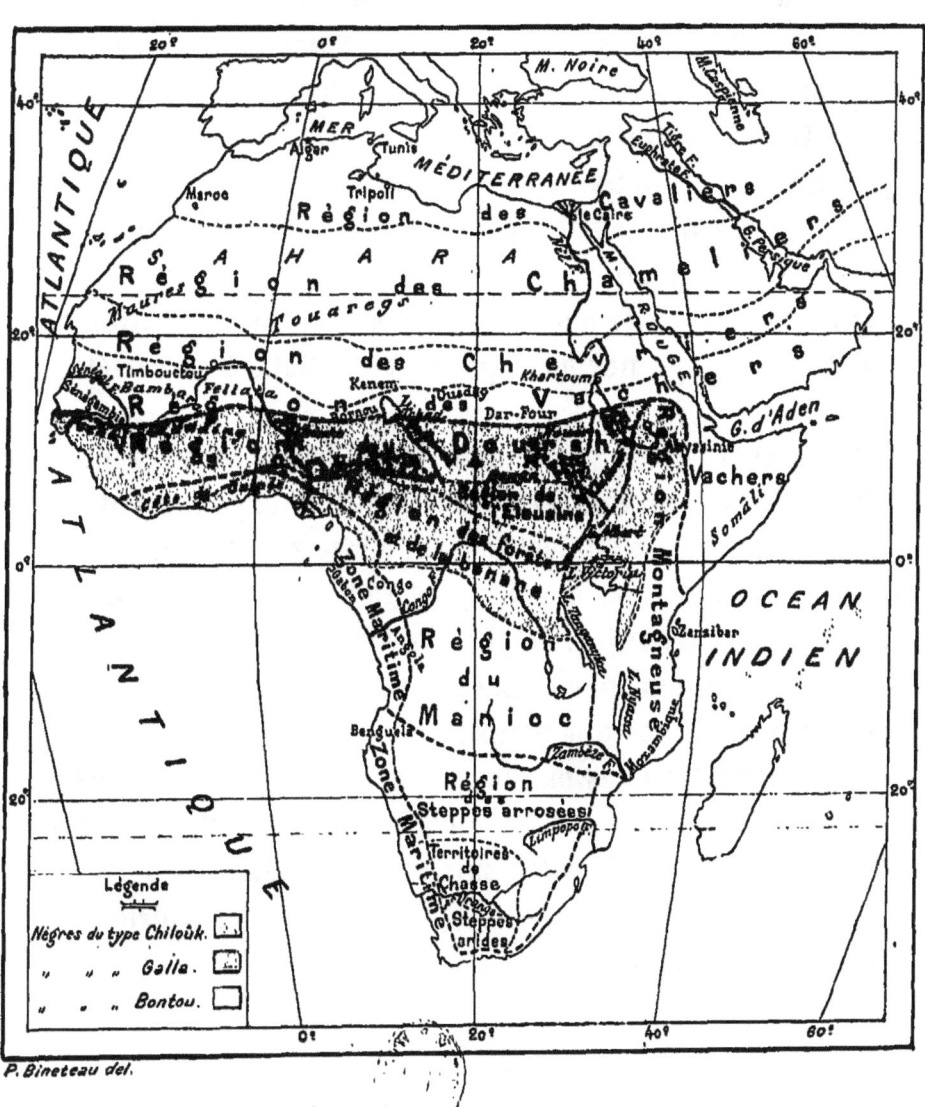

antiquité l'Asie antérieure, avant l'arrivée en Afrique de la puissante race égyptienne, les nègres avaient croisé, par les vallées des deux grands fleuves, toutes les différentes régions des déserts, sans pouvoir en occuper une seule par le travail du pâturage nomade. Au contraire, les sociétés diverses qui peuplent le reste du globe sont sorties lentement, progressivement, du groupe patriarcal primitif, et se sont modifiées dans leurs migrations par la diversité des lieux. Telle est, au point de vue social, la différence qui existe entre les deux grandes variétés de l'espèce humaine; la variété *blanche* a subi sous le régime de l'autorité patriarcale une longue formation, un apprentissage normal, qui a fait défaut à la variété *noire*.

Aussi avons-nous vu, dans toute l'Afrique noire, l'instabilité et la désorganisation des familles engendrer des sociétés absolument défectueuses, au sein desquelles les pouvoirs publics, se développant sans frein ni mesure, imposent à leurs sujets la plus misérable servitude. Ces sociétés périclitant par la base sont hors d'état de résister aux convoitises des peuples voisins, à l'exploitation organisée contre elles par les races mieux douées. Nous constaterons ce fait général relatif à la race nègre, en observant, dans le chapitre suivant, les relations qui s'établissent, entre cette race et les autres, dans l'intérieur du continent africain.

CHAPITRE VIII

LES CONDITIONS DE RÉGÉNÉRATION SOCIALE DE LA RACE NOIRE.

I.

Nous avons constaté que la race noire proprement dite, ou *nègre*, depuis son origine, n'a jamais été soumise au régime patriarcal. Tout au contraire, les autres races humaines ont débuté sous ce régime, que la plupart aujourd'hui encore conservent, pur ou modifié, comme la base de leurs sociétés. Ce contraste fait du nègre un cas particulier dans l'humanité. On comprend que cette divergence primordiale dans la formation doit amener des conséquences faciles à reconnaître, lorsque le contact se produit entre le nègre et les autres races. Il est intéressant d'étudier les rapports qui s'établissent ainsi sur le pourtour de l'aire occupée par les noirs, et de rechercher *en quoi* et *pourquoi* ces relations diffèrent de celles qui se forment ailleurs entre les peuples.

D'accord avec les travaux sérieux des historiens et des ethnographes, mais guidés par l'observation des faits sociaux, nous avons reconnu que la race nègre, formée originairement dans les contrées de l'Asie antérieure *soustraites au régime du pâturage nomade*, a donné naissance à trois groupes divers, séparément arrivés en Afrique : les nègres du type Chilouk, les nègres du type Bantou, et les noirs Éthiopiens.

Entre ces trois groupes ont existé, et existent encore, des relations qui doivent, comme les rapports de noir à blanc, conserver la trace de la formation générale primitive.

Le premier en date de ces rapports de groupe à groupe est la rencontre, dans la région qui sépare le Nil-Blanc du Nil-Bleu, des Chilouk et des Bantou primitifs. Ce dut être une lutte mémorable, comme toutes celles qui se sont produites entre des gens attachés à un territoire où la vie est relativement facile, et des envahisseurs animés par des combats perpétuels et par la marche à l'aventure. Ces chocs se retrouvent partout à l'origine de l'histoire : ils forment la première des légendes, la plus épique des traditions. Tels sont, parmi les récits conservés en partie, ou perdus en totalité, mais dont le souvenir a survécu, les contes merveilleux des premiers poètes arabes, les chants des bardes celtes, les Sagas norwégiennes, les Niebelungen allemandes, etc. Ces récits imagés et mythologiques portent l'empreinte du moule patriarcal, comme les sociétés dont ils racontent les origines fabuleuses; ils sont transmis de génération en génération avec le respect qui s'attache à la mémoire des ancêtres; ils présentent au plus haut degré, et comme caractère distinctif, l'excitation imaginative propre aux pasteurs. Les héros qui ont conduit à la victoire la race envahissante y apparaissent comme divinisés; les vaincus, ordinairement des peuples désorganisés, aux mœurs farouches, sont dépeints sous des traits qui les assimilent aux esprits mauvais ou aux animaux malfaisants.

Dans l'Afrique noire, rien de pareil : le silence d'un éternel oubli plane sur les premières rencontres, sur les antiques luttes des Bantou, des Chilouk et des Adites éthiopiens. C'est que, des races en présence, *aucune* ne se trouvait en mesure de revêtir de formes brillantes, et encore moins de conserver traditionnellement, le souvenir des premiers héros; aucune n'était formée au culte des ancêtres, au respect de la tradition, à la méditation poétique, toutes choses qui naissent et se développent par la longue pratique de la vie patriarcale.

Voilà bien, en ce qui concerne les faits de l'âge héroïque, la trace marquée dans les rapports de peuple à peuple par le défaut de formation patriarcale chez les noirs. Leurs rapports actuels ont été observés dans nos études précédentes : ils offrent, eux aussi, comme symptôme dominant, cette lacune originaire, cette absence d'éducation patriarcale. Je n'en veux pour exemple que les procédés employés, chez les *Bantou,* par les capitaines cafres et leurs hordes. Il n'est pas un autre milieu sur le globe où l'on tienne moins compte du groupement familial, de la tradition, du respect des ancêtres, soit chez les vainqueurs, soit chez les vaincus. Là il n'est pas question, parmi les guerriers, du vieux « Père aux cent lunes », comme chez les Indiens de l'Amérique du Nord. Les vainqueurs, qui s'excluent eux-mêmes du mariage ou au moins de l'éducation de leurs enfants, voient leur race disparaître rapidement; les vaincus, que leurs vainqueurs élèvent en *enfants de troupe,* pour s'en faire des remplaçants, viennent se substituer, non pas à une race composée de familles, mais à une armée constituée par régiments et par compagnies.

Sans doute, ce comble de la désorganisation se produit, comme nous l'avons vu, après la traversée des montagnes qui est imposée aux Bantou par la poussée de nouvelles peuplades accédant aux plateaux herbus. Mais la formation préalable de la race n'est pas pour rien dans ce résultat, elle y tient au contraire une place considérable. Pour s'en convaincre, il suffit de comparer notre phénomène africain à ceux qui se sont produits ailleurs, en des lieux analogues à la zone montagneuse africaine. Prenons pour terme de comparaison un point où les blancs et les noirs se sont trouvés en contact : la plaine du Gange, sur laquelle viennent déboucher les passes de l'Hindo-Kosh.

Ce n'est point sans peine, ni probablement sans luttes assez acharnées, que la masse des Aryens, originaire du plateau de l'Iran, a fini par traverser la formidable barrière qui la séparait de l'Inde. Après avoir habité les régions tempérées, les essaims émigrants s'élevèrent graduellement sur les crêtes « où l'hiver dure sept mois; » De là, s'engageant dans les défilés abrupts des montagnes, ils descendirent dans les plus hautes vallées ouvertes vers le sud, et se trouvèrent en présence de peuples noirs. Ce contact, qui s'établissait à l'issue des montagnes, a-t-il abouti, comme en Afrique, à la suppression des familles, à l'amalgame sans ordre et sans nom des envahisseurs et des anciens habitants?

Au contraire, c'est un phénomène inverse qui s'est produit. Les Aryens brahmaniques et les Ksatryas guerriers se resserrèrent, se concentrèrent pour ainsi dire au milieu de la race étrangère qu'ils dominaient. Loin d'aboutir à la destruction des familles, la nouvelle société qui se forma en englobant les deux races posa à sa base le lien du sang, avec une rigueur qui n'a peut-être pas d'égale; et l'inévitable métissage engendra, non des régiments d'enfants trouvés, mais des castes *héréditaires* et soigneusement fermées, qu'une minutieuse hiérarchie classa d'après la pureté relative de la race.

Ainsi la traversée des montagnes sur le pied de guerre ne peut, à elle seule, expliquer la désorganisation familiale absolue des Bantou. Il faut y joindre une autre cause, un élément négatif : l'absence de formation préalable de la race dans le sens patriarcal. Et c'est précisément cette absence totale des liens du sang, des liens familiaux, qui explique comment la nécessité impérieuse d'une cohésion quelconque a pu donner force à une organisation artificielle, dans laquelle le « capitaine » tient lieu de patriarche et même de père.

Dans les rapports des noirs entre eux, on retrouve donc bien, comme une cause toujours agissante, le trait fondamental qui les différencie des autres branches de l'humanité.

Ce trait doit apparaître plus visiblement encore dans les relations qui s'établissent entre les Blancs et les Noirs.

De tout temps, par terre et par mer, les pays nègres ont été abordés, au moins sur leur pourtour, par des représentants des autres races; aujourd'hui on pénètre jusqu'au cœur de l'Afrique, et le « Continent mystérieux » se voit ravir successivement ses secrets. Le contact entre les Européens ou les Arabes, d'une part, et les nègres d'autre part, s'établit, soit par le *commerce*, soit par la *colonisation;* je n'apprendrai rien à personne en constatant que le résultat final est toujours ou l'exploitation, ou l'éviction des malheureux Africains. Mais ces entreprises de négoce ou de colonisation sont diversement organisées, selon l'état social de ceux qui s'y livrent. Nous avons à examiner les différents procédés employés par les Blancs dans ces pays lointains, et les effets qu'ils produisent : d'abord, pour nous rendre compte de la cause qui constitue partout les noirs en état d'infériorité relativement aux étrangers; ensuite, afin de rechercher les remèdes qui pourraient conduire au relèvement de cette race malheureuse.

Voyons d'abord l'action des Blancs qui pratiquent le *commerce* dans l'Afrique noire.

II [1].

Sur une grande étendue de leurs confins, du Sénégal aux monts d'Abyssinie, les nègres se trouvent en contact avec des races patriarcales; c'est par les *caravanes* que les relations se sont établies. Les émigrants touareg, les négociants nomades du Darfour, les tribus voyageuses des Fellata, se sont d'abord approprié les régions dans lesquelles on trouve encore à faire vivre du bétail; ils ont soumis sans difficulté, grâce surtout à leur cavalerie, les cultivateurs noirs de ces contrées. Aujourd'hui c'est plus au sud, dans les régions infestées par la mouche tzétzé, que s'est porté l'effort des expéditions arabes venant par le nord.

Nous sommes en un pays où la vie pastorale nomade est rendue impossible par les conditions locales; l'établissement des Arabes dans ces contrées, et par suite l'in-

---

1. A voir pour cette section :
Schweinfurth, t. I, p. 172, 188, 222, 252, 801, 834; t. II, p. 265, 266, 350 à 356, etc.; — Burton, p. 4, 360, ch. x à xvii; — E. Reclus, t. XIII, p. 240 à 245; — Cameron, p. 289, 317, 319, 364, 366, 384, 387, 415, 417, 419, 422, 435, 438, 445, 473, 521, 522, etc.; — Stanley, *Dans les ténèbres de l'Afrique*, t. I, p. 68, 71, 87, 105, 182, 190 à 223, 296; t. II, p. 251, etc.; — Binger, t. I, p. 14, 16, 18 à 27; 59 à 72, 78, 113 à 122; 33, 34, 99 à 105, 109, 110, 115 à 118, 130 à 134, 150, 151, 160, 170, 193, 228, 229, 355, 388, 389, 416, 411, 434, 473, 503, etc.; t. II, p. 2 à 4, 54, 56, 64, 65, 216, 344, etc.; — Casati, p. 2, 12, 21, 37 à 41, 45, 54, 62, 63, 71, 176, 205, 206, 215, 247, 250, 461, 463.

fluence qu'ils peuvent avoir sur les habitants noirs, dérivent uniquement d'un autre genre de travail qui vient remplacer le pâturage des déserts : c'est le *commerce*. Les tribus patriarcales n'essaiment pas dans cette direction, puisque le genre de vie propre à leurs communautés y est impraticable. Seuls, les *négociants* issus de cette race sont en contact ici avec les noirs.

Ces traitants se forment en compagnies commerciales, et leurs comptoirs de vente sont établis dans les principales villes des bords du Nil et de l'Afrique septentrionale. Les plus actifs d'entre eux, dont le nom est pris pour raison sociale, se transportent quelquefois de leur personne sur les lieux d'exploitation ; il en vient même de *Tunis* jusque dans la région des grands lacs, témoin ce négociant tunisien qui portait d'Ou-Nyoro en Ou-Ganda les lettres de Casati prisonnier.

Le personnel de la caravane, au départ, se compose de deux éléments distincts : premièrement, un corps de soldats mercenaires recruté dans la populace des villes et des oasis ; secondement, une nuée de petits marchands (*Djellaba*), montés chacun sur un âne ou un bœuf qui transporte en même temps leur personne, leurs armes et leur pacotille. Ce sont les protégés, les clients du gros traitant ; ils font le négoce pour leur compte, apportant à l'expédition le concours de leurs petits capitaux dont le total est souvent considérable, et jouissant en retour de la protection de la troupe armée et encadrée, de la direction du chef de caravane, et enfin des magasins lointains établis par la compagnie, comme des débouchés qu'elle crée dans les pays de vente.

Les marchandises de la société commerciale sont transportées, aller et retour, par des bêtes de somme à travers les déserts, ou par la batellerie sur le Nil, jusqu'à la limite qu'on peut atteindre par ces moyens. A partir de là, elles sont imposées à des colonnes de porteurs noirs, dont le va-et-vient est organisé avec soin par les représentants du « seigneur marchand », *vékils* (ou vicaires), établis d'avance au cœur du pays où l'on doit faire *des affaires*.

Le *vékil* principal réside au point où doivent aboutir les caravanes d'importation, dans une *zériba* ou enceinte fortifiée centrale, de laquelle dépendent d'autres zéribas secondaires, distantes de plusieurs jours de marche, de manière à tenir tout le pays. Chaque compagnie de commerce s'attribue ainsi un territoire propre, qu'une convention tacite et coutumière lui réserve, et sur lequel elle entretient ses chemins et ses gîtes d'étapes. Elle assure la subsistance de ses convois au moyen de traités passés avec les chefs indigènes, qui conservent encore un semblant d'indépendance, et dont la rémunération est effectuée au moyen de cadeaux répétés.

Dans le voisinage de la *zériba*, les chefs noirs sont supprimés, la main-mise du traitant est complète.

On choisit en général, pour asseoir cet établissement de première importance, une vaste plaine, fertile entre toutes les parties de la contrée à exploiter. De grands arbres, respectés par la hache, entourent au loin les cultures et rompent la monotonie du paysage. Des toits coniques en grand nombre, « embrassant presque tout l'horizon », servent d'habitation aux noirs assujettis, employés aux travaux des champs; cette sorte de petite ville se serre autour de l'enceinte carrée à haute palissade, où sont placés les demeures des chefs arabes et les magasins.

J'emprunte au Dr Schweinfurth le tableau de la population qu'il a rencontrée à la zériba de *Ghattas* dans le pays des Bongo : « Une garnison de natifs de Dongola et du Kordofan, formant avec les employés de Ghattas une force armée permanente de près de 250 hommes; plusieurs centaines d'esclaves des deux sexes, ouvriers ou serviteurs; quelques autres centaines réservées pour la vente ou destinées à payer en nature une partie de la solde des troupes; au total, une population agglomérée d'au moins un millier d'âmes[1]. »

Ces esclaves viennent de loin; dans le rayon de chaque zériba, les traitants n'enlèvent plus la population pour la vendre; ils ont reconnu par l'usage que « la valeur du terrain qu'ils s'étaient adjugé dépend surtout de la force vive » dont ils peuvent disposer. Aussi se bornent-ils à contraindre les restes de la population (réduite quelquefois de deux tiers par les dévastations qui ont accompagné la conquête) à se réunir à peu de distance de la zériba, pour avoir ce monde sous la main. Sur toute la plaine fertile, le sol est divisé en petits lots soigneusement cultivés, qui doivent fournir la subsistance au nombreux personnel que je viens d'énumérer. Et cette culture incombe principalement aux femmes; les hommes sont astreints pour leur part à deux sortes de corvées qui occupent tout leur temps, la construction ou la réparation des bâtiments, et le transport des marchandises.

Évidemment, les traitants arabes sont de fort mauvais patrons. Je laisse de côté les populations décimées au loin par la traite, pour n'envisager ici que celles qui sont groupées autour de l'établissement, et dont le sort paraît moins misérable. Comment les « seigneurs mar-

---

[1]. Schweinfurth, t. I, p. 172. Voir aussi Stanley, *Dans les ténèbres de l'Afrique*, t. I, p. 214 à 223, *Description de la Zériba d'Ipoto dans la grande forêt de l'Arrouhimi.*

chands, » exploitant à outrance leurs sujets en vue d'un gain rapide, prétendraient-ils donner aux noirs ce qui leur manque, la stabilité du lien familial ? Bien au contraire, les travaux imposés par les traitants aux populations soumises tendent à accentuer encore le défaut originel de celles-ci. Tandis que la corvée de culture retient les femmes sous la gouverne de soldats et d'employés recrutés dans le milieu le moins moral, les hommes et les jeunes gens, embrigadés comme porteurs, recevant un mince salaire individuel, parcourent les routes lointaines, chargés d'un fardeau d'ivoire ou d'un ballot d'étoffe. La direction imprimée à cette population par les traitants arabes reproduit ainsi, avec une frappante analogie, ce régime de l'*agglomération* et du *chantier*, auquel ses ancêtres ont été soumis dans leurs premières migrations vers l'Afrique ; en réalité, rien ne saurait mieux en donner l'idée.

On comprend que le relèvement de la race noire préoccupe très peu les possesseurs de zériba, tous négriers avoués et reconnus. Il y a plus, une question de *concurrence* les incite vivement à maintenir chez les nègres l'état de division et d'individualisme propre à leurs sociétés : on va le voir.

Malgré l'accord tacite qui règle le partage des territoires entre les compagnies, de fréquentes mésintelligences se produisent. Il s'agira, par exemple, d'opérer un transit, — d'un établissement nouveau vers la *mekra* ou marché situé sur le Nil, — à travers les possessions d'un voisin, parce que la route sera plus courte ou plus facile. En quelque autre occasion, ce sera la mauvaise foi réciproque, la vilenie des *vékils*, gibier de potence pour la plupart, qui allumera la guerre entre leurs patrons. Dans ces guerres intestines, il y a deux modes d'action qui sont le plus généralement employés : ou bien on arrête et on pille le convoi ennemi en marche, ou bien on cherche à surprendre la zériba de l'adversaire au moment où une grande partie de la troupe est en tournée. Or, pour ces opérations militaires, il est impossible au traitant ou à son « vicaire » de faire fonds sur les soldats nubiens qu'il a enrôlés. Ces soldats, qui sont prêts à commettre vis-à-vis des noirs toutes les atrocités imaginables, ne consentiraient jamais à viser la poitrine *d'un frère*, pour défendre des intérêts commerciaux; ils resteraient l'arme au pied, de part et d'autre, et leurs « anciens » chercheraient plutôt à s'entremettre entre les chefs rivaux ; il y a eu des cas de désertion en masse des deux côtés, laissant seuls les deux gros négociants en face l'un de l'autre. Tel est le point d'honneur chez ces bandes dépravées.

Il en est tout autrement des auxiliaires noirs. Eux aussi, pourtant, sont frères, car les luttes entre envahisseurs se passent au sein du pays conquis, sur un territoire que peuple, souvent, *une même nation de noirs*. Il n'en est pas moins vrai qu'on trouve ces auxiliaires disposés à se ruer les uns sur les autres avec furie, à se cribler réciproquement de balles et de flèches, à allumer l'incendie dévastateur ; et cela sur l'ordre de chefs étrangers qui les exploitent outrageusement. C'est donc sur eux seuls qu'on peut compter pour l'attaque et pour la défense; ils obéissent aveuglément, et c'est à faire le plus de victimes dans la bande opposée, *parmi leurs congénères*, qu'ils mettent leur point d'honneur. Mais ceci tient précisément à leur profonde désorganisation sociale, à l'absence chez eux de cette solidarité innée, instinctive, entre les hommes de même race, dont la forte et longue application de la discipline patriarcale a fait comme une seconde nature chez les autres variétés de l'espèce humaine. Le soldat nubien, quoique fortement métissé au physique, quoique sorti d'un milieu *oasien*, aggloméré et très corrompu, se ressent encore de son origine *postorale*. Il porte gravé au fond de l'âme le sentiment de la « grande fraternité des gens de la tente ». Comment le guerrier noir, *le faroûk*, serait-il sous l'influence de cette conception, vestige de la vie patriarcale que sa race n'a pas connue?

Cette défectuosité place le nègre dans un état inférieur; elle permet de le dominer facilement; et en outre elle arme le « seigneur marchand » contre ses concurrents. Aussi ce dernier, s'il était en son pouvoir d'y remédier, se garderait bien de le faire.

L'état de choses que nous venons de décrire peut être considéré comme le début, en pays nègre, de la colonisation commerciale arabe. Lorsque la population des petits marchands, des soldats mercenaires et de leurs métis, s'est implantée depuis très longtemps dans une contrée, on peut dire que le contact de cette race avec les noirs est définitivement établi. Nous pouvons en constater l'effet dans le vaste territoire qui s'étend au sud et au sud-est de nos possessions sénégalaises. De temps immémorial, les oasis sahariennes de l'ouest ont déversé sur cette contrée leurs contingents de *Mandé-Dioula*, *Sarracollé*, etc., négociants au détail de sel et de noix de kola, et fabricants de cotonnades. Unis à des groupes de pasteurs *Peuhl* ou *Fellata*, ces métis ont fondé, dans le pays des nègres qu'ils désignent sous le nom général de *Bambara*, des empires dont l'origine remonte au treizième siècle, et, par d'autres fondations analogues, s'étendent de nos jours encore vers le midi. Je prendrai pour exemple le royaume de l'almamy *Samory*, dont le nom est connu en France, parce que nos colonnes sénégaliennes ont continuellement à poursuivre ses bandes.

Jadis marchand de noix de kola, Samory, se voyant possesseur d'un certain nombre de captifs, délaissa les pénibles voyages commerciaux et les petits bénéfices du négoce, pour les profits plus importants que peut donner l'exploitation directe du pays. Il arma ses esclaves, s'empara d'un certain nombre de villages et en incorpora les hommes dans sa troupe. Remarquons-le, ce n'est point là un fait exceptionnel, et Samory est un homme ordinaire; il a fait ce que font beaucoup d'autres, en particulier son voisin Tieba, chef du royaume limitrophe. L'aboutissement normal d'une société composée d'exploiteurs, c'est le choix par ceux-ci du mode d'exploitation le plus commode et le plus rémunérateur.

Nous constaterons donc sans étonnement que les états fondés par les aventuriers musulmans du Soudan occidental, sont constitués simplement en vue de l'enrichissement de ceux-ci.

L'organisation administrative de l'Almamy est très simple. Sur chaque portion de territoire successivement annexée, un certain nombre de villages, jugés inutiles, sont détruits, et les habitants enlevés. La moitié de ces captifs revient à titre de solde et d'émoluments aux chefs et aux soldats, l'autre moitié appartient à l'Almamy. Chacun garde les sujets qui lui conviennent, comme épouses, serviteurs, ou élèves-soldats; le surplus est échangé sur les marchés de la région contre des armes, de la poudre et des chevaux, tous objets nécessaires à la continuation des opérations de guerre, et moyens les plus sûrs de terroriser et de dominer les noirs. On ne peut dans ce pays se procurer des chevaux et de la poudre que contre des captifs, dont la demande est incessante de la part des régions situées au nord : toute autre marchandise d'échange est refusée pour ces articles.

Quant aux villages conservés, — ceux dont le territoire paraît le plus fertile, — les chefs noirs indigènes y sont maintenus dans leurs anciennes attributions ; ils continuent à être chargés de la police locale, de la basse justice, de la direction des défrichements. Mais à côté de chacun d'eux l'Almamy place un de ses officiers, résident et intendant, appuyé d'une garnison de quelques *Sofa* ou soldats de métier[1]. Le résident choisit tout d'abord dans les défrichements du village une vaste et féconde portion, qui sera désormais le champ ou « lougan » de l'Almamy ; il fait cultiver et moissonner ce champ *à la corvée* par les habitants, sous la direction de leur chef et sous la surveillance des *Sofa*. Toujours par l'intermédiaire du chef local, le résident réquisitionne les hommes valides pour le service militaire ; on les envoie aux corps de troupes en campagne, où l'Almamy maintient la discipline et empêche la désertion « en faisant couper beaucoup de têtes ». Pour les femmes et les enfants, après avoir moissonné les champs royaux, ils sont formés en longues colonnes de porteurs, chargés chacun d'un lourd panier de vivres, et conduits par des *Sofa* armés de bâtons, vers les résidences des épouses de l'Almamy ou vers les magasins des armées. Si les récoltes sont insuffisantes, ou en cas de besoin urgent, on réquisitionne en plus les récoltes personnellement amassées par les villageois

Samory étend actuellement ce genre d'exploitation sur un territoire de 300.000 kilomètres carrés ; il est,

---

1. Il en est de même dans les autres empires arabes ou Fellata du Soudan : *Adamaoua, Yola, Haoussa*, etc.

avec son rival Tiéba, le grand pourvoyeur d'esclaves des marchands de Tombouctou, de l'Adrar et du Maroc. La population nombreuse et dense des noirs *Bambara*, société sans cohésion familiale, sans liens traditionnels d'aucune sorte entre ses différents villages, est à la merci des aventuriers issus de la race patriarcale des oasis.

Le travail à la corvée, le militarisme forcé, le métier de porteur, voilà tout ce que cette race importe chez les noirs, avec la ruine et la dévastation. Ce ne sont pas des moyens de progrès.

Nous voilà arrivés à une première constatation : les races patriarcales qui confinent *par terre* aux noirs englobés dans l'aire de la mouche tzétzé, n'offrent aucune ressource pour l'amélioration du sort des nègres et pour leur relèvement social.

Il existe en Afrique d'autres lignes commerciales que celles traversant les déserts. Elles se distinguent de celles que nous venons d'examiner, en ce que les négociants qui les utilisent, venus *par mer* et forcément en petit nombre, sont obligés d'associer encore plus intimement les indigènes à leurs expéditions.

Sur la côte orientale, le sultanat de Zanzibar a été fondé par un prince de la maison des Imans de Mascate, à la suite d'une de ces révolutions de palais si fréquentes dans les cours asiatiques. Après s'être composé une petite armée en râflant, sur les bords du golfe Persique, un certain nombre de Beloutchis, Indo-arabes qui étaient employés aux travaux des ports, le saïd *Seïd* s'embarqua pour Zanzibar. Il se rendit maître de 8.000 esclaves, et leur fit cultiver, dans l'île et sur la côte, la canne à sucre, le girofle et le café. Sa résidence insulaire devint le centre d'un commerce important et d'un mouvement maritime continu. On y vit bientôt affluer les traitants arabes de l'Oman et les laborieux Banians de l'Inde. La garde beloutche du saïd maintenait bien la sécurité aux environs des hâvres de la côte continentale qui fait face à l'île ; mais pour aller plus loin, il fallut, moitié par ruse, moitié par force, à l'aide de l'argent, de l'audace et de la diplomatie, se frayer un chemin au milieu des peuplades guerrières de la montagne. A cet effet, les traitants transformèrent peu à peu toute une nation noire, toute la population de l'*Ou-Nyamouézi*, en porteurs à gages, c'est-à-dire en bandes voyageuses, besogneuses et forcément sans famille. De Zanzibar à Benguela, dans tout l'intérieur de l'Afrique, il n'y a pas d'autre *bête de charge* que le nègre. On arriva ainsi jusqu'à *Kazeh,* où les Omani et les Banians, associés pour ce grand effort commercial, fondèrent un centre de négoce important; puis jusqu'au grand marché d'Oudjiji sur le Tanganyka.

Or, quel a été le résultat de ce nouveau développement du commerce en Afrique ?

D'abord, une grande partie des populations noires traversées par les chemins des caravanes ont abandonné à peu près la culture pour s'adonner au métier de transporteurs, ou pour faire elles-mêmes le commerce ; elles n'ont point à attendre de ce changement un apport de stabilité ou de moralité. Puis, la traite des esclaves s'est développée de ce côté d'une façon inouïe, ainsi qu'en témoignent toutes les relations des voyageurs et des missionnaires. Non seulement il faut répondre à la demande d'esclaves de l'Arabie, un des grands foyers d'appel de la traite, et de tous les pays d'Orient ; mais encore les négociants eux-mêmes, vu leur très petit nombre, sont forcés pour leur propre sécurité de s'entourer de véritables garnisons, formées d'esclaves armés : la prospérité des affaires d'un négociant s'établit par le nombre de mousquets qu'il peut remettre entre ces mains asservies. De nouveau, des nations entières sont enlevées à leurs anciens travaux, la chasse, la cueillette ou la culture, pour composer des bandes armées; on peut citer en particulier la population du Manyéma comme ayant presque en entier accepté ce genre de vie. Ce sont les esclaves des marchands, commandés souvent par des métis, qui composent ces troupes de bandits, pillards, incendiaires et dépopulateurs, connues sous le nom de *Rouga-Rouga*. Ces serviteurs armés sont matériellement bien traités par leurs maîtres; ceux-ci les appellent « mes enfants, mes fils, » mais ne remplissent point à leur égard la véritable mission de l'autorité paternelle, mission moralisatrice et coërcitive, incompatible avec les services qu'on attend d'eux. Pour les avoir dans la main, il faut les laisser croupir dans la fainéantise et dans tous les vices; il importe de ne pas les élever à la situation de chefs de familles réguliers. On ne les marie point : ils brocantent seulement entre eux et avec leurs patrons les femmes qu'ils ont enlevées. Comme le *faroûk* créé par les marchands du nord, les esclaves et les porteurs des Zanzibaristes sont pour l'Afrique noire, non un moyen de relèvement, mais une cause de désorganisation ajoutée à toutes celles que nous avons constatées jusqu'ici. Autrefois, dans l'Espagne et les Gaules, la levée et le passage des soldats mercenaires enrôlés par les chefs carthaginois ont présenté le même tableau, c'était aussi une conquête commerciale en vue du transit et de l'exploitation.

Ces grands déplacements de gens de races diverses,

trafiquants d'esclaves, ne vont pas sans donner naissance, à des métis, élevés dans le milieu commercial, et très aptes à servir d'intermédiaires. Sous le nom de *Foundi*, ces métis, esclaves ou affranchis, sont placés à la tête d'un grand nombre de caravanes. Moins sensibles que les blancs à la malignité du climat, ils ont, en outre, « une fraternité réelle avec les porteurs, dont ils comprennent la langue, connaissent les goûts, les manières et les coutumes. Leurs caravanes ne sont jamais affamées comme celles que conduisent les indigènes, ni gorgées d'aliments comme sous la direction immédiate des Arabes. On y endure moins de fatigues, on y a plus de confort dans les haltes, et par suite moins de mortalité dans les rangs [1]. »

Dès lors les métis peuvent aller plus loin que les purs *Omani*, dépasser le Tanganyka et atteindre, au cœur même du continent africain, des stations situées sur le bord du Congo, dont la principale fut longtemps *Nyangwé*. Arrivés là, ils sont les maîtres du commerce intérieur, et s'efforcent d'en exclure tous les étrangers. Le plus célèbre d'entre eux est *Tippo-Tip*, « le Ramasseur de richesse ». C'est lui qui a fondé la station forte de *Nyangwé*, et l'a peuplée d'une garnison de 9.000 esclaves ou porteurs. Ce sont ses bandes, toujours grossissantes, qui envahissent maintenant la grande forêt de l'Arrouhimi, et créent au milieu des bois, sur de vastes défrichements, d'autres agglomérations semblables à la première.

Tippo-Tip est ce que l'on peut appeler un grand homme. Il incarne les qualités, l'énergie propre de la race à laquelle il appartient. Le portrait du « Ramasseur de ri-

---

1. Burton, p. 360.

chesse » a été donné en gravure dans la géographie de E. Reclus : c'est celui d'un noir, au physique. Mais le genre de vie, l'initiative commerciale, l'attachement à la parenté, sont bien d'un Arabe patriarcal. Tippo s'est embarqué à Zanzibar avec Stanley, lui promettant de l'aider dans la traversée du continent noir : il avait avec lui quatre-vingt-seize parents ou serviteurs, composant sa « famille; » et aucune des offres diplomatiques qu'on lui a faites n'a été acceptée sans être préalablement soumise à la délibération de ses « frères ». Cette communauté riche et active joue un rôle prépondérant dans les affaires de l'Afrique centrale; elle domine un nombre immense de nègres, elle est maîtresse de leurs destinées. Concourt-elle à leur relèvement social? Non. Recevant du milieu africain des brutes sauvages, elle en fait des scélérats raffinés, des exploiteurs perfectionnés, que précède la terreur, que suivent la misère et la dépopulation. Sous l'impulsion de ce métis hors ligne, le noir du Manyéma *se convertit à l'Islamisme*, c'est-à-dire reçoit une chemise de coton et un fusil; groupé sous la direction d'une communauté solide et intelligente, il n'en fait partie qu'à l'état de membre inférieur et subordonné; mais la force qu'il reçoit de cette association n'est employée qu'à la propagation du vice, à la destruction et à la vente de ses congénères « infidèles. »

La station de Nyangwé[1], ou de Manyéma, est bien la capitale commerciale du centre de l'Afrique. Elle partage en deux parties égales la distance de l'océan Indien à l'océan Atlantique, et celle qui sépare les déserts du nord des déserts du sud. Par la haute vallée du Congo, ses traficants rayonnent jusqu'aux Stanley-falls, et rejoi-

1. Par 6° 30' lat. sud et 23° 40' long. est.

gnent sur l'Arrouhimi les établissements des traitants nubiens. Dans ses murs, les caravanes zanzibarites donnent la main à d'autres expéditions venues de l'extrémité opposée du continent, et menées, elles aussi, par des métis, les mûlatres portugais du Benguela.

Ces mulâtres, esclaves ou affranchis, sont les employés ou les correspondants des commerçants ou des planteurs blancs établis dans la colonie portugaise. L'itinéraire suivi par les *Pombeïros* ou *Manbari* (les mulâtres portugais sont désignés par ces deux noms) a été fort bien tracé. Il suit d'abord la ligne de faîte qui sépare le Congo de son grand affluent du sud, le Kassaï; puis celle qui divise les eaux entre le Kassaï et le haut Zambèze. C'est l'aboutissement de cette voie des hauteurs qui fait l'importance de la place de Nyangwé.

Quoiqu'évitant les parties basses du pays, par conséquent les contrées les plus malsaines et les plus difficiles, la route ne peut néanmoins éviter de traverser des lieux très humides, des plateaux où le défaut de pente agglomère les eaux provenant d'averses continuelles; et des voyages répétés dans cette direction sont absolument incompatibles avec le tempérament européen. C'est pourquoi la direction des transports sur cette voie est forcément abandonnée aux métis.

L'organisation des caravanes conduites par les mulâtres portugais ressemble à celle que nous venons de décrire. Même escorte d'esclaves armés; ils sont tirés des établissements de la colonie, mais emmenés assez loin pour échapper à la surveillance des autorités européennes. Même emploi de bandes de porteurs, racolées le long de la ligne : les porteurs Baïlonda circulent du Bihé à la côte; les porteurs du Bihé vont de leur pays au centre de l'Afrique. En plus, les Pombeïros utilisent les hommes disponibles et désagrégés qui arrivent de l'Ou-Nyamouési avec les métis arabes, ils les établissent dans des villages qui accompagnent la route commerciale jusqu'aux confins de la colonie occidentale.

Mais les procédés d'affaires employés par les commerçants à l'ouest du Congo diffèrent de ceux mis en œuvre par les Arabes, ils ne s'adressent pas à des populations du même genre.

C'est, en effet, dans les grands royaumes fondés par les chefs cafres, dans l'Orona et les pays du Mata-Yafa, que s'exerce l'action du mulâtre portugais. Il importe avant tout à ce dernier de se concilier la bienveillance des puissants chefs dont les hordes guerrières écraseraient facilement sa bande. Il ne s'agit plus ici de montrer l'audace et la force du lion, mais l'adresse et la fourberie du chacal. Les résultats n'en sont pas plus favorables aux populations exploitées.

Le sel, l'eau-de-vie, et surtout les fusils et la poudre, sont les articles recherchés par les rois cafres. Pour capter leur bon vouloir, le Pombeïro les comble de cadeaux de ce genre, introduisant ainsi au cœur de l'Afrique les moyens d'abrutissement et de destruction. Grâce à lui, les troupes du roi feront usage d'armes à feu, et seront assurées de la victoire dans leurs tournées de répression ou de pillage. Par contre, le traitant est associé aux expéditions du roi.

Il prête le concours de ses hommes, déjà exercés aux armes à feu. Mais en revanche, il liquidera les bénéfices de l'opération royale, en adjoignant à ses propres captifs ceux razziés par Sa Majesté, au prix d'un ou deux fusils par tête. Plus cruel que les Arabes eux-mêmes, il n'hésitera pas devant la destruction de dix gros villages pour s'emparer de cinquante femmes.

Une petite portion reste dans le pays, elle est vendue aux gens de l'endroit pour de l'ivoire. « Dans ces contrées, on achète les femmes, non aux parents, mais aux marchands d'esclaves [1]. » Le surplus, enchaîné, prend la route du sud, formant un immense convoi, dont quelques individus sont détachés à chaque péage établi sur le chemin; l'esclave, en effet, est la véritable monnaie avec laquelle le *Pombeïro* fait face à tous les besoins de sa caravane.

Ce n'est pas à la côte que se rend le convoi d'esclaves; c'est dans le pays de *Djenndé*, ou des Cafres du sud, dans les contrées où jadis le bon Livingstone rencontra les Makololo. Les institutions régimentaires des Cafres ont fait le vide dans la population de cette partie de l'Afrique; on comble ce vide par l'achat de femmes et d'enfants, échangés contre l'ivoire qui est encore très abondant dans la contrée. Ce nouveau débouché s'est trouvé ouvert *juste à point* pour consoler les Pombeïros de la fermeture des mers à la traite; leur trafic de chair humaine continue d'être aussi actif qu'auparavant.

Sous sa nouvelle forme, ce trafic, on le voit, a le privilège de détruire aujourd'hui *en deux endroits*, à l'arrivée chez les Cafres comme au départ de la colonie portugaise, les faibles restes de groupement familial qui pouvaient subsister parmi les noirs. Au lieu du relèvement, c'est l'aggravation extrême du désordre, que produit chez les races africaines le commerce des Pombeïros. La situation est pire encore que dans le domaine d'exploitation des Arabes, et le nombre des esclaves enlevés est au moins égal, sinon supérieur. Je signale le fait aux hommes de cœur qui ont entrepris de lutter pour la sup-

---

1. Cameron, p. 419, etc.

pression de la traite, ce n'est pas seulement contre la demande d'esclaves faite par le monde asiatique et musulman qu'il faut protester et agir, c'est aussi contre le débouché ouvert à cet odieux trafic, dans les territoires immenses et presques inexplorés où rayonnent, en Afrique, les rois cafres et leurs « capitaines ».

Je dois ranger dans la catégorie des entreprises de colonisation commerciale la fondation de l'État indépendant du Congo. Cet état est aux mains de compagnies ayant un but industriel et commercial, dont l'action est prépondérante sur tout ce qui s'y fait. Beaucoup plus humaines que les associations des « seigneurs marchands » Soudanais ou Zanzibarites, ces compagnies doivent cependant subir la loi de la force des choses. Elles tendent à monopoliser, sur le territoire de l'État libre, le commerce et le transport de l'ivoire et du caoutchouc, à étendre l'exportation de ces deux produits africains. D'une part, l'activité imprimée à ce commerce multiplie les efforts des chefs nègres pour se procurer ces objets, et par conséquent la *monnaie* qui sert à leur acquisition, et qui n'est autre que l'esclave. D'autre part, la construction des routes, les grands travaux de terrassement, et l'escorte des caravanes conduites par les négociants vers l'intérieur de l'État, nécessitent un personnel d'*engagés* noirs. Les nègres congolais, habitants de la région du manioc, plus chasseurs que cultivateurs, se prêtent mal aux travaux pénibles, ou à la discipline imposée aux forces armées qu'emploient les expéditions des blancs. On va chercher au loin ces *engagés*, on les reçoit des marchands d'esclaves opérant dans les pays où la culture est plus développée, notamment à la côte de Guinée, et le roi de Dahomey a fait incontestablement des livraisons d'hommes à l'état du Congo. Que peuvent bien devenir ces *engagés*, ces ouvriers isolés, dépris de tout centre familial ou social, et incapables cependant de pourvoir seuls à leurs propres besoins? On les agglomère dans des chantiers, ou dans des bataillons, ou dans des bandes de porteurs (il y en a 15.000 qui circulent de l'embouchure du Congo aux Stanley-falls). On ne peut les élever à la situation d'*ouvriers libres*, parce qu'alors ils ne font rien, et ne pourraient vivre sans la direction et la prévoyance d'autrui. C'est toujours la servitude, améliorée peut-être par des traitements moins inhumains, mais ayant toujours le même effet par rapport à l'inconsistance, à l'incapacité de s'élever, à l'instabilité familiale que ce régime renforce chez les nègres. Je n'y puis trouver aucun élément de réforme et de relèvement pour la race noire [1].

En résumé, et pour conclure sur les rapports des *commerçants* blancs avec les nègres, le commerce développé par les blancs à l'intérieur de l'Afrique tend surtout à *profiter* de l'infériorité de la race nègre, non à y remédier.

Le contact des noirs avec les colonies agricoles européennes établies sur les côtes est-il plus favorable à la régénération des noirs? C'est ce qui nous reste à examiner.

---

1. Voir, pour tous ces faits actuels, l'étude sur l'*État du Congo*, qui a paru en supplément dans le journal *Le Temps* du 13 mars 1893. — D'après le P. Dorgère, les prisonniers livrés par le Dahomey ont coûté un fusil à pierre par tête. D'après M. Greshof, agent général des établissements néerlandais au Congo, les captifs livrés par les traitants de Wydah ont *contracté un engagement* de sept ans, pour lesquels leur travail vaudra au moins 2,000 francs, et ils ont été payés à raison d'un fusil valant 10 francs par tête d'engagé.

III[1].

Les plus anciennes de ces colonies sont précisément les colonies portugaises. Elles forment deux établissements bien distincts : la côte de Mozambique et la côte d'Angola. Les ports de cette dernière côte, Benguella et Saint-Paul de Loanda, servent de base d'opération et de point d'appui aux caravanes des Pombeïros, dont nous venons de parler.

« Le Portugal, dit Moréri, est arrosé d'une infinité de belles rivières dont il y en a quatre très considérables, savoir le Minho, le Douro, le Tage et la Guadiana. Elles se déchargent dans le grand Océan, qui arrose ce royaume, où il y a des ports très commodes pour le commerce, que les Portugais ont de tout temps entretenu et fait valoir, principalement dans les Indes orientales, etc. Le Portugal est fertile en vins, fruits, poisson, gibier, sel, chevaux, etc. On y a trouvé aussi des mines, et les Romains venaient chercher en Portugal l'or que les Portugais vont chercher dans les Indes. Cet état est si peuplé, et surtout vers la mer, que l'on y compte près de 600 villes ou bourgs privilégiés[2]. »

Cette description condensée du Portugal est exacte. Ce pays, si fécond en denrées d'exportation, ne produit guère au plus *que le tiers* des grains nécessaires à sa subsistance : il vit par le commerce de mer. Sa frontière terrestre, du côté de l'Espagne, *s'arrête juste aux points*

---

1. Voir pour cette section :
Malte-Brun, t. IV, p. 133, 146, 183 à 185, 193, etc.; — Ch. Couret, passim.; — Cameron, p. 428, 437, 445, 446, 470, 483, 519, 522, 529, 530, etc.; — Serpa-Pinto, t. I, p. 38, 39, 44 à 53, 260 et suiv., 310 et suiv., etc.

2. Moréri, *Dictionnaire historique*, art. *Portugal*.

où les fleuves cessent d'être facilement navigables, et ne comprend que les territoires qui peuvent profiter directement des avantages de la navigation. Les campagnes portugaises sont les dépendances des ports.

Le caractère de cet État est bien d'accord avec les titres que porte son chef; celui-ci se déclare, en effet « roi du Portugal et des Algarves, deçà et delà les mers d'Afrique; seigneur de Guinée, de la navigation, conquêtes et commerce d'Éthiopie, d'Arabie, de Perse et des Indes[1]. »

C'est en cherchant la route maritime vers les Indes que les navigateurs portugais contournèrent l'Afrique, et furent amenés à y créer des colonies là ou ils trouvèrent des ports de relâche.

L'établissement de Mozambique est aujourd'hui presque abandonné, à cause de la décadence de la marine portugaise. Dans la capitale, quelques factoreries, la plupart françaises ou hollandaises, font encore avec l'intérieur le commerce de l'ivoire et des arachides. Mais les plantations sont tombées entre les mains des métis, nommés par le gouverneur, et à l'adjudication, fermiers des impôts et sous-gouverneurs de chaque petit district, sous le nom de *Capitan-môr*. Unis eux-mêmes aux filles ou aux sœurs des roitelets cafres que les Portugais n'avaient pu entièrement déposséder, ces métis versent de plus en plus du côté du type noir, il n'y a rien à attendre d'eux pour le relèvement de la race.

La côte d'Angola, basse, fertile et chaude, reposant sur le calcaire, et fort arrosée par les égoûts des montagnes toutes voisines, est éminemment propre à donner par la culture d'abondants produits en toutes sortes de

---

1. Moréri, *Dictionnaire historique*, art. Portugal.

denrées tropicales. Ces conditions, jointes aux raisons tirées de l'origine même des colons portugais, déterminent le genre d'exploitation auquel les terres de la côte sont soumises.

Pour des immigrants venus par des bâtiments de commerce, et qui voient continuellement passer dans leurs ports de nombreux vaisseaux, la culture de la canne, du café, du tabac, du coton, doit paraître au premier abord la plus avantageuse : son rendement en nature et en espèces est des plus considérables. Il doit en être ainsi, surtout lorsque le colon se propose, comme but de son travail, de faire sur la côte africaine une rapide fortune, pour retourner le plus tôt possible en jouir sur les rives du Tage.

Des capitaux considérables ont été engagés, au moins au début, dans la fondation des plantations sur la côte d'Angola et sur celle de Mozambique. On y a créé de vastes propriétés sur les meilleurs sols, et la main-d'œuvre servile a été fournie très facilement par la traite intérieure. Aussi voit-on des *habitations*, comme celle du señhor Gonzalvez, que décrit Cameron, posséder une demi-douzaine de *bourgs* peuplés d'esclaves cultivateurs. Ces esclaves reçoivent leur nourriture de « l'habitation »; ils touchent des rations de *cassave* (manioc) et de farine de maïs, dont le maître est approvisionné par les caravanes venant de l'intérieur sous les ordres de ses pombeïros.

Nous retombons ici sur le modèle de la grande plantation des Antilles ou de l'Amérique. Voici quels en sont les inconvénients : la culture en grand des produits riches pour l'exportation, substituée à la culture *dont les résultats nourrissent directement le cultivateur*, amène une situation trop compliquée pour être gérée par un petit patron ou un tenancier. Le mode d'engagement dans le travail, propre à cette organisation de la culture, n'est pas le servage, mais l'*esclavage*.

Les esclaves sont bien traités, heureux mêmes, dans les possessions portugaises d'Afrique, où il n'y a jamais eu la moindre velléité de révolte, malgré le nombre extrêmement faible des Européens et leur piètre organisation. *Mais l'esclavage, quelque doux qu'il soit, n'est pas un moyen de relèvement pour une race :* il ne prépare pas l'élévation graduelle des individualités éminentes de la classe ouvrière; au contraire, il tue chez l'ouvrier la prévoyance et l'activité. C'est un régime déprimant.

Mais pour faire valoir leurs plantations sous un autre régime, il faudrait évidemment que les colons portugais trouvassent à leur portée une race de cultivateurs douée des qualités qui conviennent à une population d'ouvriers libres ou de tenanciers ; une race où l'éducation morale et professionnelle des enfants, l'avenir du foyer, l'épargne, le soutien des vieillards, fussent garantis par l'existence d'un lien familial sérieux, et par une notion généralement répandue de la justice et du devoir; tout cela, nous l'avons déjà vu, fait défaut à la race nègre. D'autre part, les patrons qui sont à même d'employer leurs capitaux et leur intelligence à la direction du travail agricole en Afrique sont forcément lancés dans la voie des cultures *les plus productives*, c'est-à-dire des cultutures *en vue de l'exportation*. Le nègre sera donc employé par eux sous le régime servile, flétri sous le nom d'esclavage, ou décoré du titre d'engagement; au fond, c'est tout un.

De plus, loin d'être un obstacle au brigandage de la traite, les grandes plantations portugaises — ou les autres qu'on pourrait créer en Afrique, — tendent à favoriser ce trafic. Des faits tout récents ont été relevés, en ce genre, dans l'Ou-Ganda, à la charge, *proh pudor!* de colons anglais[1]. On conçoit que les colonies portugaises ne restent pas en arrière.

Les esclaves de la côte d'Angola sont employés, par les planteurs mêmes, à des caravanes. En ce qui concerne l'établissement du senhor Gonzalez, dont nous avons déjà parlé, chacun de ses bourgs lui fournit pour ses caravanes une bande de porteurs esclaves, qu'il complète par des porteurs loués. Il faut bien convoyer les vivres que l'on tire de l'intérieur. Puis, les propriétaires de ces plantations, ne l'oublions pas, sont avant tout des commerçants; ils sont amenés à trafiquer tout autant de l'ivoire, des esclaves même, que de leurs récoltes. La culture pour eux est surtout un moyen de *s'assurer un personnel de portefaix*, les animaux de bât faisant défaut dans la zone équatoriale africaine; et aussi un moyen de tirer parti des noirs dans l'intervalle des expéditions. Ces planteurs ne sont point pour le nègre de véritables patrons, tendant à former autour d'eux une population stable, capable de se suffire et de progresser; ils sont tous plus ou moins taillés sur le modèle du célèbre Silva Porto, géographe et *traitant de nègres*, ou du senhor João Ferreïra, juge de district et *commissionnaire en esclaves*.

En cela, les colonies portugaises de l'Afrique équatoriale se trouvent inférieures aux « habitations » des An-

---

1. Voir Lettre de Mgr de Courmont au cardinal Ledochowski, du 28 mai 1893. — *Des esclaves rachetés par les consuls anglais ont été « destinés à servir en qualité de domestiques ou de travailleurs dans des familles et sur des propriétés anglaises.* » (Journal l'*Univers*, 26 juin 1893). — Voir aussi le récit du P. Guillermain dans le *Journal de Sainte-Marie*, 5 septembre 1892; (*Univers*, 19 avril 1893).

tilles et aux grandes plantations américaines, où l'on s'appliquait davantage à pousser le nègre dans la voie d'un certain progrès. Je trouve la preuve de cette tendance plus prononcée vers le relèvement, dans le fait même que les noirs des Antilles ou de l'Amérique ont eu au moins l'idée de désirer et de revendiquer leur liberté, quoiqu'ils ne se soient pas montrés, par la suite, très capables d'en faire un bon usage.

En dehors de la vaste étendue de côtes appartenant, de nom plus que de fait, aux Portugais, il existe encore en Afrique d'autres colonies européennes. Je laisserai de côté les tentatives récentes des Anglais et des Allemands dans la contrée des grands lacs, celles de ces derniers au Lüderitzlaud, pour m'occuper seulement des établissements qui peuvent avoir dès maintenant une réelle influence sur le sort de l'Afrique, et dont le type diffère de ceux que nous venons d'examiner, c'est-à-dire d'établissements qui reposent principalement *sur des cultures dont le produit est utilisé directement par les colons.*

Nous connaissons déjà la société intéresssante et originale formée par les Boërs dans les Déserts du sud. Elle est établie sur des territoires divisés en vastes propriétés, dont une faible partie seulement est soumise à une culture rudimentaire. Le *pâturage* est la principale ressource des communautées boërs, et la raison d'être de leur groupement social particulier. Leurs invasions, comme celles des Arabes du nord considérés en tant que *pasteurs*, sont limitées forcément aux régions où le bétail peut vivre, elles ne dépassent point la frontière des déserts. Après avoir exposé en détail les causes de leur supériorité sur les noirs, nous avons pu conclure que la race des Boërs hollandais « est particulièrement apte à déposséder les indigènes dans les déserts du sud de l'Afrique, et à peupler ces immenses étendues¹. »

Est-elle également apte à travailler d'une manière efficace au relèvement des nègres?

Constatons d'abord un fait; comme toutes les races envahissantes qui vivent sous le régime patriarcal, les Boërs ne détruisent pas directement la race vaincue; ils se contentent de la réduire à une condition subordonnée.

Mais ici la question se complique, les familles boërs ne sont pas de pures communautés pastorales; elles ne vivent pas en nomades, mais *se divisent et s'approprient* le territoire en entier; elles confisquent ainsi pour elles-mêmes et pour leurs troupeaux les productions spontanées du sol. Si le noir veut demeurer au milieu de ces familles, qui se ferment devant lui, il n'y peut vivre qu'en prolétaire ou en esclave. Il ne sera point admis à cultiver comme tenancier ; la communauté hollandaise, aux nombreux rejetons, défrichera ou fera défricher par ses serviteurs d'autant plus de terre qu'elle aura plus de bouches à nourrir; mais elle ne diminuera pas le parcours de son troupeau, elle n'abandonnera pas son industrie principale, le pâturage, pour faciliter au noir le moyen de vivre par la culture. Attachée à un genre de vie simple et traditionnel, la race dominante n'a aucun intérêt à favoriser de la sorte l'essor de la race subordonnée. Il en est ainsi principalement chez les familles boër qui ont fait les plus longs voyages, dans ces communautés des *Doppers,* solides et rigides entre toutes, poussées au loin vers le nord par l'attachement à la tradition des ancêtres, par l'horreur de l'agglomération et le mépris de la richesse.

1. Voir ci-dessus, ch. IV.

Voilà donc deux types de colons agricoles européens qui, par la nature même de leurs établissements, tendent au maintien de l'esclavage : les grands planteurs de la côte portugaise, par leur éloignement *forcé* des cultures vivrières; les communautés boërs, par la simplicité même de leur vie et leur peu d'amour du gain. Chez les uns et les autres, le noir croupit dans sa position servile : on ne le pousse pas en avant, *on le laisse tranquille* : il ne se révolte pas.

Quant aux colons anglais du Cap, que nous avons aussi rencontrés précédemment [1], leur attitude vis-à-vis des noirs n'est pas celle de la pure indifférence. La race anglo-saxonne n'a jamais fourni de bons patrons de nègres, il y a antipathie. Le colon anglais ou yankee est exaspéré par le travail *forcément indolent* du noir esclave; ce temps qu'il voit perdre sous ses yeux par des ouvriers qui n'ont aucun intérêt à le bien employer, « ce temps qui est de l'argent, » c'est son bien, c'est sa fortune à lui-même qu'on gaspille en sa présence. Il ne comprend que le travail de l'ouvrier libre, actif et intéressé. Il veut secouer la torpeur du noir, l'acculer au progrès; le noir se révolte, et l'Anglais le fusille.

Composées, de la base au sommet, de familles fortement organisées pour l'émigration, les sociétés anglo-saxonnes versent continuellement sur leurs établissements lointains des contingents tirés de toutes les classes, de tous les degrés de la hiérarchie sociale; tous bien armés en vue du « combat pour la vie, » et prêts à remplir avec une égale activité tous les rôles, depuis celui du journalier jusqu'à celui du grand patron agricole ou industriel. C'est pourquoi, devant eux, les races dé-

---

1. Voir ci-dessus, chap. IV.

sorganisées ne peuvent tenir; elles n'ont plus même le refuge de la servitude, elles sont *exterminées*, dans le sens étymologique du mot, jetées hors des frontières par la faim, par le manque de produits spontanés et de ressources vacantes, sur un sol complètement et strictement approprié, par le manque de travail dans un milieu où les plus énergiques travailleurs occupent toutes les places.

L'Anglo-Saxon, pour tous les actes de sa vie quotidienne, par son organisation sociale même qu'il transporte avec lui et qui va toujours gagnant du terrain, dit au noir : « *Hæc mea sunt, veteres migrate coloni.* » Nulle part ailleurs que dans ses établissements, n'éclate plus évidente l'infériorité du noir par rapport au blanc.

Mais comment la race nègre pourrait-elle se relever de son infériorité dans de semblables conditions? Si la terre cultivable est étroite et limitée, comme au Cap, la population noire est anéantie. S'il y a encore place pour elle comme dans le nord de l'Amérique, la masse achève de se corrompre dans les bas-fonds sociaux des villes, ou redescend à grands pas, dans les campagnes, vers l'état sauvage.

Sur la terre africaine, ni les colons agricoles ni les commerçants ne sont arrivés à jouer le rôle de régénérateurs des nègres.

IV.

Nous fermons ici le cercle, après avoir étudié soit dans l'intérieur de l'Afrique, soit dans les colonies du pourtour, les agissements des blancs vis-à-vis des noirs, *et sans avoir rencontré nulle part des conditions favorables au relèvement social de ces derniers.*

La question a cependant fait un pas en avant, par l'observation méthodique des circonstances qui se sont opposées à une action utile, à un véritable patronage des races blanches au profit de la race nègre.

Et d'abord, nous savons à quoi tient l'infériorité des nègres : elle résulte d'une antique et profonde destruction des conditions normales de la famille.

Nous savons, de plus :

1° Que le développement du commerce en Afrique par les blancs, loin de remédier à cet état de choses, tend à l'accentuer : soit à cause des moyens d'action désorganisateurs auxquels les circonstances locales poussent les commerçants; soit à cause du trafic des esclaves, qui, dans un milieu social aussi déséquilibré, se trouve être le mode pratique de recrutement et de liquidation du personnel.

2° Que les colonies européennes à tendance agricole n'arrivent pas à un meilleur résultat, et restent sans influence sur la constitution de la famille du noir, dans laquelle les immigrants ne pénètrent pas, soit parce que ces établissements, fondés en vue de cultures d'exportation, n'offrent pas les situations intermédiaires qui seraient indispensables à l'élévation graduelle de la masse des esclaves; soit parce que les qualités nécessaires à une population de tenanciers ou d'ouvriers libres font actuellement défaut au nègre; soit enfin parce que l'afflux des immigrants sortis des familles-souches anglo-saxonnes *extermine* la race inférieure en la supplantant partout, ou la confine au plus bas degré de l'échelle sociale.

Ce n'est pas un petit avantage que de tenir nettement ces conclusions.

La question de l'abolition de la traite et de l'esclavage

est depuis plusieurs années à l'étude, dans un milieu européen composé d'hommes de dévouement et de bonne volonté par excellence. Mais sous cette dénomination, c'est en vérité la question du relèvement social de la race noire qui est agitée. Le genre humain pris dans son ensemble n'agit pas par dévouement et charité, mais bien poussé par l'intérêt; et le meilleur, le seul moyen de résister à cette exploitation, vieille comme le monde, serait évidemment de faire remonter la race noire au niveau des autres races humaines. Si les études sociales peuvent jeter un jour nouveau sur le problème, écarter certaines solutions insuffisantes ou erronées, proposer des remèdes plus efficaces, il est de notre devoir de ne pas laisser les cœurs généreux, les intentions charitables s'égarer sur une fausse voie et s'épuiser dans des efforts infructueux.

Ce n'est pas de nos jours seulement que le sort des nègres africains a préoccupé des âmes d'élite formées, par l'exercice du ministère apostolique, à la fois aux larges vues de l'intelligence et à la pratique de la divine charité.

Ces préoccupations se firent jour dans une grande partie du clergé, dès que les colonies d'outre-mer formulèrent leur demande d'esclaves, qui trouva sa contre-partie, l'*offre* d'esclaves, sur les côtes africaines. Cette offre était déjà, comme elle est encore aujourd'hui, le grand fait social africain.

La traite maritime offrit un large débouché au commerce des esclaves nègres pendant plus de trois siècles. Il y a cinquante ans, le gouvernement britannique, maître incontesté de la mer, combattait à outrance, par les rigoureuses croisières de ses navires, l'audace et la ruse des forbans négriers. Un mouvement généreux de l'opinion publique, né en Europe, et qui gagna promptement l'Amérique du Nord, supprima bientôt la demande de « bois d'ébène » de l'autre côté de l'Océan.

La traite maritime disparut de l'Atlantique, parce qu'elle n'avait plus d'objet. Mais le grand fait social africain, l'*offre d'esclaves,* subsistait dans le continent noir. Le mal n'a pas disparu, il s'est seulement déplacé, ainsi que le démontre la nouvelle campagne anti-esclavagiste à laquelle nous assistons.

Cette nouvelle campagne, tout aussi généreuse et honorable que la première, ne semble pas devoir rencontrer dans les circonstances les mêmes éléments de succès. Aucune puissance européenne ne possède ni n'espère posséder d'ici longtemps l'empire absolu sur les déserts, théâtre actuel de la traite des noirs; et d'autre part, les populations chez lesquelles se produit la demande d'esclaves qu'il s'agit d'arrêter, sont placées dans des conditions tout autres que les établissements européens du Nouveau-Monde. Entièrement fermées à l'influence de nos opinions, elles échappent à toute pression coërcitive par l'importance de leur nombre, par l'étendue et la difficulté d'accès de leurs territoires.

Si l'on veut agir sérieusement contre la traite orientale, il ne faut pas viser directement à détruire la demande d'esclaves; il convient plutôt d'essayer de diminuer, et finalement de détruire, s'il est possible, l'*offre* de la marchandise humaine; en d'autres termes, de s'appliquer au relèvement de l'état social chez les populations nègres.

Examinons dans quelles conditions ce relèvement peut avoir lieu.

Pour l'obtenir, il serait imprudent de compter d'une façon absolue sur l'action des missionnaires envoyés par les diverses confessions chrétiennes dans l'intérieur de l'Afrique. D'abord, le zèle charitable qui soutient les missions, et le dévouement héroïque des missionnaires, sont des qualités tellement élevées et supérieures, qu'elles ne peuvent devenir l'apanage d'un grand nombre, d'une masse d'hommes assez considérable pour entamer, pour ruiner les bases d'un système social fondé sur l'origine même des multitudes qui peuplent l'Afrique, et sur les différents travaux que leur impose la nature du lieu. En outre, cette évolution sociale n'est pas le but que se proposent les œuvres des missions et les apôtres qu'elles envoient. Ceux-ci se donnent, se sacrifient, pour répandre l'Évangile et ouvrir à des âmes, jusqu'ici abandonnées, les portes de la vie éternelle; pour procurer la conversion et le salut des *individus*, bien plus que pour modifier l'état temporel des sociétés. Ce qu'ils doivent attaquer et vaincre, c'est l'immoralité et l'idolâtrie sous toutes leurs formes. Or, c'est l'état social originaire et actuel des noirs, par des conséquences éloignées, indirectes, qui engendre dans le milieu africain l'esclavage local et l'exportation ou l'*offre* des esclaves. Ces faits ne résultent pas de l'immoralité et de l'idolâtrie en elles-mêmes, il y a sur bien des points du globe des sociétés infidèles qui ne fournissent point d'esclaves, et qui, au contraire, réduisent les autres en servitude : nous en avons rencontré dans le cours de cette étude.

Mais ce que nous avons en vain cherché dans tout le continent africain, c'est un peuple qui ne soit ni exploité par l'esclavage, ni exploiteur d'esclaves. Or, *une société de ce genre serait précisément la base nécessaire du relèvement social de la race noire.* Je vais le montrer par un exemple.

Jadis les Celtes, les Bretons, les Germains, pratiquaient

chez eux l'esclavage, et fournissaient de nombreux esclaves aux marchés de Rome et de l'Empire. La disparition de cet état de choses a été la conséquence d'un événement très important au point de vue social. L'origine de ce grand mouvement, qui a transformé en nations modernes les peuples que je viens de nommer, se trouve dans les invasions des Francs en Gaule, des Saxons en Grande-Bretagne; dans l'afflux, au milieu des districts gallo-romains, au milieu des clans bretons et des tribus germaniques, d'un grand nombre d'immigrants, sortis de familles où l'on visait avant tout à la *particularisation* — c'est-à-dire à l'indépendance personnelle — *des moyens d'existence*. Dressés à se suffire personnellement, ces immigrants nombreux ne pouvaient aisément tomber dans la condition servile, et eux-mêmes n'avaient point besoin de maintenir l'esclavage. Progressivement, ils arrivèrent à remplacer cette institution antique par le *servage;* puis, par leur exemple et leur patronage, ils élevèrent peu à peu les serfs à la condition de *tenanciers* et enfin à la *propriété*. Les travaux de Le Play [1] ont parfaitement défini et délimité le Lieu spécial qui engendra le concept social particulariste, et qui fut ainsi le berceau des institutions européennes.

Ce lieu était situé tout près, mais en dehors, de la frontière du monde romain, du monde antique, dans lequel il s'agissait de modifier l'organisation du travail. Les immigrants de la Plaine saxonne et de la Scandinavie se mêlaient facilement aux populations des contrées où ils venaient s'établir; il n'y avait pas entre eux et les anciens habitants distinction de race et de cou-

---

[1]. Les recherches de M. H. de Tourville ont jeté sur ce sujet très important la plus vive clarté.

leur, répulsion native, dédain ou crainte irréductibles.

Les conditions sont tout autres pour des émigrants blancs pénétrant au milieu des noirs. L'examen que nous avons déjà fait de l'action exercée en Afrique par les blancs mis en contact avec les nègres, nous a montré qu'il n'y a rien à attendre de ce contact pour le relèvement social de la race inférieure. L'exploitation pure et simple ou l'extermination du nègre est trop facile, trop tentante, trop indiquée par les circonstances : nous l'avons montré en détail.

Il faudrait pourtant que des éléments supérieurs pénétrassent dans le tissu des sociétés nègres, pour leur infuser la stabilité, l'ordre, l'esprit public, qui leur manquent. Il faudrait trouver quelque part ces éléments, appelés à détruire l'esclavage local et l'offre d'esclaves, et qui par conséquent ne doivent être ni esclavagistes, ni susceptibles de tomber eux-mêmes sous le joug servile. Or, comme il ressort de l'ensemble de cette étude, aucune société africaine ne peut nous offrir une émigration douée de semblables qualités.

On arrive alors à une conclusion qui se formule ainsi : Pour régénérer la race nègre en Afrique, il conviendrait de trouver, *hors du continent africain*, des contingents d'*émigrants noirs* déjà formés, dans une certaine mesure, à la *particularisation des moyens d'existence*.

Actuellement il ne se produit pas, du moins en quantité appréciable, d'émigration noire répondant à cette formule. Mais il faut remarquer, — en reprenant ici notre précédent exemple, — que la plaine saxonne et la Scandinavie n'ont pas non plus fourni de tout temps les éléments de choix qui présidèrent à la fondation du régime moderne en Europe. Ces éléments ont été formés *à un moment donné*, par un concours de faits et de causes qui rentre dans le plan général du gouvernement providentiel du monde. Pourquoi n'en serait-il jamais ainsi en ce qui regarde la variété noire de l'espèce humaine?

Voici que déjà un événement de premier ordre s'est produit, — la traite maritime, — qui a trié et tiré hors du milieu africain une multitude de noirs. Devons-nous oublier cette fraction importante de la race nègre, et considérer son exode forcé comme ayant à jamais rompu tout rapport possible entre elle et sa mère-patrie? Ces nègres, enlevés aux peuplades dégradées de l'Afrique, ont été jetés au sein de sociétés de beaucoup supérieures, parmi lesquelles plusieurs même se distinguent comme imbues de l'esprit d'entreprise, d'activité et d'indépendance développé par la formation *particulariste*. Émancipés, mêlés à la masse des autres citoyens, les descendants des anciens esclaves noirs ne peuvent échapper totalement à l'influence de pareils milieux. Les individualités éminentes, capables, qui se rencontrent dans la race noire comme partout ailleurs, sont de jour en jour plus impérieusement appelées à subir cette bienfaisante influence : car elle va toujours gagnant du terrain dans l'ensemble du Nouveau-Monde.

Recherchons donc s'il ne se rencontre pas, dans les pays où la traite maritime a conduit autrefois les esclaves nègres, quelques territoires susceptibles de remplir, à l'égard du continent africain, le rôle qu'ont tenu les contrées du nord-ouest vis-à-vis des sociétés de l'Europe.

Les points qui doivent attirer notre attention sont ceux qui réunissent trois conditions que nous pouvons maintenant préciser :

1° La présence d'une population noire suffisamment

nombreuse, isolée depuis longtemps des milieux africains, et chez laquelle se montreraient quelques dispositions à la vie laborieuse, pacifique et indépendante;

2° Un sol apte aux cultures *vivrières*, les seules qui *permettent* facilement à l'ouvrier de s'élever du *servage* à la *tenure libre* et à la *propriété;*

3° Enfin, un territoire propre à donner naissance à un courant d'émigration, c'est-à-dire une étendue cultivable *limitée* par le climat ou par la mer.

Il existe des contrées répondant à ce triple *desideratum;* pour mon compte, sans marquer de préférence et sans exclure des recherches ultérieures, j'en puis citer une : c'est *la côte nord d'Haïti.*

Dans cette ancienne colonie française jadis si florissante, l'étendue des terres *cultivables en vivres* est limitée, la mer l'étreint d'abord; et d'autre part les marais insalubres, les forêts et les *mornes* stériles occupent une grande partie du pays. Mais les terrains facilement transformables y peuvent produire le manioc, la patate, le maïs, le millet, la banane, dans les plaines basses et chaudes; les céréales et le bétail d'Europe sur les plateaux élevés des savanes. L'ancienne domination des planteurs français a laissé en Haïti, dans les arrondissements du nord, une trace persistante, une creuse empreinte qui dure encore. C'est là surtout qu'on peut rencontrer, loin des centres et dans les montagnes, autour des ruines qui marquent la place des anciennes *habitations* et de leurs *hattes* ou places à vivres, des paysans noirs courtois entre eux, hospitaliers, se traitant réciproquement de *Monsieur* ou de *confrère*, subissant d'instinct la supériorité des blancs distingués qu'ils rencontrent trop rarement, les accueillant avec déférence et respect[1]; accessibles enfin à l'influence des dévoués missionnaires que la France leur envoie.

Voudra-t-on, comme fin de non-recevoir, mettre en opposition l'exiguïté de la base d'opération et la grandeur du but poursuivi, l'étroitesse du territoire indiqué et l'immensité du continent africain, qu'il s'agirait d'atteindre par une colonisation d'émigrants noirs? Je répondrai, premièrement, que l'on peut trouver ailleurs d'autres territoires favorables; en second lieu, que la population de la Norwège, qui colonise actuellement le Far-West américain, n'était guère supérieure en nombre, il y a cinquante ans, à celle que possède Haïti[2].

J'arrive ainsi à une conclusion précise : c'est vers la fondation de cultures vivrières exploitées par des noirs, sur la côte nord d'Haïti *ou sur des territoires offrant des conditions analogues*, que, pour le moment, je voudrais voir se tourner l'action personnelle des membres des congrès anti-esclavagistes, aptes à fournir ou à trouver des patrons éclairés et dévoués. C'est vers le même but que je souhaiterais de voir se diriger les efforts de ces congrès eux-mêmes.

Mais en dehors de cette solution *actuelle*, il nous est permis de jeter un regard vers le lointain avenir; de chercher à connaître ce que la Providence peut tenir en réserve, au profit de la race nègre africaine, pour les âges futurs.

Tout autant que les anciens établissements des *Frères de la Côte*, dont je viens de parler, les États-Unis d'A-

---

1. Sir Spenser Saint-John, *Haïti, ou la République noire*, p. 130, 132, etc.
2. *Population de la Norwège en 1845*, (Malte-Brun, t. III, p. 367)... 1,328,000. *Population d'Haïti*, (*Bulletin religieux d'Haïti*, janvier 1887), 1,018,000.

mérique ont reçu de la traite maritime un fort contingent de noirs. Les « gens de couleur, » épars sur tout le territoire de l'Union, forment une population considérable; ils sont surtout groupés, au nombre d'environ quatre millions et demi, dans les États du sud, les anciens états à esclaves [1].

La brusque émancipation des noirs, l'action néfaste exercée sur eux par les politiciens nordistes dans le but d'écraser les anciens planteurs, l'exercice prématuré du droit de suffrage, ont certainement nui aux progrès qu'aurait pu faire la race noire au sein de la société américaine. Ces causes ont développé, précisément chez les nègres les plus intelligents, une vanité puérile, et une tendance à vivre de la politique ou des métiers urbains, dont il n'y a rien de bon à attendre pour leur perfectionnement. A cela il faut ajouter l'éloignement marqué, la répulsion, que professent les citoyens blancs de la grande République vis-à-vis des hommes de couleur. Dans le milieu américain, la race noire manque d'appui et de direction; elle est pour ainsi dire abandonnée à elle-même; et pourtant, comme le remarque un auteur virginien fort au courant des choses, « là où le nègre a progressé, c'est invariablement sous l'influence et par l'assistance d'une race plus forte » [2].

D'un autre côté, la pression exercée par le milieu social américain est tellement pénétrante et active, que tous les noirs n'ont pu s'y soustraire. Malgré les fâcheuses circonstances que je viens d'énumérer, certains groupes « d'hommes de couleur, » sous le drapeau étoilé, manifestent des tendances indéniables vers une sensible amé-

1. David Clowes, *Black America*, p. 117. (Voir la carte).
2. Th. Nelson-Page (*North-American Review*, août 1892, p. 403).

lioration. C'est ainsi que les noirs de la Géorgie, par exemple, ont été capables d'augmenter, en neuf ans, de cinq à neuf millions de dollars, soit de soixante-douze pour cent, la valeur de leurs biens. Au Texas, les gens de couleur détiennent aujourd'hui un million d'acres de terrain, valant vingt-cinq millions de dollars, ou cent millions de francs [1].

Il y a donc en Amérique des nègres *capables de devenir propriétaires, et de bonifier leurs propriétés.*

Voici, du reste, comme résumé de la question, ce qu'en pense un membre du Parlement anglais qui l'a spécialement étudiée : « Les observateurs sérieux, dit J. Bryce, sont d'avis que, pour un certain nombre d'années encore, les nègres se contenteront de leur situation de race inférieure, vouée aux labeurs pénibles, notamment aux travaux des champs; mais qu'*ils se pénètrent peu à peu des idées et des habitudes américaines*, et fournissent aux classes élevées de la société un nombre *lentement croissant* de leurs membres les plus capables [2]. »

Certes, des émigrants noirs pénétrés « des idées et des habitudes américaines », même à dose médiocre, apporteraient dans le continent africain un ferment bien précieux : ils y produiraient une forte poussée dans le sens du relèvement social de la race nègre. Mais il faut bien s'avouer que des colons de cette sorte, en quête d'une situation à acquérir, n'abandonneraient pas volontiers le milieu progressif qui les aurait convertis et élevés eux-mêmes, pour se risquer dans l'Afrique sauvage. Ils ne prendront pas une pareille détermination, ils ne traverseront pas l'Océan, du moins tant que les terres va-

---

1. *Black America*, p. 120.
2. J. Bryce, *The American Commonwealth*, t. II, p. 708.

cantes du Far-West américain resteront ouvertes devant eux, leur offrant, avec les facilités d'établissement que procure l'emploi des capitaux yankees, les avantages de la proximité, de la sécurité, et des amples débouchés commerciaux assurés par des lignes de chemins de fer déjà construites. Pour que l'on puisse compter sur les colons noirs perfectionnés dans le milieu social américain, comme sur un élément sérieux de restauration de la race nègre *en Afrique*, il faudrait donc vraisemblablement attendre que deux circonstances se soient réalisées : 1° que le nombre des « gens de couleur » perfectionnés ait augmenté dans de grandes proportions; 2° que les terres de l'ouest aient cessé d'être le plus puissant foyer d'appel pour les émigrants cultivateurs.

Ces deux conditions peuvent avec le temps être remplies. Le nombre *lentement croissant* des noirs qui s'améliorent peut devenir suffisant. La vaste région de l'ouest peut être entièrement défrichée, appropriée et peuplée, et quand il n'y aura plus là de terres neuves à occuper, l'Afrique, selon toute probabilité, attirera à elle le flot des colons entreprenants — blancs ou noirs — auxquels le sol disponible fera défaut ailleurs.

Se figure-t-on, par exemple, dans un temps encore éloigné, des « gens de couleur » américanisés partis du Texas, transportant leur industrie d'élevage sur les petits plateaux herbus de la zone montagneuse africaine, et venant fonder dans cette région, d'où sortent maintenant les dominateurs et les destructeurs des peuplades nègres, un certain nombre de ces foyers *particularistes* que soutient la prévoyance, qu'anime l'esprit d'activité et d'entreprise, et qui font rayonner au loin la justice, la paix et la liberté?

Là peut-être, ou dans quelque autre fait du même

ordre, se trouvera, pour le relèvement social des noirs en Afrique, la solution lointaine que réserve l'avenir.

Nous envisageons ainsi deux manières de résoudre la question africaine. La première ouvre un champ d'action immédiat au zèle généreux qui s'affirme en ce moment; la seconde repose sur un espoir parfaitement réalisable. Toutes deux ont pour base l'amélioration préalable des noirs que la traite maritime a isolés de leur milieu originaire et mis en contact avec des sociétés plus avancées.

On peut objecter les longueurs de l'attente et les difficultés politiques : sur tout autre terrain, a-t-on jusqu'ici marché très vite en ce qui concerne le relèvement de la race noire? Agira-t-on plus rapidement dans l'avenir? Ne se rencontrera-t-il pas partout des difficultés au moins égales? De quelque façon qu'on s'y prenne, quelque moyen qu'on veuille choisir, il faut bien s'attendre à des luttes dont nul ne peut prévoir la durée, si l'on veut détruire un ordre de choses vieux comme le monde, et soutenu par une multitude d'intérêts, de coutumes et de préjugés. Quelque méthode qu'on veuille suivre, on ne peut espérer, — comme le remarque un récent et habile explorateur, le capitaine Binger, — « *faire exécuter au noir, en cinquante ans, une étape que nous avons mis vingt siècles à franchir* ». Or, le moyen que j'indique est précisément celui à l'aide duquel nous avons franchi cette étape.

Sachons agir, sachons attendre. Pour animer notre courage, conservons dans notre souvenir l'affligeant tableau des misères africaines, dont nous avons scruté les causes. Pour appuyer notre espérance, concevons clairement la possibilité du résultat. Oui, avec le temps, avec le concours de dévouements éclairés, l'immense continent africain peut se couvrir de sociétés régulières, paisibles, et verser ses trésors dans le patrimoine commun de tous les peuples. Oui, la race noire peut être relevée de son long avilissement, et rentrer un jour, comme sœur et comme égale, dans la grande confraternité des races humaines.

TYPOGRAPHIE FIRMIN-DIDOT ET Cie. — MESNIL (EURE).

www.ingramcontent.com/pod-product-compliance
Lightning Source LLC
Chambersburg PA
CBHW050252170426
43202CB00011B/1659